KB139101

18대 대선과

정치
평론

18대 대선과
정치
평론

(사)한국정치평론학회 편

인간사랑

차례

머리말·7

1부 저널리즘과 정치평론 … 11

1장 저널리즘의 정신 | 김대영 ········· 13

2장 영국 정치평론의 전통과 현재 | 한규선 ········· 41

2부 18대 대선 정치평론 분석 1 … 83

3장 18대 대통령 선거 기간 중 주요 신문의 정치평론 분석
| 이진로 ········· 85

4장 SNS와 정치평론 : 1차 후보토론회 사례분석 | 채진원
········· 130

3부 18대 대선 정치평론 분석 2 … 163

5장 진영 대립의 정치와 방송의 정치평론 | 김만흠 ········· 165

6장 방송 정치평론의 문제점과 해법 :
종편 시사 프로그램을 중심으로 | 강찬호 ········· 186

7장 전업 정치평론가와 방송 정치평론의 과제 | 윤범기 ········· 199

4부 정치평론의 새 지평 … 225

8장 정치평론 실전연습 | 김학노 ········· 227

9장 해외저널의 관찰을 통해서 본 정치평론의 방향 | 김민혁
········· 295

저자 소개·329

머리말

　이 책은 사단법인 한국정치평론학회가 2013년도 한국언론진흥
재단의 지원을 받아 수행한 '18대 대선과 정치평론'에 대한 연구의 결
과물입니다. 한국정치평론학회는 이 연구주제의 중요성을 공론화하기
위해 동일한 제목으로 2013년 춘계 학술회의를 개최한 바 있습니다.
2012년에 치러진 18대 대통령선거는 과거와 비교해 볼 때, 여러 가지
특징이 있지만 그 중에서 가장 주목할 것은 정치평론이 활성화되었
다는 점입니다. 정치평론가의 역할이 18대 대선처럼 두드러지게 나타
난 적은 없었습니다. 특히 종합편성채널에서 정치평론가임을 자임하는
많은 사람들이 등장해서 공영방송에서는 볼 수 없는 튀는 말과 행동
을 보임으로써 사람들의 이목을 끌었습니다. 이러한 점은 정치평론가
들이 내놓는 시각과 입장에 대한 호불호를 떠나서 앞으로 우리사회에
정치평론의 역할이 점차 성장할 가능성을 보여주고 있습니다. 이러한
현상은 이른바 '나꼼수' 현상 등을 통해서도 드러난 것처럼, 정치평론

에 목말라하던 많은 사람들의 욕구가 늘어났음을 보여주었습니다. 정치평론에 대한 필요는 점차적으로 우리 사회의 모두가 공감하는 사항이 되어 가고 있습니다. 이런 공감이 확산된 것만 하더라도 우리사회의 정치적 수준이 어느 정도는 향상되었다고 말할 수 있겠습니다. 단지 정치라는 영역이 일상을 살아가는 시민들과 무관한 엘리트들만이 독점하는 영역이 아니라 평범한 시민들도 관심을 갖고 참여할 수 있는 영역이라는 것을 정치평론가들의 등장을 통해 증명하고 있습니다.

이런 정치평론의 필요에 대한 공감대는 확산되고 있지만 정치평론의 질적인 향상과 바람직한 방향성에 대한 질문은 끊임없이 제기되고 있는 실정입니다. 이에 한국정치평론학회는 제18대 대선과 정치평론이라는 저술을 통해서 지난 대선에서 드러났던 정치평론의 활성화된 모습과 함께 여러 가지 제기된 문제점들을 되짚어보는 기회를 가짐으로써 정치평론의 질적인 향상에 대한 우리사회의 요구를 담아내는 기회를 갖고자 노력하였습니다. 이번 저술은 지난 18대 대선과정에서 드러났던 다양한 갈등과 대립을 수용하고 풀어낼 수 있는 바람직한 정치평론의 이상을 그려 봄으로서 사회적인 문제들에 대한 민주적인 해결방안을 추구하는 데 일조하고자 하였습니다. 이번 저술에서는 영국, 미국 등 일찍이 선진민주국가에서 탄생했던 정치평론의 정신과 역할의 모습을 되새기는 가운데, 18대 대선에서 신문, SNS, 방송, 종편 등의 매체에 나타난 정치평론의 방식들을 평가하고, 그 장단점들을 비교분석함으로써 우리사회의 요구에 적합한 정치평론의 모습을 그려보려고 하였습니다. 아울러 정치평론의 활성화를 위한 실천적인 연습 사례와 해외저널 사례를 통해 우리가 가야할 방향성을 설정해 보았습니다.

　　마지막으로 이 책의 옥고를 써준 필진들에게 깊은 감사의 말씀을 드립니다. 특히, 이 책이 나오기까지 편집을 맡아준 경희대 후마니타스 칼리지의 채진원 교수에게 감사의 말씀을 전합니다. 나아가 무엇보다도 이 연구주제를 단행본으로 엮을 수 있게 재정적 지원을 아낌없이 해주신 한국언론진흥재단에 감사드립니다. 아울러 이 책의 메시지를 이해해주시고, 출판을 맡아준 인간사랑 출판사의 여국동 사장님과 편집부 직원들께도 감사의 마음을 전해드립니다. 아무쪼록 이 저술에 대해 독자 여러분들의 많은 관심과 따뜻한 애정이 있기를 바랍니다.

2013년 11월 15일

(사)한국정치평론학회

회장 문 창 극

1부
저널리즘과
정치평론

1장
저널리즘의 정신*

김대영(경희대학교)

    2012년 제18대 대통령선거 과정에서 정치평론에 대한 관심이 높아졌다. 그 이유는 미디어 시장의 변화와 미디어 수요자의 관심이 결합했기 때문이다. 새로운 미디어로 등장한 종합편성(이하 '종편') 채널들은 정치평론 프로그램을 지속적으로 편성하여 시청자의 관심을 끄는데 성공했는데, 그 성공 원인은 다음과 같다. 첫째 기존의 공중파 방송이 유지해 왔던 기계적 중립을 넘어 종편은 관심을 집중할 수 있었고, 둘째 학위와 권위로 중무장한 학자군 밖에서 흥미를 유발시킬 수

---

*   이 글은 『관훈저널』 2013년 가을호에 실린 「정치평론에 필요한 저널리즘의 정신」이란 논문을 수정·보완하여 재구성한 것이다. 함께 토론해주신 관훈클럽과 한국정치평론학회 회원들께 깊이 감사드린다.

있는 정치평론가들을 발굴했으며, 셋째 '안철수 현상' 등으로 정치지형이 요동치면서 대선정국 자체가 흥미로웠고, 끝으로 국민들이 정치평론가의 의견에 흥미를 갖게 되었기 때문이다.

정치평론에 대한 높은 관심은 그 자체로서 제도정치에 대한 평론의 비판기능 활성화라는 측면에서 긍정적이지만, 다른 한편으로 종편의 정치평론은 많은 문제점을 노출했다. 먼저 무책임한 정치평론의 본질을 유감없이 드러냈으며 무책임한 정치선동의 확대재생산이 초래됐다. 정당에 몸담고 있는 정치인과 달리 정치평론가들은 정치적 부담을 지지 않는다. 우리나라에도 사실에 근거하지 않는 선동을 일삼는 정치인들이 다수 존재하지만, 정치적 책임으로부터 자유로운 정치평론가들까지 무책임한 선동을 하기 시작하면 그 폐해는 더욱 심해진다. 둘째, 종편 정치평론은 '엉터리 쇼'라고 비난받을 정도로 내용이 빈약했다. 국가정책을 평가하고 나아가 공동체의 미래에까지 영향을 미칠 수 있는 대선국면에서 말장난과 말초자극적인 경박함으로 인기몰이를 하게 되면 건전한 상식과 건강한 정치활동이 위축되기 마련이다. 셋째, 종편 정치평론의 편파성은 선거의 축제화에 심각한 장애가 되었다. 일반적으로 스포츠는 경기를 통해 경쟁해도 승부가 나면 함께 화합하는 데 기여한다. 편파적이고 자극적인 정치평론은 두고두고 국민을 분열시키며 갈등을 증폭시킨다. 18대 대선시기 정치평론의 폐해는 정치인들의 막말 이상으로 한국정치가 안고가야만 하는 큰 부담으로 남게 되었다.

앞으로도 선거 시기에 정치평론은 중요한 정치적 작동기제로서 존속할 것으로 보이는데, 이상과 같은 부정적인 문제점을 극복하기 위한 사회적 공론화가 절실한 시점이다. 정치평론가들의 언행을 법으로 규제하겠다는 발상은 언론자유의 제약이라는 더 큰 해악을 초래하기 때문에 이 문제는 전적으로 제도권 밖에서 토론과 교육을 통해 극복될 필요가 있다. 정치평론가들 스스로가 '정치평론가 윤리강령'을 만들 수 있기를 기대하면서, 이론적으로도 정치평론의 사회적 기능과 역할에 대한 연구를 활성화할 필요가 있겠다.

정치평론이 정치제도와 더불어 사회적 순기능을 하기 위해서는 정치평론도 저널리즘의 정신에 충실해야만 한다. 다만 정치평론은 언론의 사실전달기능이나 보도와 달리 개인의 정치적 견해와 관점이 수반되기 때문에 저널리즘의 정신 중에서도 특별히 강조될 필요가 있는 요소가 있다. 이를 1) 비판정신, 2) 공정성, 3) 논쟁, 4) 공론화, 5) 공동체정신으로 정리하여 공공성의 토대로서 공론형성에 기여하는 저널리즘의 정신으로서 제시하고자 한다.

1. 관성을 거부하는 비판정신

민주주의를 단순한 다수결 제도로 이해하는 최소주의적 접근방식을 비판하면서 하버마스(Habermas 2007, 408)는 논쟁과 토론을 통한 의사소통적 이성을 추구한다. 정치평론이 최소주의적 관점에 입각할 경우, 그것은 다수의 견해를 추종하거나 다수의 지지를 갈구하게 된다. 이때의 정치평론은 도덕적 규범으로부터 유리된 채 정치선전과 구별할 수 없게 된다. 정치평론의 본래 취지는 "정치적 사안에 대한 가치·선악 등을 비평하여 논함으로써 공동성찰을 지향하는 행위"(김대영 2005, 56)이므로 의사소통적 이성을 추구하는 하버마스의 철학은 정치평론에 꼭 필요한 기본정신이다.

최소주의와 다수만능론을 넘어 정치현실을 도덕적 판단과 윤리적 기준에 따라 엄정하게 비판할 때 비로소 성숙한 민주주의가 시작된다. 정치평론이 타성에 빠지지 않고 관성을 거부하는 비판정신에 입각해서 개진될 때 비로소 국민들은 현실정치의 문제점에 대해서 공감하게 되고 나아가 그 해결책까지 모색된다. 국민 스스로가 현실정치의 문제점을 심각하게 제기하는 상황은 정치적 위기의 시점이다. 이때는 합리적 해결방안을 모색하기에 시간이 촉박하고 흥분한 국민들을 쉽게 정치선동에 휩쓸리고 만다. 그 이전에 현실정치의 문제점을 비판적으로 제기하고 나아가 그 대안까지 모색하는 정치평론이 활성화될 때 국민 안에서 건강한 공론이 형성될 수 있다.

하버마스(Habermas 2007, 475)가 '문제화의 기능'으로 설명하는 정치평론의 비판정신은 관성적인 제도정치를 보완하는 저널리즘의 중심적 가치이다. 기성 제도로 사회문제가 해결되지 않을 때 갈등이 야기되며 불만이 고조된다. 그럼에도 불구하고 제도정치는 매너리즘에 빠져 구습을 반복하고 다수 국민들은 일상생활에 매몰되어 타인의 불만과 비극을 외면하게 된다면, 사회적 갈등은 쉽게 처리할 수 없는 국가적 재난으로 비화한다. 정치평론은 크고 작은 사안에 대하여 현실정치의 문제점을 비판적으로 파고들 필요가 있다. 정치평론이 문제화의 기능을 제대로 수행하지 못할 때에는 정부나 제도의 각종 경보장치는 무용지물이 되고 만다.

　제도정치 안에서 순조롭게 처리되고 있는 사안이나 다수 국민들이 충분히 인지하고 있는 사안은 관성적인 방식으로 해결이 가능한 반면에, 새롭게 발생한 문제나 다수가 소홀하게 생각하는 사안은 제도나 관행만으로 해결되지 않는다. 복잡한 사회에서는 이런 문제들이 다수 발생하기 마련이고, 이것들이 누적되어 사회적 불만과 분열로 귀착되면 그 폐해는 심각해진다.

　정치평론의 비판정신은 사회적 약자에 대한 감수성에서 출발한다. 이때 정치평론은 사회적 약자의 고통과 강자의 위선에 대해 민감하게 반응하는 공명판으로 등장한다. 현대판 신문고의 역할을 자임하는 정치평론가가 전 국민의 공론을 촉구한다. 약자의 고통에 대한 감수성은 정치평론가로 하여금 타인의 문제에 자신의 일처럼 반응하여 스스로 고통스럽게 느끼고 이를 초래한 현실에 대해 분노하게 만든다. 약자의 고통에 민감하게 반응한 정치평론은 소설가 오웰(George Orwell)의 정치평론에서 쉽게 찾아볼 수 있다(김대영 2002, 51). 그의 정치평론은 인간의 고통에 대해 침묵하는 것을 용납하지 않는다. 그의 정치평론은 고통 받는 영국인들과 함께 울부짖는 공명판이었고, 그의 감수성은 영국제국주의에 의해 착취당하는 식민지인들에까지 그 대상이 확대되었고, 심지어 그의 『동물농장』은 고통 받는 동물에까지 감수성을 확대했다. 사회적 약자에 대한 감수성을 정치평론으로 표출하는 것은 공론에 대한 신뢰, 나아가 인간에 대한 신뢰 때문이다. 다른 사람들도 자신처럼 약자의 고통을 느낄 수 있으며 정치평론을 통해 그 고통을 제거 또는 완화시킬 수 있다는 희망찬 낙관론이 정치평론가를 추동한다.

　　그렇지만 약자의 고통에 대한 감수성은 누구에게나 보편적으로 부여되지 않는다. 왜냐하면 보통의 인간은 타인의 고통을 자신의 고통으로 느끼기가 쉽지 않기 때문이다. 이점은 10여 년간 나치에 의해 고통 받은 유대인 문제를 비통한 심정으로 제기했던 케스틀러(Arthur Koestler)가 잘 지적한다. 그에 따르면 타인의 고통은 그대로 내게 전달되지 않고 설사 내가 관심을 갖더라도 매우 희석되고 약해진 상태로 전달된다. 이는 새로운 커뮤니케이션의 방법으로도 좁혀질 수 없는 인간 고유의 '자각의 한계'(limitations of awareness) 때문에 발생한다. 따라서 타인의 고통에 반응하는 감수성을 갖기 위해서는 위험을 무릅쓰고 과감하게 자신을 감싸고 있는 관성을 벗어던져야만 한다. 우파의 관성인 '속물근성'과 좌파의 관성인 '지적 유희'를 벗어던질 때 비로소 타인의 고통에 대해 감수성 있는 정치평론이 가능해진다(한국정치평론학회 편 2011, 77).

　　사회적 강자의 위선에 대해 민감하게 반응하는 정치평론은 국가권력과 사회적 권력에 대한 감시견의 역할을 담당한다(Kovach & Rosenstiel 2009, 210). 국가권력이 행하는 속임수는 오직 언론만이 폭로할 수 있다는 미국 대법원의 판결문처럼 저널리즘의 비판정신이 실종되면 국민은 거짓에 속고 살 수밖에 없다. 오늘날에도 수많은 정치평론이 국가권력을 감시하는 역할을 하고 있으며, 국가권력에 대한 정치평론의 비판기능이 약화되면 권력남용과 부정부패가 만연된다. 행정부와 의회, 정당과 심지어 사법부까지도 정치평론이 충실하게 감시할 때 비로소 민주주의가 본연의 취지대로 순방향으로 작동하게 된다.

현대의 사회적 강자로는 국가 외에도 거대이익집단들이 존재한다. 정치평론의 감시견 역할은 이들에게도 해당된다. 거대이익집단은 민주주의 질서 속에서 국가권력에 대해 막대한 영향력을 행사하는 동시에 공론장에서도 자신들이 동원할 수 있는 미디어를 통해 자신의 이익을 위력적으로 옹호한다. 이런 점에서 미디어권력까지 장악하고 있는 거대이익집단은 국가권력보다도 더 막강한 철옹성을 구축하고 있는 것처럼 보인다. 그럼에도 불구하고 성숙한 민주주의 체제하에서는 이들 거대이익집단도 공론에 의해 제어된다. 민주주의 체제 안에서 국민전체의 이익에 반해서 사적 이익을 관철하기 위해서는 진실을 왜곡하거나 은폐할 수밖에 없는데, 비판정신이 살아있는 정치평론이 거대이익집단의 허구를 파헤치는 순간 거짓 논리는 깨어지고 자각한 집단 이성이 등장하게 된다(Habermas 2007, 483).

　　한편 하버마스(Habermas 2007, 505)는 저널리즘의 비판정신이 주로 사회의 주변부에서 촉발된다고 말한다. 주변부의 문제제기와 위기의식이 공론장에 전달되어 비판정신으로 무장된 정치평론의 감수성이 이것과 공명하여 문제의식을 증폭시킬 때 공론장의 구조가 변동하면서 국민적 대논쟁이 발생하고 체제변화의 추동력이 발생한다. 사회적 강자에 대한 감시견의 역할에 충실하기 위해서라도 정치평론은 사회적 약자의 목소리에 귀기울일 필요가 있으며, 제도정치에서 소홀히 취급되는 사안에 대해 꼼꼼하게 곱씹어볼 필요가 있다.

2. 차이를 드러내는 공정성

우리 사회에서 정치적 당파성으로부터 자유로운 언론을 찾기가 더욱 어려워졌다. 이는 사회적 양극화와 더불어 정치적 적대감이 증폭되었기 때문이다. 그러나 정치적 당파성과 무관한 정치평론을 생각할 때 소금맛 없는 음식을 떠올리게 된다. 이런 정치평론은 아무에게도 감동을 주지 못하고 아무런 반향도 얻지 못할 것이다. 그렇다고 해도 당파성에 매몰된 정치선전문을 정치평론이라고 강변할 수도 없다. 따라서 정치평론은 당파성을 배제하지도 내세우지도 않는 적절한 선에서 정치적 견해를 피력하게 된다. 이런 맥락에서 정치평론의 정신을 당파성으로부터 자유로운 객관성이 아니라 당파성을 아우르는 공정성의 맥락에서 찾아보겠다.

지난 20세기를 거치면서 저널리즘은 객관성의 신화로부터 자유롭게 되었다. 이 말은 편파적인 저널리즘이 대세가 되었다는 뜻이 아니라 당파성을 초월하는 객관적 진리를 인정하지 않게 되었다는 의미이다. 이에 따라 합리성에 입각한 객관주의를 주장하는 정치평론보다는 의사소통적 이성에 입각한 공동성찰에 더 큰 의미를 두는 정치평론에 비중을 두게 되었다. 객관성 보다는 공정성에 기초해서 저널리즘의 정신을 구현하는 단초는 리프먼으로부터 발견된다(Kovachi & Rosenstiel 2009, 131). 그에게 있어서 정치적 중립은 저널리즘의 원칙이 아니고 객관성은 저널리즘의 목적이 될 수 없다. 오직 편견에 빠지지 않은 정직한 글쓰기를 통해 "공통의 지적 방법과 공통의 타당한 사실"을 추구하는 저널리즘의 방법이 존재할 따름이다(Kovachi & Rosenstiel 2009, 133). 정치평론이 지향하는 저널리즘의 정신은 이와 같은 '차이를 드러내는 공정성'의 정신이다.

민주주의는 반드시 적대적 투쟁은 아닐지라도 경쟁자들 간의 투쟁을 전제로 한다(Mouffe 2009, 117). 서로 다른 정치세력의 존재는 민주정치의 필수조건이다. 그런데 문제는 이들 정치세력이 국민의 관점에서 경쟁을 하지 않고 자신들의 이해관계를 추구한다는 점이다. 이를 정파적 관점이라고 부른다. 정파의 존재 자체가 문제가 아니라 정파가 국민을 속여서 정상적이고 합리적인 입법과정을 왜곡시키는 경우가 문제이다. 정파적 관점과 정파적 행위를 박멸할 수는 없다. 흄(David Hume)이 지적했듯이 정파 행위는 인간의 본성에 기인하고 있기 때문이다(한국정치평론학회 편 2011, 263). 따라서 민주적인 정치의 지혜는 정파를 인정하되 그 문제점을 극복하는 방법을 찾는 것이다. 오늘날 정파의 패거리의식에 매몰되어 국민과 국익에 배치되는 행위마저 서슴지 않을 때 그 문제점과 한계를 정확하게 비판하는 정치평론의 역할이 어느 때보다도 절실한 시점이다. 과거 임진왜란 전에 동인과 서인 사이에서 노정되었던 패거리 당쟁을 재현이라도 하듯이 오늘 한국의 정당은 공공성을 내려놓는 노골적인 정파행위에 매몰되어 있다. 심지어는 망자에 대해서까지도 정파적으로 왜곡·음해하는 현실정치의 비정상적인 행태를 극복하기 위해서라도 정치평론은 당파성에 매몰되어서는 안 된다. 이런 맥락에서 정치평론은 객관적인 관점은 아니더라도 당파의 문제점에 대해서는 비판할 수 있는 정도의 '비판적 거리두기'(critical distance)를 필요로 한다.

정치평론이 특정 정파를 일방적으로 편들지 않고 공공성을 침해하는 정파적 행위에 대해서는 거침없이 비판할 때 비로소 그 공정성을 인정받는다. 그렇지만 이를 실천에 옮기는 일은 의지만 가지고 되지 않는다. 복잡한 현대사회의 거미줄처럼 얽혀있는 이해관계의 안개 속에서 모든 정치행위를 투명하고 정확하게 인식한다는 것 자체가 쉽지 않기 때문이다. 뿐만 아니라 정치인들의 정치적 언행 속에서 정파적인 것과 공공적인 것을 뚜렷하게 구별하기란 결코 쉽지 않은 일이다.

이런 맥락에서 정치평론이 공정성의 정신을 지켜가는 방법은 정파간 차이를 '비율의 감각'(sense of proportion)에 따라 드러내는 것이다. 이는 오웰이 주장한 정치평론의 방법으로서, 선악이분법으로 정파를 재단하지 않고 정파간 비교를 통해 상대적 우열을 가리는 방법이다(김대영 2002, 122). 오웰은 스스로 중립을 표방하는 정치평론은 현실에 대한 방관자의 입장일 뿐이며 현상유지를 옹호하는 나쁜 정치적 행위로 비판한다. 좋은 정치를 만들어가기 위해서는 정치인뿐만 아니라 정치평론가들도 정치현안에 대해 자신의 견해를 피력해야만 하는데, 정치평론은 어느 쪽에 상대적으로 높은 점수를 줄 지 비율에 따라 평론한다.

비율의 감각이 전제하는 근거는 우리가 정치적으로 선택할 수 있는 올바른 길이 반드시 하나가 아니라는 인식론적 관점이다. 정치의 세계에서 정치적 선택은 선과 악에 대한 단순한 판단에서 비롯되지 않고, 비교적 조금 더 선한 것을 지향하고 비교적 조금 덜 악한 것을 지양하는 끈질긴 노력의 과정이다. 정파적 관점에서는 경쟁상대를 '∼

주의자'로 낙인찍어 비난하면 그만이지만, 공정한 정치평론은 경쟁하는 정파들의 언행에 대해 어느 정도 타당성이 있고 또 어떤 문제가 있는지 서로의 차이를 비교하면서 점수를 매겨야만 한다.

또 다른 근거는 자신과 다른 견해에 대한 존중이다. 자기 생각과 다른 정치적 언행을 하는 정파에게 0점을 줄 때 정치평론은 공정성의 정신을 상실하고 만다. 모든 인간은 인종과 성, 계급과 지위를 불문하고 자기 사상을 피력하고 자기 이해관계를 주장할 권리를 갖는다는 철학에 동의하고 실질적으로 모든 정파의 행위를 존중할 때 공정한 정치평론이 가능하다. 정치인들만이 아니라 정치평론가마저도 다른 관점을 존중하지 않고 자기주장만을 강변한다면 정치평론의 사회적 통합기능은 실종하고 만다.

리프먼은 진실에 대한 절대적 관점을 비판하면서 서로 다른 관점에 대해 관용할 것을 주장한다. 정치평론은 '진실을 획득하는' 것이 아니라 '진실을 추구하는' 과정에 놓여있다. 자기만이 옳다고 주장하지 말고 자기의 진심과 타인의 진심을 함께 인정하는 관용의 원리(the principle of toleration)에 입각해 정치현실을 조망할 때 비로소 진실에 다가갈 수 있다(김대영 2002, 165). 설득력 있는 정치평론을 위해서는 현실정치를 구체적으로 파악할 수 있어야 하는데, 현실정치에 다가갈수록 정치평론가는 공정성을 상실할 우려가 있다. 특히 개인적으로 친밀한 정치인에 대해 정치평론가는 우정과 공정성 사이에서 혼란에 빠질 수 있다. 따라서 정치평론가는 현실정치에 다가설수록 더욱더 비율의 감각을 놓치지 말아야 한다.

비율의 감각이 전제로 하는 정치의 원리는 중용의 정치이다. 현실정치의 실천현장에서는 절대악이나 절대선이 존재하지 않고 오직 양극단에서 벗어난 중용의 길이 현명한 선택이기 때문에 특정 견해를 무비판적으로 옹호하는 것은 중용의 원리에서 벗어난다. 특히 동양의 중용사상에서 공자가 강조한 시중(時中)의 의미는 시시각각 변화하는 현실 속에서 가장 적절한 대응책 또한 시시각각 변화할 것을 요구한다. 조선시대 다산 정약용은 중용사상의 요체를 시중에서 찾았으며 이를 "군자는 천하의 모든 사물에 대하여 꼭 한다는 것도 없고 꼭 말아야 된다는 것도 없다. 오직 의에 따라 의에 맞으면 이를 실행하고 맞지 않으면 그만두는 것이다"라고 해석했다. 이와 같은 중용의 원리에 따르면 정치적 행위에 있어서는 "의도와 결과가 불일치해 선한 의도가 악한 결과를 낳고 악한 의도가 선한 결과를 낳을 수도 있기 때문에 군자는 친소에 얽매이거나 사전에 자신의 선입관에 좌우되어서는 안 된다."(최상용 2012, 36).

정치평론이 공정성의 정신을 구현하기 위해서는 정치평론가 개개인이 비율의 감각에 입각해서 시시각각으로 변화하는 정치상황에 적절한 평론을 해야 하지만, 이것만으로는 공정성이 담보되지 않는다. 공정한 정치평론을 위해서는, 정치평론가 개개인의 공정성 이상으로 상이한 견해를 갖는 복수의 정치평론가를 관용하는 정치문화가 중요하다. 특정 관점만을 인정하는 언론매체나 특정 정파에 편파적인 정치적 공론장은 공정성을 훼손하기 마련이다. 복수의 상이한 정치평론

---

1   원문은 '君子至於天下也 無適也 無莫也 義止與比.' 번역문은 『국역여유당전집』, 최상용 2012, 35에서 재인용.

을 수용하는 정치문화 속에서 정치평론의 공정성이 살아날 수 있으며 국민들은 정치적 지혜에 접근할 수 있다. 설혹 개인적으로 양심에 비추어 부끄럽지 않을 정도로 절제력을 발휘한 공정한 정치평론이 존재한다고 하더라도, 그것만이 공정하다고 믿을 수 있는 근거는 아무것도 없다. 오직 복수의 정치평론가들이 상대방과 자유롭게 토론할 때 비로소 공정성에 접근할 수 있으며, 이 과정에서 난해한 현실정치의 단면이 비교적 뚜렷하게 드러난다.

3. 논쟁을 통한 사회통합

정치평론은 논쟁을 중시하는 저널리즘의 정신에서 그 가치를 인정받는다. 미국 저널리즘의 역사 속에서 알 수 있는 것은 정치적 지혜는 헌법에 의해 보장받는 것도 아니고 국민의 다수결 원리에 의해 결정되는 것도 아니라는 사실이다. 미국의 저널리즘은 미국 내의 역사적 경험과 논쟁을 통해 발전해왔다(정치평론학회 편 2013, 197). 미국 저널리즘의 정신은 1734년의 젱거(John Peter Zenger) 사건에 그 뿌리를 두고 있다. 독립 이전에 식민지였던 미국에서 《뉴욕 위클리 저널》(*New York Weekly Journal*)의 발행인이었던 젱거가 영국인 식민지 총독에 대한 명예훼손 혐의로 체포되면서 미국 내 대논쟁이 발생했다. 수개월에 걸친 논쟁 끝에 젱거는 무죄방면 되었고 미국 저널리즘의 정신은 이를 계기로 확립될 수 있었다.

사실 미국 내 정치논쟁과 쟁거의 무죄가 판결된 배경에는 프로테스탄트로부터 내려온 민주적 논쟁의 정신이 존재한다(정치평론학회 편 2013, 384). 1647년 영국 런던 근교의 퍼트니에서는 크롬웰이 이끄는 프로테스탄트 혁명군 지도부와 하급 장교들 사이에서 영국 헌정체제의 개혁방안을 놓고 대논쟁이 벌어졌다. 이 자리에 참석한 사람들은 자기 주장의 정당성을 역설하면서 조금도 물러서지 않았고, 22일간의 치열한 논쟁 끝에 이를 이끌었던 크롬웰은 다음과 같이 논쟁 자체의 가치에 대해 역설했다.

우리는 이런 회의에서 신을 기다려야만 합니다. 그리고 신께서 우리들 중 누군가에 전하신 말씀을 귀를 기울여 들어야만 합니다. 저는 이것이 우리의 고귀한 의무라고 생각합니다. 하지만 (신께서) 어떤 말씀을 하셨을 때 제가 생각하는 바람직한 원칙은 이렇습니다. 각자가 판단케 하라! 신의 말씀 여부를 저 나름의 방식으로 판단하고, 다른 사람은 그들 방식으로 판단할 수 있습니다. 그러나 저는 그 이상을 주장할 수는 없습니다. 저는 그것이 신의 말씀이 아니라는 부정적 결론을 혼자서 단정짓지 않겠습니다. 대신 그것이 신의 말씀인지 아닌지를 분간하는 문제를 여러분 모두의 토론을 거쳐 결정하고 싶습니다.[2]

---

2   이현휘, "프로테스탄트 종파와 미국의 민주적 토론정신", 한국정치평론학회 편 2013, 384에서 재인용.

정치평론은 논쟁을 통해 국민의 현명한 판단을 촉구한다. 뉴스와 정보의 홍수 속에서 현대의 국민들은 정치적 사안에 대해 쉽게 판단할 수가 없게 되었다. 논쟁을 통해서 많은 사람들은 정치현안에 대해 판단하고 자신의 견해를 강화하거나 변경한다. 리프먼이 강조한 바와 같이 "사실 그 자체"가 아니라 "사실이 재구성되어 우리가 그것들에 대해 찬반을 느낄 수 있을 때" 비로소 국민들의 정치적 입장이 형성되기 시작한다(김대영 2005, 97). 민주주의는 다수가 옳다는 신념 위에 세워진 정치체제가 아니라 서로 다른 의견을 가진 사람들이 논쟁을 통해서 더 나은 결론에 이를 수 있다는 신념 위에서 발전해왔다. 논쟁에 접하지 못하는 국민은 관성에 이끌리는 바보가 되며 그 결과는 민주주의의 몰락과 중우정치의 등장이다.

　　정치세력간 경쟁의 과정에서 정치적 논쟁이 발생하는 것이 일반적이지만, 광우병 촛불시위처럼 국민들의 자발적인 문제제기로 논쟁이 촉발되기도 한다. 어느 경우든 논쟁을 확대하고 증폭시켜 국민적 논쟁으로 발전시키는 것은 정치평론의 역할이다. 민주주의의 초석인 언론의 자유는 단순한 의견 개진의 자유를 넘어 '의견의 대립'을 가능하게 하고 논쟁의 확대를 가능하게 하는 자유이다. 따라서 논쟁을 회피하거나 논쟁을 질식시키는 행위는 민주주의에 해악이다. 중립적 또는 제3자적 입장을 표방하면서 논쟁을 비효율적인 것으로 배격하는 사람들은 대개 자신의 이해관계를 은밀하게 은폐한 채 논쟁을 통해 국민이 현명하게 되는 것을 두려워하는 사람들이다. 이런 방해를 극복하고 논쟁에 참여할 때 비로소 국민은 찬반양론의 전개과정을 통해서 좀 더 현명한 자기 판단의 기준을 세워나간다.

하버마스에게 있어서 상대방이 존재하지 않는 일방적 주장은 아무런 타당성을 갖지 못한다(한국정치평론학회 편 2011, 52). 서로 다른 의견이 토론자 상호간의 '타당성 요구' 과정을 경유할 때 비로소 주관적 의견을 넘는 타당성 있는 규범적 합의에 도달할 수 있다. 이 때문에 정치평론을 다양하고 다원적인 개인들의 의견을 토론과정에서 수렴하여 공적 의견으로 합의해 가는 의사소통적 행위로 파악할 때 비로소 정치평론은 정치적 공론장에서 그 존재이유를 갖는다.

따라서 정치평론이 지향하는 저널리즘의 정신은 포퓰리즘적인 또는 민중주의적인 논쟁이 아니라 사회통합적 논쟁에 기초한다. 하버마스(Habermas 2007, 492)가 강조하듯이 포퓰리즘이나 민중주의적인 논쟁은 역으로 민주주의를 위협한다. 정확한 사실에 기초하지 않고 상대방에 대한 증오를 증폭시키는 논쟁, 민주적 절차를 통해 형성된 법과 제도를 부정하는 논쟁, 현실정치의 과정을 불필요하고 척결해야 하는 사회악으로 몰아붙이는 논쟁 등은 사회통합에 도움이 되지 않는 반민주적인 담론일 따름이다. 논쟁을 통해 수렴된 오늘의 공론이 내일의 법과 제도로 발전하기 때문에 이를 무시하는 발상은 과거의 경험과 지혜를 배척한 채 경솔하고 즉흥적인 감언이설이 되기 쉽다. 때로는 파괴도 새로운 창조를 위한 토대가 되지만, 사회통합을 부정하거나 배척하는 일방적 여론몰이는 민주주의를 잠식할 뿐이다.

정치평론이 촉발하고 확대하는 논쟁은 국가와 사회를 통합하기 위한 분명한 지향 속에서 그 의미를 찾을 수 있다. 아무리 재미있고 유익한 정치평론일지라도 그것이 공동체를 위협해서는 안 된다고 리프먼은 강조한다(김대영 2002, 166). 미국이라는 공동체를 통합하고 같은 국민이라는 정체성을 부여하는 토대는 미국의 법과 제도에 있다. 전통이 약한 미국에서 법과 제도 안에서 공동체 정신을 찾을 수밖에 없었던 리프먼은 헌법정신을 존경하고 이를 수용하는 토대 위에서 정치평론의 긍정적 역할을 찾았다. 정치평론이 법치주의와 대립하게 되면, 법치주의의 정당성도 훼손되지만 동시에 정치평론의 울타리가 약화되어 사회가 불안해진다. 법과 제도를 부정하는 논쟁은 민주주의에 유해할 따름이다.

국민의 자발적 정치행위를 강조하는 아렌트(Hannah Arendt)도 공동체를 유지하고 공동체의 미래를 기획하기 위해 필요한 공적 논쟁의 과정에서도 법은 지켜야 한다고 역설했다. 공적 논쟁의 과정을 보호하는 것은 '담벼락과 같은 구조로서 법률'이며, 그리스인들의 '오래된 절제의 덕'이 논쟁의 과열을 방지했다. 절제된 정치평론이 법과 제도와 조화될 때 비로소 정치적 공론장은 국민의 뜻에 따라 사회통합적 방식으로 국가를 이끌어가는 민주주의의 핵심적 요소로 작동한다. 정치평론가는 스스로 자기 자신이 아무런 책임이 없는 사인(私人)일 뿐임을 인정하면서 국민으로부터 선출된 책임 있는 공인들의 역할을 존중할 필요가 있다. 정치평론가는 자신이 정치의 중심이라고 생각하지 않고 정치인의 행위에 대해 찬성 또는 반대함으로써 국민적 논쟁을 이끌어내고 공론을 형성하는 방식으로 정치에 참여한다. 그러나 정치평론가의 찬성이 아첨으로 흐르고 반대가 비난으로 변하게 되면 정치평론의 생명력은 고갈된다. 이런 상황에서 정치평론은 현실정치의 역동성을 살려내지 못한 채 정치인을 화석화시키고 제도를 희화화시키는 사회의 역운행기제로 전락하고 만다.

4. 성숙한 국민을 위한 공론화

민주주의는 국민의 뜻에 따른 통치방식인데, 국민의 뜻은 공론을 통해 드러난다. 그런데 문제는 잘못된 공론이 형성될 수도 있다는 위험성이 상존한다는 것이다. 1933년 독일국민들이 히틀러와 나치를 선택했듯이 다수의 국민들은 훗날 후회할 판단을 종종 한다. 리프먼이 말했듯이 전국적으로 격렬한 논쟁이 발생할 경우 특별히 잘못된 공론이 형성될 확률이 높다. 논쟁이나 토론 자체만으로는 의사소통적 이성이 보장되지 않는다. 저널리즘의 정신은 올바른 판단을 위한 국민적 공동성찰을 추구한다.

리프먼은 정치평론가의 모델로 미국의 연방대법관을 제시한다(김대영 2005, 87). 그들은 미국 국민의 존경을 받는 최고의 정치적 지혜를 갖춘 사람들로서 국민들로 하여금 현명한 판단을 할 수 있는 계기를 만든다. 미국 연방대법관들은 헌법을 해석하기 위해 정치적 논쟁을 깊이 천착하며 진지하고 성실하게 논쟁하고 토론한다. 이런 과정을 거쳐 미국 연방대법원의 헌법 해석은 신중함을 그 특성으로 한다. 이 과정에서 연방대법관들은 직간접적으로 많은 사람들의 의견을 듣고 수많은 사건과 사례를 검토한다. 따라서 이들의 헌법재판과정은 많은 시간을 필요로 하지만 그 판결의 결과는 대다수 미국 국민들이 수긍하는 현명한 결론이다. 그리고 그 결론에 이르는 과정에서 미국 국민들은 해당 사안에 대해 함께 논쟁하고 공동 성찰함으로써 지혜롭게 된다. 물론 미국 연방대법원이 항상 신중한 결론을 내린 것은 아니다. 1857

년 드레드 스콧 사건에 대한 연방대법원의 판결은 미국을 내전으로 이끄는 요인이 되기도 했다(Goodwin 2013, 193) 조급한 결론이 초래한 재앙을 깊이 반성한 미국의 연방대법원은 국민과 더불어 충분한 성찰의 과정을 갖게 되었다.

정치평론이 국민들의 공동성찰을 통해 현명한 판단에 도달하는 것을 목표로 삼을 때 국론이 모아지고 사회가 통합된다. 이처럼 논쟁을 통해 국민을 정치적으로 성숙시키고 좀 더 성숙한 공론이 모아질 수 있도록 노력하는 과정을 '공론화'라고 부른다(김대영 2005, 90). 따라서 공론화는 정치평론가의 목적의식적인 정치적 행위를 통해 추진되며, '공동성찰'이라는 국민의 정치행위로 완결된다. 공론화는 진리를 찾는 과정도 아니고 온전한 국민의 뜻을 찾는 과정도 아니다. 공론화는 현시점에서 수렴할 수 있는 성숙한 국민의 뜻을 찾아나간다. 공론화가 지향하는 성숙한 국민의 뜻은 과학적 진리와 같은 논증의 대상이 아니라 정치적 논쟁의 과정에서 조금 더 성숙해지는 미완성 상태의 가변적인 것이다. 이때의 '성숙'은 '완성'과 달리 상대적인 개념이며 척도로 측정하기보다는 비교를 통해 분별할 수 있다.

로젠(Rosen 1992, 25)은 성숙한 국민의 뜻 자체보다 성숙을 향해 진행하는 과정을 중요시한다. 국민들이 성숙한 판단에 도달하기 위해서는, 국민들 스스로가 정치현안에 개입하여 모든 측면을 충분히 고려한 후에 자신들의 선택이 어떤 결과를 초래할 지 충분히 이해한 후에 그 선택의 결과를 수용하겠다고 결심하는 과정이 필요하다. 따라서 이와 같은 공론화에 있어서는 결론보다도 과정이 더 중요하다. 이런 맥락에서 로젠은 '현재 국민들이 어떤 생각을 갖고 있는지'에 대한 관심보다 '국민들이 생각이 어떻게 바뀌는지'를 중시한다. 공론화 과정에서 논쟁 이상으로 중요한 것은 논쟁을 통해 국민의 생각이 변화하는 추이를 살피는 일이다. 변화하는 국민들의 판단 추이 속에서 논쟁의 맥락을 이해하고 나아가 현안에 대한 신중하고 현명한 접근방향을 유추하며, 즉자적인 공론이 쉽게 빠지는 단견으로부터 거리를 둘 수 있다.

공론화 과정에서 국민들은 새로운 정치적 체험을 하게 되며, 냉정하고 건전하게 전개되는 논쟁의 과정에서 국민들은 정치적으로 성숙한다. 성숙한 국민을 위하여 정치평론은 공론화 과정에서 논쟁거리를 제공해야 하며, 구호나 선동을 넘어 구체적인 실태와 정치적 이해관계의 구조 및 과거와 타국의 사례 등을 폭넓게 제공함으로써 국민의 정치적 경험을 확대해 간다. 각종 여론조작과 정치적 선전선동이 난무하는 현실정치의 혼돈 속에서 정치평론마저 국민의 이성을 마비시키는 자극적 언동에 휩쓸리면 성숙한 공론은 기대할 수 없다.

국민들이 무비판적으로 흥분한 상태에서 형성된 공론은 작게는 일부 국민들에게 참을 수 없는 고통을 줄 수 있고, 크게는 공동체 전체의 파국을 초래할 수가 있다. 국민들이 안정감을 상실한 채 격정에 휩싸여 논쟁하게 되는 일차적 책임은 정치인들의 선전선동에 있지만, 이를 방관하거나 나아가 이에 가세하는 언론에도 적지 않은 책임이 있다. 특히 열등감에 사로잡혀 있거나 좌절한 국민들, 또는 권태에 빠져 있거나 맹목적으로 현실에 순응하는 국민들은 쉽게 흥분하고 거짓에 휩쓸린다. 국민이 맹목적으로 한 방향으로 휩쓸리는 순간 걷잡을 수 없는 정치적 재앙이 초래된다. 이 때 필요한 것이 국민에게 아첨하지 않고 경종을 울리는 소크라테스와 같은 정치평론가이다.

국민들이 정치적 논쟁의 과정에서 흥분에서 벗어나 합리적이고 냉철한 판단을 하기 위해서는 시간이 절대적으로 필요하다. 전 국민이 관심을 갖는 정치적 대논쟁의 경우 많은 국민들이 일차적으로 흥분할 수밖에 없다. 이들의 흥분을 가라앉히고 의사소통적 이성에 도달할 수 있도록 합리적 논쟁의 소재를 발굴하여 논쟁을 지속적으로 이끌어나가는 정치평론이 없다면 정치적 논쟁은 쉽게 정치세력간 적개심을 부추긴 채 파국으로 이어진다. 또는 국민의 흥분상태를 이용한 정치권의 왜곡된 제도화로 귀결되기도 한다.

어린아이들은 선악이분법에 쉽게 빠진다. 그들에게 현실의 다양하고 복잡한 관계를 이해시키기는 쉽지 않다. 국민들도 정치적 현안에 대해 일차적으로 어린아이와 같은 단순함 속에서 선악을 구분하려는 경향을 갖는다. 그러나 국민은 어린아이와 달리 깊이 생각하게 되면 합리적 판단에 도달한다. 현안이 발생한 정치적 이해관계의 구조와 오늘날까지 이른 과거의 역사과 경험을 알기 쉽게 설명하면 냉정하고 현실적인 판단을 하게 된다. 물론 정치평론가들도 정치인들처럼 특정 노선으로 국민들을 몰아가는 역기능을 한다거나 '소모적 논쟁'이니 '불필요한 논란'이라는 상투어를 반복하면서 정치현안을 정치인들에게 위임하는 행위를 계속할 경우 정치평론이 거꾸로 국민의 성숙한 판단을 가로막을 수도 있다. 그렇지만 대중조작과 거짓은 오래 지속되기 어렵기 때문에 시간은 이성의 편이다.

정치적 논쟁의 과정을 무한히 계속할 수는 없다. 아무리 중요한 사안도 일정 시간이 지나면 국민의 관심에서 멀어진다. 이 때 필요한 것이 하버마스(2007, 247)가 강조하는 '일시적 중단'(caesura)이다. 모든 정치적 논쟁은 일정 시간이 지나면 국민들이 싫증을 느끼는 상황을 맞게 된다. 이때는 공론장에서의 논쟁을 중단하고 제도화의 절차를 밟아야만 한다. 제도 안에서 다수결원칙에 따라 특정 정치세력의 견해, 또는 수정되거나 합의된 견해가 입법화된다. 이 때 중요한 것은 논쟁이 완전히 끝난 것이 아니라 잠시 중단된 것이며, 제도화는 앞으로도 계속될 정치적 담론과정의 일부분일 뿐이고, 오늘의 소수견해가 더 나은 근거를 동원해서 미래의 다수견해가 될 수도 있다는 가능성을 열어두는 것이다. 이와 같은 일시적 중단의 사유체계 속에서 정치적 논쟁이 분쟁으로 치닫지 않고 이 과정에서 국민의 정치경험이 풍부해지고 그 판단이 성숙해진다.

5. 역사에서 찾는 공동체정신

민주주의에 대한 최소주의 이론은 법치주의나 정치문화의 중요성을 외면한다. 민주주의는 주기적인 선거에 의한 정권교체만으로 담보되지 않는다. 일찍이 토크빌이 미국 민주주의를 지탱하는 힘을 미국인의 정신 안에서 발견했듯이, 국민들 안에 같은 공동체를 유지하고 공동체의 행복과 번영을 위해 함께 힘을 모으겠다는 정신이 살아있어야 민주주의가 제대로 작동한다. 시민성, 시민의 덕 등으로 표현되는 공동체를 지탱하는 정신이 부재할 때 다수가 하나의 정치질서로 화합하는 공화국의 존립은 불가능하다. 1991년의 유고슬라비아 분열은 이를 잘 보여주고 있다. 저널리즘의 정신은 국민들 안에서 공동체정신을 찾아 이를 공유하는 일에 앞장설 것을 요구한다.

사상가나 학자들, 또 종교인이나 교육자들도 공동체정신을 찾는데 열심이지만, 공동체정신은 구성원의 공동 체험이 전제될 때 구체적이고 견고하게 된다는 점에서 정치평론을 통해 공유하는 것이 실질적이다. 한편 정치인들은 국민들에게 구체적인 정치적 경험을 제공한다는 점에서는 도움이 되지만 민주주의의 피할 수 없는 경쟁구도 속에서 쉽게 분열에 매몰되어 더 큰 공동체의 정신을 망각하는 경향이 강하다. 국민의 뜻을 공론으로 모으려 하는 저널리즘이야말로 공동체정신에 가장 민감하게 반응한다.

공론화 과정을 통해 성숙하고 현명한 국민의 정치적 지혜를 도모하는 정치평론은 특히 공동체정신 안에서 현실정치를 해석하고 현실의 문제점을 진단하며 나아가 새로운 미래를 개척하는 방안을 모색할 때 위력적이다. 자기 안에 내재한 공동체정신을 자각한 국민은 현실정치의 방향타를 이끌어갈 수 있는 힘을 갖게 된다. 저널리즘이 이 점에서 실패하면 국민들은 쉽게 무기력에 빠지고 만다. 리프먼은 국민 안에 내재한 공동체정신을 찾지 못할 때 모든 민주적 제도는 하루아침에 물거품이 될 수 있다고 경고한다. 국민 스스로가 선조들로부터 이어져 내려온 민주적 전통과 질서의 의미를 깨닫지 못할 때 민주주의는 힘 있고 교활한 자들에 의해 손쉽게 변질되고 타락하고 만다.

리프먼은 1957년 소련의 인공위성 스푸트니크 발사로 야기된 과학정책 논쟁의 과정에서 미국 국민 안에서 공동체정신을 찾는 것이 문제해결의 요체임을 강조했다. 당시 인류 최초로 소련의 인공위성이 지구궤도에 진입하는 데 성공하자 미국 내에서는 과학정책의 전면적 재검토를 요구하는 여론이 팽배해졌다. 체제경쟁의 상대국인 소련이 우주경쟁에서 앞서자 미국 국민들은 패배감에 젖게 되었고 소련과 공산주의에 대해 질시와 더불어 공포심을 갖게 되었다. 그러나 리프먼은 스푸트니크 논쟁의 과정에서 '특단의 대책'(do something spectacular)을 주장하는 사람들에 맞서 '우리 내부 성찰'(look inward upon ourselves)을 주장했다. 그에 따르면 미국이 우주경쟁에서 소련에 뒤처진 것은 소련체제의 우월성 때문이 아니라 미국이 매카시즘으로 스스로의 창의성을 질식시켰기 때문이다:

> 가장 중요한 문제는 우리 국민들이, 대통령으로부터 아래에 이르기까지, 우리의 문화적 가치에 대한 도전에 대응하는 방법이다. 여기에서 말하는 우리의 문화적 가치란 이상적인 미국식 생활방식이 아니라 실제 우리가 우리의 삶을 살아온 방식을 의미한다. 하나의 대응방법으로는 상투적인 선전 문구처럼 러시아에 대응할 수 있는 특단의 대책을 강구하기 길이 있다. 또 다른 방법으로는 우리 내부를 성찰하여 일차적으로 우리 자신의 잘못에 관심을 기울이고 러시아를 이기기보다 우리 자신을 치유하는 방안을 모색하는 길이 있다.[3]

---

3 Walter Lippmann, "The Portent of the Moon". in *The Essential Lippmann* (Clinton Rossiter & James Lare eds.), 67. 김대영 2002, 152 참조.

공동체정신은 우리 내부를 성찰하는 것으로부터 출발하는데, 그 가장 좋은 방법은 우리의 행위를 우리의 신념에 비추어 반성하는 것이다. 공자의 가르침에 따르는 '일일삼성(一日三省)'이 인간관계 속에서 자신을 성찰하는 좋은 방법론이었던 것처럼, 리프먼이 주장하는 '신념과 실재의 접촉'(김대영 2002, 139)도 집단 내에서 자신을 성찰하는 좋은 방법론이다. 인간의 정치 행위는 어떤 방식으로든 타인과 연계되어 있다. 여기에서 문제는 개인과 달리 정치적 공동행위는 어떤 생각에서 그와 같은 정치행위를 이뤘는지가 분명치 않다는 점이다. 따라서 정치 행위를 촉발시킨 우리 안의 신념체계를 찾는 것 자체는 간단하지 않다. 나아가 다수가 공유하는 신념체계 자체가 불분명하고 서로 상반되는 신념이 혼재되어 있는 경우도 많다. 따라서 이것이 우리의 공동체정신이라고 강변하는 것은 설득력이 떨어진다. 오히려 과거에 어떤 생각으로 그와 같은 정치적 행위를 했는지 구체적으로 천착하는 것이 효과적인 정치적 성찰의 방식이다.

또한 정치의 역설은 의도와 결과의 불일치를 초래하기 때문에 국민들은 때때로 신념과 다른 정치적 행위를 하기 마련이다. 평화를 사랑하는 배달민족이 잔혹한 동족상잔의 전쟁을 휩쓸렸다. 왜 그랬을까? 오늘날에도 '선공후사'의 정신과 정면으로 배치되는 파렴치한 부패가 발생하는데 그 원인은 무엇일까? 왜 점잖은 분들이 국회의사당 안에서 주먹다짐을 하는가? 정치행위와 공동체의 신념을 대비시키는 순간 정치평론가는 많은 문제의식에 직면하게 된다. 하버마스가 강조하는 '문제화의 기능'이 작동되고 발휘되는 순간이다.

국민 안에 내재하는 공동체정신의 단초는 공동성찰의 과정에서 변화하는 국민의 생각 속에서 발견할 수 있다. 공동체정신을 나 또는 우리 집단 안에서 찾을 때 의사소통적 이성이 설 자리가 없다. 타인들의 생각이 신념과 행위의 대비 속에서 성찰하는 과정에서 어떻게 변화하는지 인내심을 갖고 추적할 때 비로소 공동체 안에 내재한 집단이성을 찾을 수 있다. 국민의 신념은 고정불변의 것이 아니고 정치적 논쟁의 과정에서 변화하는데, 이 변화를 민감하게 포착하여 그 의미를 해석하고 나아가 그 연장선상에서 살아서 움직이는 공동체정신을 찾아나갈 때 정치평론은 공동체의 통합과 발전에 기여한다. 공동체정신을 지식 안에서 찾거나 공동체 밖에서 찾는 것은 연목구어와 같은 일이다. 나아가 아전인수로 자기 생각을 공동체정신으로 강변하는 일은 공동체에 반목만 부추길 따름이다. 정치적 논쟁의 과정에서 드러나는 공동체정신의 의미를 깊이 천착하고 널리 공유할 때 국민 안에서 공동체정신이 꽃핀다.

공동체정신이야말로 민주공화국을 유지, 발전시키는 원동력이다. 공동체정신은 오랜 공동생활의 역사 속에서 쌓여 성숙된 공공의 정신이다. 그러나 공동체정신은 이를 찾고 가꾸어나가는 목적의식적인 노력 없이 저절로 전승되지는 않는다. 다시 말해 누군가로부터 공동체 안에 공유된 가치체제를 전수받지 못한다면 그 순간 인간은 늑대인간처럼 야만인이 되고 만다는 것이다. 공동체가 공유하는 가치체계를 상실하는 순간 야만의 상태로 전락할 수 있다는 자각 속에서 현실을 바라볼 때 정치평론은 공동체정신의 의미를 강조하게 된다. 공동체를 지탱하는 기초마저 흔들리는 상태에서 정파적 이해관계에 따라 국민을 조각조각 분열시키는 행위에 여념이 없는 현실정치를 비판하면서 공동체정신을 되살리는 일은 단지 정치평론가만의 책무는 아니다. 공동체의 어느 누구도 그 책임으로부터 자유롭지 않다. 공자도 국민의 믿음(信)을 강조했고 사회과학에서도 사회적 자본(social capital)의 중요성을 강조하고 있듯이, 굳건한 공동체정신의 토대 위에서만 국민의 행복과 국가의 질서가 유지될 수 있다.

정치평론은 역사, 즉 국민의 생생한 삶 속에서 공동체정신을 찾고 이를 국민 안에 새롭게 확산한다. 실제의 역사 속에서 공동체정신은 명쾌하게 드러나지 않는다. 여러 갈래로 꼬여진 새끼줄처럼 많은 생각과 견해들이 큰 줄기를 만들어 간다. 공동체정신을 단선적 또는 단음적으로 해석하려는 시도는 실패할 수밖에 없다. 어느 시대를 막론하고 역사 속에서 국민들은 상반되는 가치 속에서 논쟁하고 또 투쟁했으며, 끊임없이 새로운 정신을 일궈냈다. 숭고한 영웅적인 행위는 공동체정신을 풍요롭게 만들었고 잔혹한 이기적 행위는 반성과 사색을 촉구했다. 공동체정신이 없다면 우리는 야만적인 본능에 따라 살 수밖에 없으며, 공동체정신이 없었다면 인간은 만인에 대한 만인의 투쟁 속에서 역사의 무대로부터 사라졌을 것이다.

정치는 다양한 의견을 불식하여 하나의 진리로 대체하는 것이 아니라, 그것들을 모두 존중하면서 그것들 사이의 합의적 과정을 통해 의견의 조화, 즉 공동의견(common opinion)을 만들어 공동체 구성원의 조화와 협력을 이끌어내는 행위이다(이동수 2004, 63). 역사 안에서 공동체 구성원들 사이에서 형성된 살아있는 공동체정신이야말로 오늘의 공동체를 유지하는 원동력이며, 그 공동체정신을 살려내는 것이야말로 공동체를 이끌어가는 원동력이다.

참고문헌

김대영. 2002. “정치평론과 민주적 공론장.” 서울대학교 대학원 박사학위논문.

김대영. 2005. 『공론화와 정치평론』. 서울 : 책세상.

이동수. 2004. “정치와 정쟁 : 근대적 정치관을 넘어서.” 『철학과 현실』 Vol. 61.

최상용. 2012. 『중용의 정치사상』. 서울 : 까치.

한국정치평론학회 편. 2011. 『미디어와 공론정치 : 정치평론이란 무엇인가』. 고양 : 인간사랑.

한국정치평론학회 편. 2013. 『한국 민주주의와 언론자유 그리고 그 위기』. 고양 : 인간사랑.

Goodwin, Doris Keans. 이수연 역. 2013. 『권력의 조건』. 파주 : 21세기북스.

Habermas, Jürgen. 한상진 박영도 역. 2007. 『사실성과 타당성』. 파주 : 나남.

Kovich, Bill & Rosenstiel, Tom. 이재경 역. 2011. 『저널리즘의 기본원칙』. 서울 : 한국언론진흥재단.

Mouffe, Chantal. 이행 역. 2009. 『민주주의의 역설』. 고양 : 인간사랑.

Rosen, Jay & Paul Taylor. 1992. *The New News vs. the Old News : the Press and Politics in the 1990s.* The Twentieth Century Fund, Inc.

2장
영국 정치평론의 전통과 현재*

한규선(국가안보전략연구소)

1. 서론

이 글의 목적은 '정치평론이란 무엇인가'라는 답을 찾기 위해 본격적인 근대 정치평론이 탄생한 영국 정치평론의 전통을 살펴보는 데 있다. 이를 위해 새뮤얼 존슨(Samuel Johnson), 매슈 아널드(Matthew

---

* 본 원고는 『철학연구』 제27권 0호(2004년)에 실린 「자유주의에서 개인과 국가, 사회 : J. S. Mill의 교육에 대한 국가의 개입 논의를 중심으로」와 『관훈저널』 128권(2013년)에 실린 「영국정치평론의 전통과 현재」를 수정·보완하여 재구성한 것입니다.

Arnold), 존 스튜어트 밀(John Stuart Mill)의 정치평론을 살펴보려고 한다. 평론에서 "공평무사함"(disinterestedness)이라는 비평의 원칙을 주장했던 새뮤얼 존슨과 매슈 아널드의 정치평론은 "현실의 실체를 있는 그대로 전달하려는" 객관적 저널리즘의 확립에 크게 기여했다.

영국에서는 청교도 혁명시기를 지나면서 엄격했던 언론통제가 느슨해지면서 인쇄술의 보급과 함께 공적 논의에 참여하려는 욕구로 충만한 부르주아 대중의 등장으로 출판물의 홍수가 일어났다. 인쇄물의 대부분을 차지한 것은 정치적 주장의 글들이다. 정치적 주장의 글들의 홍수가 일으킨 무질서 안에서 질서를 찾으려는 노력들이 정치평론의 역할과 정체성에 대한 논의를 발전시켰다. 정치평론이 탄생하고 성장한 18~19세기는 정치적 논쟁의 시대였다. 정치적 주장의 팸플릿들이 쏟아져 나오고 이 팸플릿들은 정기적인 간행물 형태를 취한 평론들(periodic essays)로 대체되는 시기였다. 어느 한쪽에 치우친 정치적 주장의 글들의 범람 속에서 올바른 정치적 지식과 판단을 구한다는 것은 곤란한 일이었다. 정치적 편견에서 벗어나 정치적 문제와 사물을 '있는 그대로 보려는 노력'이 정치평론에서 지속되었다. 정치적 대립과 사회적·종교적 분열이 지배하던 18세기의 시대에서 탄생하여 빅토리아 시대에 꽃피운 정치평론은 대중을 정치적 선동의 세계(land)에서 정치적 성찰의 세계(land)로 가는 다리(Bridge) 역할을 하고 있다. 새뮤얼 존슨과 매슈 아널드는 정치적 글들의 홍수 속에서 평론을 하면서 올바른 평론이란 무엇이고 평론가의 역할은 무엇인가라는 질문을 제기했고 이에 대한 진지한 성찰을 추구했다. 존슨과 아널드가 볼 때 진정한 평론은 균형(공평무사함)을 갖춰야 한다. 이들은 자신들의 평론에서

"공평무사함"의 원칙을 추구했고 이후 객관성 혹은 중립성을 강조하는 객관주의 저널리즘이라 불리는 전통을 형성하게 되었다.

또 하나 이들이 평론에서 공통으로 중요시한 것은 평론의 공적 역할이었다. 이들에게는 평론은 "계몽적" 역할을 갖는다. 과학기술의 발달과 자본주의 시장경제의 확산으로 전통적 가치체계의 중심을 맡았던 종교(기독교)의 영향력이 쇠퇴하고 자유주의와 민주주의라는 정치적 이념이 이를 대체하는 전환기에 영국의 정치평론가들이 염두에 둔 정치평론의 역할은 등불의 역할이었다. 이러한 정치평론관은 워즈워스의 정치저널 발간 의도에 잘 축약되어 있다.

> "대중이 암흑 속에서 걷고 있음을 나는 알고 있다. 나는 그들 하나하나에게 그들을 인도해줄 등불을 건네주고, 그렇게 함으로써 그들이 다시는 순식간에 꺼져 버리는 번개 불빛이나 금세 스러지는 별똥별의 번뜩임으로 길을 밝히며 여행을 나서지 않도록 하고자 한다."(Quincey 1907, 70).

등불의 역할을 자임하는 당시의 정치평론가들이 정치평론의 주요 임무로 본 것은 시티즌십의 형성이었다. 빅토리아 시대의 저명한 정치·사회평론가인 매슈 아널드는 대표적 정치평론인 『교양과 무질서』(*Culture and Anarchy*)에서 영국 사회가 처한 문제를 해결하는 방법으로 교양을 제시했는데, 아널드가 말하는 교양을 현대의 대표적 정치평론가의 한 사람인 버너드 크릭(Bernard Crick)의 말로 바꾸면 정치적 이해 능력(political literacy)이며, 해롤드 라스키(Harold Laski)와 월터 리프먼(Walter Lippmann)이 말하는 판단능력(judgement)이다.

다음에는 이들 평론가들이 강조하는 정치평론의 두 가지 특징의 하나인 "공평무사함"의 원칙을 가장 먼저 제기한 새뮤얼 존슨의 정치평론을 살펴보고자 한다.

2. 새뮤얼 존슨의 정치평론

영국의 정치논설 전통은 '팸플릿'(Pamphlet)에서 시작한다. 19세기 들어와 잡지가 대량 유통되기 이전에는 '팸플릿(소책자)'이 정치적 논쟁의 주된 매체였다. 언론자유에 대한 기념비적 문서인 '실낙원'의 시인 존 밀턴(John Milton)의 『아레오파지티카』(*Areopagitica*)도 정치적 논쟁을 일으킨 대표적 정치평론이었다. 소책자에 의존하던 정치평론은 인쇄술의 발달과 독서 대중(reading public)의 증가로 잡지 형태로 등장하게 된다. '영국 저널의 아버지'로 불리는 대니얼 디포(Daniel Defoe)에 의해 본격적인 정치저널들이 시작된다.¹ 대니얼 디포에 이어 본격적인 정치평론을 쓰기 시작한 것은 새뮤얼 존슨(Samuel Johnson)이다.

『영어사전』(*Dictionary of the English Language*)(1755)과 『셰익스피어 희

---

1   영국 최초의 저널 《리뷰》(*A Review*)의 편집인은 『로빈슨 크루소』의 저자인 대니얼 디포였다. 디포가 소설가가 된 것은 그의 나이 60세 때였고, 그의 주된 활동은 잡지편집과 정치평론이었다.

곡집』(1765)으로 명성을 확립한 존슨은 '잡지'(Magazine)라는 용어를 최초로 도입한 에드워드 케이브(Edward Cave)의 《젠틀맨 매거진》(Gentleman's Magazine)의 기고자로서 언론인으로서의 경력을 시작해 1750년에는 《램블러》(The Rambler)라는 자신의 저널을 발간했다. 존슨이 1주일에 2번씩 《램블러》(1750~52)지에 기고한 논설은 다양한 주제들을 다루었다. 정치평론가로서 1730년대와 1740년대에 존슨은 자신이 전제적이며 부패하다고 생각한 정부를 비판하는 팸플릿들을 만들었다. 1750년대에는 존슨은 영국이 7년 전쟁을 하게 된 이면에는 제국주의와 경제적 요인들이 있다고 7년전쟁을 벌인 정부를 비난하는 글들을 발표했다. 1770년대에는 정치적 도덕성에 대한 관심을 갖고 정치적 맹목적 주전론, 잘못된 애국주의, 영국의 압제에 대한 미국의 불평에 대해 비판의 글을 썼다(Rogers 1996, 297-302).

존슨이 본 당시 영국 사회의 문제점은 너무나 많은 잡지들이 나와 정보의 홍수를 일으켜 사실에 대한 올바른 판단이 힘들다는 점이다. 하루가 멀다 하고 나타나는 많은 정치저널(political journal)들의 범람에 대해 새뮤얼 존슨은 '새로운 내용이 없는, 의미 없는 반복'이라고 비판하고 있다. 매일 같은 이야기를 저널들이 다루기 때문에 새로운 저널들이 매일 창간되어도 지식이 늘어나는 것은 아니다.

"조간신문의 이야기는 저녁에 다시 이야기된다. 저녁의 이야기
들은 다시 아침에 되풀이된다. 이들 반복은 정말로 시간낭비이지
만 저널들은 이것을 줄이려 하지 않는다. 기사를 열심히 정독하
는 사람은 기사들을 다 읽기도 전에 지친다. 잠옷에 슬리퍼를 신

고 커피하우스에 들어가는 많은 사람들이 유럽의 상황에 대해 숙고하기도 전에 자신의 일이나 저녁식사에 마음을 뺏긴다."(Johnson 1758, No. 7. "Scheme for news-writers").

이 '반복'의 홍수 속에서 대중은 정치적 대상에 대해 생각할 기회를 빼앗긴다. 새뮤얼 존슨은 『게으른자』(idler)라는 사회평론집의 '신문기자들의 부패'(Corruption of news-writers)라는 제목의 평론에서 정치기사와 비평의 차이를 다음과 같이 말하고 있다. "뉴스를 쓰는 자들은 덕목이라고는 없는 자들로서 스스로의 이익을 위하여 거침없이 거짓말을 써댄다. 이런 글들을 쓰는 데는 재능도, 지식도, 근면도, 활기도 필요 없다. 그 대신 절대적으로 필요한 것은 부끄러움에 대한 경멸, 진실에 대한 무관심이다."(Johnson 1758, No. 30). 존슨이 보는 진정한 평론가는 "지식의 전파자"(great disseminator of knowledge)이며 "공동체의 수호자"(guardian of commonwealth)이다. 풍자적으로 쓴 "작가들의 고용을 위한 프로젝트"(A Project for the Employment of authors)라는 평론에서 존슨은 모든 계층에서 글을 쓰게 되어 글의 범람이 일어나는 현실을 비판한다. 문필가라는 직업이 사라질 정도로 누구나 글을 쓰게 되면서 작가의 수준은 낮아졌다. 이 평론집에서 존슨은 '비평'에 누구나 쉽게 뛰어드는 세태에 풍자를 한다. 존슨은 '딕 미님'(Dick Minim)이라는 가상의 인물의 가상의 비평을 통해 당시의 글쓰기 열풍을 비판하고 있다.

그가 비평의 상석에 앉았을 때, 그는 잔재주와 사치스런 기교에 반대해서, 큰소리로 우리 조상들의 고상한 단순함을 지지한다. 때로 그는 낙담에 빠진 채, 거짓 섬세함이 하루가 다르게 영역을 넓히는 것을 목도하고, 때로는 희망의 빛이 얼굴에 감돌며 진실된 숭고미가 부활할 것이라고 예측한다. 그리고는 가장 준엄하게 각운의 우스꽝스런 야만성을 규탄하면서, 어떻게 이성이 있다는 존재들이 한행이 늘 다른 행과 똑같이 끝나는 것을 받아들이는지 의아해한다(Johnson 1758, 294).

존슨이 보는 작가의 자격은 "작가는 오래 연구하고 엄격한 훈련을 받고 사회의 검증을 받고 동료시민들을 지도할 자격이 있다고 자임하는" 사람들이어야 한다.(Johnson 1825, 5 : 357) 존슨은 공적 문인으로서 작가의 자격에 대해 다음과 같이 말하고 있다.[2]

그러나 자연에 대한 지식을 얻는 것은 시인이 할 일의 절반에 불과합니다. 시인은 모든 형태의 생활양식에 똑같이 친숙해져야 합니다. 시인의 본성은 여러 상황이 지니는 행복과 슬픔을 평가해야 할 필요가 있습니다. 시인은 여러 형태로 배합돼 있는 온갖 열정의 위력을 눈여겨보고, 발랄한 유년시절에서 노쇠하여 허약한 시대에 이르기까지, 각양각색의 제도에 의해서 또 기후나 관습과 같은 우연한 영향력에 의해서 변화해 가는 것에 따라 정신적으로 변화하는 모습도 찾아내 규명해야 합니다. **시인은 자기 시대와**

---

2   여기서 말하는 시인은 작가 혹은 문필가로 이해해야 한다. 당시 영국에서는 시인을 작가 혹은 문필가를 지칭하는 의미로 사용하였다.

나라의 편견들을 모두 벗어버려야 합니다. 시인은 또 본질적이고 불변의 상태에서 옳고 그름을 고찰해야 합니다. 시인은 일시적인 법칙이나 여론 같은 것도 무시해야 하며, 일반적이고 초월적인 영원불변한 진실을 주장해야 합니다. 그리하여 시인은 자신의 명성이 서서히 올라가는 것에 만족해야 하고, 당대의 칭송을 무시할 수 있어야 하고, 자신의 주장을 미래의 판단에 맡겨야 합니다. 시인의 인간본성의 해설자로서 글을 써야 하고, 인류의 법을 제정하는 사람으로서 글을 써야 합니다. 그는 또 미래에 태어날 사상이나 예법을 주재(主宰)하는 이로 자신을 생각해야 하고, 시간과 공간을 초월하는 존재로 자신을 여겨야 합니다.

여기서 그의 고역이 끝나는 것이 아닙니다. 시인은 여러 언어와 여러 분야의 학문을 알아야 합니다. 또 그의 문체가 그의 사상에 걸맞게 끊임없는 연습을 통해 언어의 모든 섬세함과 조화의 아름다움을 이룰 수 있도록 익혀야 합니다(Bronson 528, 필자 강조, 구학서 역. 정정호 재인용).

위의 인용문에서 말하는 시인은 평론가로 바꿔 읽어도 무리가 없다. 여기서 평론의 원칙의 하나인 "공평무사함"(disinterestedness)이 구체적으로 드러난다. "사물을 있는 그대로 보기" 위해서는 평론가는 "자기 시대와 나라의 편견들을 모두 벗어버리고", "본질적이고 불변의 상태에서 옳고 그름을 고찰하고", "일시적인 법칙이나 여론 등을 무시하며", "일반적이고 초월적인 영원불변한 진실을 주장해야" 한다.

새뮤얼 존슨은 선전·선동의 글과 평론의 구별은 독자가 흥미로 읽기 위해 쓰는 글인가, 독자가 숙고하기 위해 쓰는 글인가로 결정된다고 지적하고 있다. "나태의 즐거움의 하나는 숙독의 수고 없이 읽는 것이다. 그래서 세상은 독자의 성찰을 위해서가 아니라 단지 읽히기 위해 글을 쓰는 작가들로 가득하다."(Johnson 1758, No. 30. "Corruption of news-writers").

새뮤얼 존슨이 본 당시 영국사회의 문제점은 정파주의와 광신주의의 만연이다. 이 정파주의와 광신주의의 만연은 애국심의 선동에서 잘 나타나고 있다.

> 어떤 사람은 불만을 퍼뜨리고 비밀의 영향력, 위험한 의견(충고)들, 인권탄압, 권리침해에 대한 보도를 전파하는 행동만으로 애국자 행세를 한다. 이러한 행동에는 어떠한 애국주의의 특징도 없다. 과도한 분노로 대중을 선동하는 것은 대중의 행복을 파괴하는 것은 아닐지라도 행복을 중단시키는 것이다. 그는 자신의 조국을 사랑하는 사람이 아니다. 왜냐하면 그는 조국의 평화를 불필요하게 깨는 사람이기 때문이다. 어떤 잘못이나 실수를 정부가 했더라도 군중에게 호소를 하는 것이 정당화될 수 없다. 왜냐하면 군중은 이해할 수 없는 것을 판단해서는 안 되는 사람들이기 때문이다. 군중들은 이성에 따라 확산된 것이 아닌 전염에 따라 확산된 의견들에 사로잡혀 있는 사람들이기 때문이다(Johnson 1758, 408).

존슨은 정파주의와 광신주의의 만연의 원인을 "생각하지 않는" 대중에서 찾는다. 「인간은 언제나 생각하는 것은 아니다」(Man does not always think)라는 제목의 풍자 평론에서 존슨은 당시 영국사회의 사람들 대부분은 "경박한 어리석음"(careless stupidity)에 빠져서 살고 있다고 비판하고 있다. 존슨은 당시 영국에 만연한 정파주의와 광신주의의 원인이 대중들이 "자신들의 눈과 귀로 사물을 보려 하지 않는" 점에서 찾았다. 이들에게서 "자신들이 추종하려고 공언한 것들과 대립되는 것들은 어느 하나도 받아들이지 않기로 결심한" 정치적 광신자가 나오는 것이다(Johnson 1758, No 10. "Political credulity"). 정파주의와 광신주의의 문제점을 극복하기 위해서 정치평론은 독자의 성찰이 필요하다. 평론의 역할은 대중들에게 생각의 소재를 제공하여 자신들의 눈과 귀로 사물을 보게 하는 데 있다. 존슨이 보는 당시 영국인들의 "사유의 결여"의 원인 중 하나는 생각할 소재의 결여 때문이다.

"합리적으로 생각하면 사유에는 다른 모든 것처럼 원인과 결과가 무엇인가에 대한 생각이 포함되어 있다. 사색은 무에서 시작하는 것이 아니라 어떤 대상에 대한 지식과 행동과 시행착오의 체험으로부터 시작된다. 어떤 행동이나 사건은 사색에서 비롯된다. 그러나 사색을 일으키는 문제들에 대해 관심을 두지 않는 사람들이 얼마나 많은가를 생각하면 경악할 것이다. 이들의 삶에는 어떤 사색의 결과도 찾을 수 없다. 이들은 자신들이 성찰할 수 있는 어떤 것도 배우지 않는 사람들이다. 이들은 자신들의 기억에 남을 어떤 것도 보거나 느끼지 않는 사람들이다. 이들은 자신들의 환경을 바꿀 어떤 변화를 기대하거나 변화에 대한 욕망이 없는 사람들이다. 그러므로 이들에게는 두려움이나 희망이 없다. 미래에 대한 계획도 없다. 그러나 이들은 자신들을 생각하는 존재라고 당연하게 여기고 있다."(Johnson 1758, No. 24. "Man does not always think").

새뮤얼 존슨의 평론관을 잘 보여주는 것은 영국 최초의 평론지로 여겨지는 《스펙테이터》(*The Spectator*)에 대한 평가다.[3] 존슨은 《스펙테이터》 창립자인 애디슨(Addison)을 "공동생활(사회)의 대가"(the masters of common life), "대중의 취미와 기호를 선도하는 주체"(Arbiter Elegantiarum)이며 사회 안에서 나누는 일상 대화를 살펴 어떤 언행이 도덕적, 사회적으로 부적절한지 판단해주는 판관(judge of propriety who should survey the track of daily conversation)이라 평하고 있다. "공동생활(사회)의 대가"라는 말 속에는 정치평론의 사회적 계몽 역할이 강조되어 있다. 대

---

3   존슨은 그의 인생에서 자신의 정신 형성에 《스펙테이터》가 끼친 영향력의 중요성을 자주 언급했다. 사무엘 존슨은 애디슨을 최고의 사회관찰자('perhaps the first of the first rank' among social observers)로 간주했다. 존슨의 신문 《램블러》는 애디슨과 스틸이 운영하던 18세기 초의 정기간행물 에세이인 《스펙테이터》에 바탕을 두고 있다. 그는 1776년에 《스펙테이터》가 책으로 출간될 때 호의적인 추천사를 썼다. 그는 『시인들의 삶』(*Lives of the Poets* 2 : 79-150)에서 애디슨에 관해 많은 지면을 할애하고 있다. 애디슨의 연구(*Lives of the Poets* 2 : 150) 결론 부분에서 친숙하지만 거칠지 않고 우아하지만 과시적이지 않은 영어문체를 얻기를 바라는 사람은 애디슨을 밤낮으로 공부하라고 충고하고 있다(Rogers 1996, 3).

중의 일상생활 속으로 들어가 대중이 교양을 갖게 하는 임무를 자임한다(여건종 1997, 31). 존슨에게 정치평론은 대중에게 길을 인도하는 '등대'(light house)의 역할이다. 존슨에게 평론가의 임무는 "한 사회를 대상으로 발언하는 것"(addressing a society)이며 대중의 사생활에 개입해 비판적 논평을 하려는 행위는 평론가의 의무이다.

새뮤얼 존슨이 평론의 긍정적 예로 든 《스펙테이터》는 평론의 역할은 정치적 주장을 제공하는 게 아니라 끊임없는 사회적 '관찰(observation)'을 제공하는 것임을 보여주고 있다. 《스펙테이터》를 관통하고 있는 가장 두드러진 행위는 바로 '관찰'이다. 애디슨이 자신을 "미스터 스펙테이터"(Mr. Spectator)로 소개하는 《스펙테이터》1호에서 그는 초연한 관찰자의 역할을 밝히고 있다.

> "나는 세상에서 사회구성원의 일원으로서가 아니라 사회에 대한 관찰자로서의 삶을 살 것이다. 나는 스스로를 상상의 정치가, 군인, 상인, 수공업자로 여기지만 현실에는 개입하지 않을 것이다. …… 방관자로서 나는 게임을 하는 사람들에게 보이지 않는 내막(plots)을 발견하는 이점이 있다. **나는 폭력을 배척할 것이며 휘그당(자유당)과 토리당(보수당) 사이에서 엄정중립을 지킬 것이다.** 나는 삶의 모든 영역에서 관찰자로서 행동할 것이며 이 점이 내가 지키려고 하는 이 신문의 성격이다."(Addison 1711, No. 1. "The Spectator's Account Of Himself Spectator")(필자 강조).

미스터 스펙테이터는 자기주장을 하지 않고, 즉 어떤 정파의 주장을 전달하지 않고 자기가 본 것을 전달하겠다고 말하고 있다. "말을 포기하는 것은 나에게 벙어리의 모든 이점을 준다. 그 장점은 다른 사람보다 더 깊숙이 볼 수 있는 점이다"(Steele 1711, No. 4, March 5). 여기서 '본다는 것'은 '사물의 표면이 아니라 사물의 안을 통찰해서 보겠다는 것을 의미한다. 다른 사람에게는 보이지 않고, 대중 속에서 항상 혼자이며, 자기주장을 하지 않지만, 통찰능력을 가진 '중립적인 관찰자(detached observer)'라는 은유는 《스펙테이터》 창립자인 애디슨과 스틸(Steele)의 평론관을 반영한다. '미스터 스펙테이터'는 어느 일방을 대변하지 않고 보다 넓은 계층의 독자를 대변하고 있다는 점을 강조하여 중립성, 즉 불편부당성을 강조하고 있다.

《스펙테이터》에서 주장하는 평론의 주요 임무는 새무얼 존슨이 강조하는 것처럼 독자에게 '성찰할' 기회를 제공하는 것이다. 영국 최초의 일간 정기간행 에세이(periodical essay)인 《스펙테이터》는 '(뉴스에 대한) 적절한 설명'(agreeable instruction)을 통해서 대중에게 "매일의 성찰"(daily speculation)의 재료를 제공한다. 즉 "대중을 매일매일 조금씩 바꾸면서 궁극적으로 새로운 시민이 될 수 있도록 도덕적, 지적 지혜와 취향을 제공한다."(여건종 1997, 29) 일반적인 선동과 선전의 정치적 주장의 글들과 평론의 차이는 평론의 임무가 철학을 대중화한다는 점이다. 정치적 주장을 그대로 따라가는 추종자가 아니라, 즉 독자들이 스스로 생각하고 판단하도록 도와주는 것, 잊힌 철학의 정신을 다시 부활시키는 것이다.

"나는 우리의 시대가 빠진 악과 우행의 절망적 상태에서 시민들을 구해낼 때까지 그들의 기억을 매일 새롭게 하기로 결심하고 있다. 휴한지(休閑地)와 같은 시민들의 정신은 어리석음에 빠져 있고, 끊임없이 부지런히 배울 때 그 어리석음을 없앨 수 있다. 철학을 하늘에서 일상으로 끌어들인 사람은 소크라테스라고 한다. 나는 벽장, 도서관, 학교, 대학에서 철학을 끄집어내어 클럽과 회합들, 차 마시는 모임, 그리고 커피하우스에서 철학이 일상적 주제가 되게 할 야심을 가지고 있다."(Addison 1711, No. 1. "The Spectator's Account Of Himself Spectator").

《스펙테이터》에서 보듯이 영국의 18세기 정치평론가들은 대중에게 '새로운 삶의 방식'(new way of life)을 '새로운 습관(new habit)'으로, 즉 스스로 판단할 수 있고 책임을 지는 시민으로 만들려고 한다. 이들에게 정치평론은 시민을 위한 정치교육의 장(場)이다.

다음에서는 정치평론가인 매슈 아널드의 평론의 방법 및 평론의 임무와 관련된 교양(culture) 개념을 논의하고자 한다. 매슈 아널드가 주장하는 교양 개념의 천착은 이들이 지향하는 정치평론의 성격을 이해하는 데 도움이 될 것이다.

3. 매슈 아널드(1822-1888)의 정치평론

매슈 아널드(Matthew Arnold, 1822-1888)는 가장 영향력 있는 빅토

리아 시대의 문학·사회·정치비평가였다.[4] 시인으로서 명성을 확립한 매슈 아널드의 비평·활동은 1851년 장학사(Inspector of Schools)로 임명되면서 본격적으로 전개된다.[5] 아널드는 1851년 장학사로 임명된 이후 영국 각지를 순회하며 영국의 교육 실태와 영국사회의 문제점들에 대해 직접적인 체험을 하게 된다. 거의 35년간을 장학사(Inspector of Schools)로서 활동한 체험은 문학뿐만 아니라 정치, 종교, 교육 등 사회 전반에 걸쳐 비평 활동을 활발히 전개하는 바탕이 된다. 장학관으로서 독일과 프랑스의 교육제도와 정치, 사회, 문화에서 변화하는 모습을 두루 살펴보고 영국 사회가 갖고 있는 지성과 교육, 문학에서의 폐쇄성(Provincialism)을 인식하게 된다. 아널드는 1853년 『시 선집』(Poems)을 발간하면서 비평가로서 첫 발을 내딛는다. 아널드는 『시 선집』 서문과 1852년에 발표한 그의 두 번째 시집인 『에트나 산에 오른 엠페도클레스와 다른 시들』(Empedocles on Etna and Other Poems)의 서문으로 본격적인 비평의 길을 걷는다. 장학사로서 아널드는 우선적으로 영국 문학의 낙후성을 독일과 프랑스의 제도와 대륙 문화의 사상적 흐름과 비

---

4   아널드의 비평가로서 기여는 문학의 영역을 넓히는, 다시 말해 문학을 문화 일반의 영역에서 보는 계기를 마련했다는 점이다.

5   "아널드가 이처럼 사회적인 관심과 비평의 구실을 강조한 이유는 빅토리아 사회가 거대한 변화의 과정에 있었기 때문이다. 당시 진보와 개혁의 흐름은 '시대정신'으로 일컬어질 정도로 대세였다. 1830년대부터 제1차 선거법 개정, 공장법, 빈민법 등 정치적·경제적 개혁이 진행되었고, 아널드의 대학시절인 1840년대에는 '차티스트운동'으로 통칭되는 전국적인 노동운동이 거세게 벌어졌다." (윤지관 2006, 15)

교하면서 설명하고 있다. 이러한 아널드의 문학사상은 「문학에 있어서의 현대적 요소」(The Modern Element in Literature)와 「현 시대에 있어서의 비평의 기능」(The Function of Criticism at the Present Time), 그리고 「아카데미의 문학적 영향」(The Literary Influence of Academies)과 같은 산문에서 잘 나타나고 있다. 영국인들의 지방성과 무모함에 대한 아널드의 두 가지 처방은 국가 통제하의 고등 교육의 조직이나 이념, 정치적 이해관계들 (당파주의)의 영향에서 벗어난 비평이었다. 비평은 "세상에서 알려지고 생각되어진 최상의 것"에 대한 연구와 "관련된 모든 주제(혹은 문제점들)에 대한 정신의 자유로운 활동"을 내포한다.

아널드는 장학사가 된 이후 프랑스와 독일의 교육제도를 배우기 위해 대륙을 견학한다. 유럽 대륙의 여러 나라들의 대중에 대한 교육과 체계를 보고 느낀 그대로 아널드는 보고서를 작성하였다. 아널드의 보고서는 세 권의 책으로 일반에 알려지고 있다. 『대륙의 대중교육』(Popular Education on the Continent)(1861), 『프랑스 이튼 교도, 중산계급 교육과 국가』(A French Eton, or Middle-Class Education and the State)(1864), 『대륙의 학교와 대학들』(Schools and Universities on the Continent)(1868)등과 같은 저서에서 아널드는 중산계급에 대한 대륙 국가들의 제도와 체계를 설명하면서 영국에서 진정으로 필요한 것은 충분한 학교시설 뿐만 아니라 교육과정에 대한 재정비라고 지적한다.[6]

---

6 빅토리아 시대의 비평의 특징은 문학과 시대적 환경과의 관련성을 중시한다. 이
   것은 사회에 대한 작가의 사회적 의무와 책임에 비평의 중심을 두었다는 것을
   말한다. 자연히 빅토리아 시대의 비평가들은 문학을 창조하는 예술가의 입장이

아널드는 1865년 『비평선집』 제1집을 통해 영국 비평의 기준을 제시했다. 아널드는 비평은 단순한 문학에 머무르지 않고 사회 전반에까지 확장된다는 것을 보여주었다.[7] 아널드의 『교양과 무질서』의 중심 원리들은 이미 『비평선집』 제1집에 수록된 「현시대에 있어서의 비평의 기능」에서 나타나고 있다.[8] 아널드가 말하는 '교양'의 핵심적인 사상은 바로 "일체의 세속적 이해관계를 떠난"(disinterested) 행위에서 출발하기 때문이다. 다른 비평에 관한 글에서도 아널드의 사상은 교양에 관한 사상으로 집약될 수 있는데 특히 '일체의 세속적 이해관계를 떠난 비평'(the disinterested criticism), 즉 교양의 진정한 목적은 인간의 '완벽에 대한 연구'(the study of perfection)라는 것이 아널드의 핵심적인 사상적 견해이다. 특히 아널드에게 비평은 교양을 획득하기 위한 전제조건이다. 교양은 인간과 문화와의 관계에서 습득되는데, 개인이 올바른 도덕적 교양을 성취하기 위해서는 현실을 객관적 시각으로 이해하는 문화적 안

아니라 문학을 향유하는 독자로서의 견해를 표출하였다.

7   그는 비평을 문학뿐만 아니라 신학·역사·예술·과학·사회학·정치학으로 확장했다. 『비평론집』(1865)에 실린 다른 평론들의 제목만 보아도 아널드가 비평의 지평을 얼마나 확장했는가 알 수 있다. 「모리스 드 게랭」(Maurice de Guérin), 「유제니 드 게랭」(Eugénie de Guérin), 「하인리히 하이네」(Heinrich Heine), 「주베르」(Joubert), 「스피노자」(Spinoza), 「마르쿠스 아우렐리우스」(Marcus Aurelius) 등의 평론에서는 그의 후기 저작들에서처럼 그의 비평관을 문학뿐 아니라 철학까지 적용하고 있다.

8   1865년 발표한 첫 번째 평론인 「현재 비평의 기능」(The Function of Criticism at the Present Time)은 그가 후기 작품에서 더 전개시킬 주제들을 다루고 있는 일종의 서곡과 같다.

목이 필요하다고 아널드는 주장한다. 그리고 비평은 객관적인 문화적 안목을 가질 수 있도록 하며 "일체의 세속적 이해관계를 떠난" 비평적 태도가 요구된다는 것이 아널드의 주장이다.

1860년대 후반에 아널드는 사회·종교적인 당대의 논쟁에 적극 개입해 비평가로서 본격적인 활동을 펼치게 된다.[9] 이 시기의 논쟁을 모아서 1869년 그의 대표적인 정치·사회평론서인 『교양과 무질서』가 나왔다. 1870년에는 종교논쟁집 『성 바울로와 프로테스탄티즘』(*St. Paul and Protestantism*)이 나왔고, 1871년에는 '반은 장난스럽고 반은 진지한' 스타일의 또 다른 정치평론서 『우정의 화환』(*Friendship's Garland*)이 나왔다. 1873년에는 그의 종교 저서 가운데서 가장 중요한 『문학과 교리』(*Literature and Dogma*)가 출간되었다.

비평의 방식 : '공평무사'(disinterestedness)

19세기 영국의 저명한 정치·사회평론가인 매슈 아널드는 비평의 방법적 원칙으로 '공평무사'라는 개념을 제시한다. 이 '공평무사'라는 개념으로 정치적 주장의 글들과 정치적 평론은 구분될 수 있

---

9   "무엇보다도 이 시기는 빅토리아 영국의 개혁운동이 막바지에 이르러 노동계급의 정치적 권리에 대한 주장과 목소리가 어느 때보다 컸던 시기였다. 이 같은 정치개혁은 1867년 의회를 통과한 제2차 선거법 개정으로 절정에 이르렀는데, 이 개혁을 통해서 대다수의 남성 도시노동자가 선거권을 획득하게 된다. 뒤에서 상술하겠지만 『교양과 무질서』로 묶여 나온 이 책은 선거법 개정을 둘러싼 사회적 논란의 와중에 집필된 것이다." (윤지관 2006, 23).

다. 아널드가 정의하는 비평은 "세상에 알려지고, 생각되어지는 최선의 것을 배우고 전파하려는 공평무사한 노력"(a disinterested endeavor to learn and propagate the best that is known and thought in the world)이다. 비평이 '진리에 이르는 길은 실제적인 생활의 고려로부터 초연해야만 보장된다.' 비평이 필요로 하는 것은 자유로운 정신의 활동이며, 사물의 본성에 내재하는 법칙에 충실히 따라 그 대상의 진실을 알려는 강한 지적 호기심이다. 사심 없이(공평무사하게) 사물을 보는 것의 중요성을 강조함으로써 정치평론은 당파주의에 입각한 정치적 주장의 글들과 구별될 수 있다. 비평의 공평무사함은 어떻게 획득되는가? 아널드는 사물에 대한 실천적인 관점에 대해 초연해야 한다고 주장한다. 공평무사함은 "역사적으로 최선의 지식과 사상에 대한 자유롭고 사심 없는 탐구를 통해" 획득된다. 사상에 대해 표면적이고 정치적이고 실천적인 고려를 할 때 비평은 공평무사함을 잃고 당파주의 논쟁의 희생이 된다(Arnold 1993, 37). 아널드는 자유롭고 사심 없는 탐구를 하는 평론의 이상적 예로 프랑스의 《르뷔 데 되 몽드》(Revue des Deux Mondes)를 든다.[10] 아널드가 볼 때 영국의 《에딘버러 리뷰》(Edinburgh Review)는 자유

---

10 《The Revue des deux Mondes》(영어로 Review of the Two Worlds)는 프랑스의 문예 및 문화문제를 다루는 월간지로 1829년에 창간해 지금에 이르고 있다. 르뷔데 되 몽드는 1829년과 1831~1944년에 파리에서 발간된 격주간지로 문학과 예술에 관한 비평을 실었다. 1828년 프랑스에서 검열이 중지된 뒤 창간되었으며 당대의 유명한 스코틀랜드와 잉글랜드의 신문잡지에 견줄 만큼 프랑스 비평계에서 확고하게 자리 잡았다. 그러나 이 잡지는 정치에는 관심을 기울이지 않았으며 예술분야에만 영향력을 발휘했다. 1831~77년 편집장을 지낸 프랑수아 뷜

당(old Whigs)을 대변해 자유당의 당파주의에서 자유롭지 못하다. 보수당(Tories)을 대표하는《쿼털리 리뷰》(Quarterly Review)는 보수당의 당파주의에 충실하고, 정치적 비국교도(Dissenters)를 대변하는《브리티시 쿼털리》(British Quarterly Review)는 비국교도의 당파주의에서 벗어날 수 없다.《타임즈》(Times)는 귀족이 아닌 평민과 젠틀맨을 대표하면서 그 정치적 주장을 대변한다. 영국 사회의 다양한 당파들, 즉 정치적이고 종교적인 많은 당파들은 자신들의 정치평론 저널을 갖고 있다. 어느 당파에 속하지 않고 모든 당파에 대해 자유롭고 사심 없는 비평을 하려는 생각은 환영받지 못하고 있다. 현실개입에 대한 고려를 넘어서지 않고서는 비평은 당파주의 논쟁에 휩쓸리고 만다. '비평의 기능'의 결론에서 아널드는 비평가의 숙명은 현실과의 거리를 두는 관찰자(onlooker)임을 구약성서의 예를 통해 보여주고 있다.

"아이스킬로스와 셰익스피어의 시대에는 물론 진정한 문학생활이 존재했다. 그러한 약속의 땅을 향하여 비평은 손짓할 수 있을 뿐이다. 그 약속의 땅은 우리가 들어갈 수 없을 것이고, 우리는 황야에서 죽을 것이다. 그러나 거기로 들어가기를 욕망했던 것, 멀리서부터 그곳을 향하여 경례를 보낸 것이야말로 아마도 동

로는 샤를 오귀스탱 생트 뵈브, 오노레 드 발자크, 빅토르 위고, 이폴리트 텐, 에르네스트 르낭과 같은 쟁쟁한 문인들에게 기고 받아 수준 높은 원고를 게재하는 탁월한 전통을 세웠다. 1944년 발행이 정지되었으나 1948년부터《두 세계의 문학·역사·예술·과학평론》(La Revue de Littérature, Histoire, Arts et Sciences des Deux Mondes)이라는 이름으로 복간되었다.

'시대인들 중에 가장 뛰어났음을 나타내며, 틀림없이 후세에 평가 될 가장 훌륭한 공적이 될 것이다"(Arnold 1993, 51. 김종철 번역, 12).

아널드는 "사회계급에는 이러한 대다수와 함께 일상적인 편견과 습관으로부터 자유로운 소수의 '이방인들'(aliens)이 존재"한다고 말한다. 그들은 "계급이 아니라 일반적인 인문 정신과 인간 완성의 사랑에 의해 인도되는" 사람들이다. 이 이방인들의 메타포는 아널드가 보는 평론가의 정체성(identity)을 의미한다. 아널드가 볼 때 평론가는 자신이 속한 정파에 구속되지 않고 자유롭고 공평하게 세상을 관찰하는 존재여야 한다.

아널드가 말하는 공평무사함은 그의 정치평론에서 어떻게 나타나는가? 과연 이러한 평론의 원칙을 현실에서 실현하는가라는 질문이 제기될 수 있다. 아널드는 공평무사함과 객관성을 자신의 평론에서 추구하려고 했다. 본인이 자유주의자이면서도 당시 자유주의자들을 격렬하게 비판한 사실은 그의 모든 정치평론에서 나타난다. 그는 스스로를 '미래의 자유주의자'라고 불렀다. 『교양과 무질서』에서 중간계급에 대한 비판은 사실상 자유주의자들에 대한 비판이다. 보수주의자들에 대한 비판보다도 더 많은 지면을 자유주의자들에 할애하고 있다. 아널드의 공평무사한 비평 태도는 '아일랜드 자치' 문제를 둘러싼 당시 영국의 정치논쟁에서 잘 나타난다.[11] 김기순도 아일랜드 자치 문제에 대한 아널드의 정치평론들이 공평무사한 관점을 보여주었다는 점을 지적하고 있다. "일반적으로 아널드는 정치평론가로서는 '건전한 관찰자'

는 아니었다고 평가받지만, 아일랜드 문제만은 예외였다. 그는 이 분야에서 '건전한 진단, 실질적인 구제책, 균형 잡힌 역사적 전망의 드문 혼합'을 과시하였다."(김기순 2005, 190). 아일랜드 자치를 허용하려는 자유당 정부 수상 글래드스톤(Gladston)의 급진적인 정책에 대해 아널드의 공격은 아일랜드 자치를 반대하는 보수당(Tory)들에게도 의외였다. 편견에서 벗어나 공평무사한 비평을 하겠다는 그의 입장이 반영된 것으로 보인다.

아널드가 정치평론에서 공평무사한 태도를 얼마나 중시했는지는 글래드스톤에 대해 비판하는 아널드의 정치평론들에서도 확인되고 있다. 일부 연구자들은 아널드의 글래드스톤 비판이 개인적인 감정 때문이라는 해석을 내놓기도 한다. 그러나 원래 좋은 관계를 유지했던 글래드스톤에게 아널드가 신랄한 비평을 했던 것은 정치적 평론가인 글래드스톤의 정치평론들이 아널드가 보는 '공평무사한' 평론의 원칙을 파괴하기 때문이다. 아널드가 볼 때 글래드스톤의 정치적 평론들은 '공평무사함'이라는 평론의 원칙에 벗어난 포퓰리즘의 글이기 때문이다(Campbell 2003, 20-37).

시티즌십(citizenship)으로서 교양

아널드의 교양 개념은 『교양과 무질서』(*Culture and Anarchy*)의 서문

---

11 그는 죽기 몇 년 전까지 이 논쟁에 참여할 정도로 아일랜드 문제에 깊은 관심을 보였다.

다음 구절에서 일차적으로 정의된다.

> 교양이란 우리가 가장 관심을 가진 모든 문제에 있어 세상에서
> 생각되고 말해진 최상의 것을 알면서 우리의 총체적 완성을 추구
> 함이며, 이 지식을 통해 우리의 고정관념과 습관에 신선하고 자
> 유로운 생각의 줄기를 갖다 대는 것인데, 현재 우리는 이런 고정
> 관념과 습관을 꿋꿋이 그러나 기계적으로 따르고 있다"(Arnold
> 1993, 190)(필자 강조).

교양이라는 개념을 주장하는 아널드의 의도를 이해하려면 아널
드가 제시하는 교양의 근거들을 살펴볼 필요가 있다. 아널드는 교양
의 근거로 두 가지를 제시하고 있다. 첫 번째 교양의 근거는 "사물을
단지 그 자체를 위해서 추구하고 또 있는 그대로 보려는 즐거움을 추
구하려는 어떤 정신적 욕망"이다. "사물을 있는 그대로 보려는 욕망(the
very desire to see things as they are)은 실질적인 노력 없이는 대개 얻을 수
없는(55) 정신의 균형과 절도를 내포하고 있고, 그러면 균형과 절도는
우리가 호기심을 비난하는 의미로 사용할 때 뜻하는 것처럼 맹목적이
고 병든 정신적 충동과는 정반대의 것"이다(Arnold 1993, 59).

두 번째 근거는 교양의 사회적 차원이다. 교양은 사회성을 갖고
있다. 교양은 내면적인 자질이지만 개인적인 차원에 머무르지 않는다.
교양의 동력은 지식에 대한 정열뿐만 아니라 동시에 "선을 행하려는
도덕적·사회적 정열의 힘"이다.

그러나 교양에 관한 또 다른 관점이 있다. 이 관점은 지적인 인간에게 당연하고 적절한 그런 과학적 정열, 즉 사물을 있는 그대로 보려는 순전한 욕망만이 교양의 근거가 되지는 않는다. 우리 이웃에 대한 사랑, 행동과 도움, 베풂을 향한 충동, 인간의 과오를 없애고 인간의 혼란을 일소하고 인간의 비참을 줄이려는 욕망, 세상을 더욱 훌륭하고 행복한 곳이 되게 하려는 숭고한 희구―사회적인 것이라고 해야 마땅할 그런 동기―가 교양의 근거의 일부를 이룬다…(Arnold 1993, 55).

이 두 번째 근거를 아널드는 "중심적이고 두드러진 일부"로 중요시한다. 교양은 "개인적 차원과 공공의 차원을 동시에 포괄하는" 개념이다(김종철 1987, 114). 교양은 자기완성의 추구이며 인간의 모든 능력의 조화로운 발달을 추구한다. 이러한 완성은 "개인적 완성이면서 동시에 사회적 완성"이다(김종철 1987, 114).

"인간은 한 거대한 전체의 구성원들이다. 인간 본성 속에 존재하는 공감력은 한 구성원이 다른 구성원에게 무관심하거나 다른 구성원들에게서 떨어져 독립적으로 완전한 행복을 누리는 것을 허용하지 않는다. 그러므로 인간성의 확대는 보편적인 확장이어야 한다. 교양의 관점에서 볼 때, 개인적인 고립 속에서는 어떠한 완성도 불가능하다. 개인은 그의 완성을 향한 행진에 다른 사람을 동반할 것을 필수적으로 요구받으며, 여기에 복종하지 않을 때 그는 자신의 발전에 위축과 퇴보를 겪을 것이다."(Arnold 1993, 62).

아널드는 왜 교양개념이 필요한가에 대해『교양과 무질서』의 목표가 "우리가 현재 당면한 어려움을 벗어나는 데 커다란 도움이 되는 것으로서 교양을 추천하고자 함"이라고 밝히고 있다. 아널드가 보는 "현재 당면한 어려움"은 무엇인가? 아널드는 당파주의와 광신주의의 만연을 영국사회의 가장 큰 문제로 보았다. 당파주의를 어떻게 극복하는가는 아널드에게 해결해야 할 중요한 과제였다. 아널드는 교양 개념을 통해 당파주의 문제를 극복할 수 있다고 보았다. 교양을 통해 아널드가 추구한 것은 계급으로 인한 대립, 당파주의의 극복이다. 교양이라는 개념은 계급성이 아닌 보편성을 갖기 때문에 당파주의를 넘을 수 있다고 주장한다. 아널드가 말하는 교양은 계급과 당파주의, 이념을 넘어서는 개념이다. 아널드가 보는 교양은 "이 세상에서 생각되고 말해진 것 중 가장 훌륭한 것에 대한 연구와 추구"이다. 교양은 인식의 끊임없는 확장을 요구하고, 좁은 이해관계의 한계를 초월하여 보편적인 관점에 설 것을 요구하기 때문에 계급의 한계를 넘을 수 있다. 아널드는 교양은 타고난 능력이 아니며, 교양에 대한 참된 이해는 노력을 해서 획득하는 것임을 분명히 하고 있다. 교양은 "사회적인 이념"이며 교양은 "계급을 없애려 하고", "이 세상에서 생각되고 알려진 최상의 것을 모든 곳에 통용시키려는" 점에서 교양인은 "평등의 진정한 사도"들이다. 교양은 소수의 계급에 국한된 것이 아니라 제대로 기회가 주어졌을 때 모든 사람이 획득할 수 있는 것이어야 한다. "교양은 열등한 계급의 수준으로 내려가 가르치려 하지 않고 교양 자신의 이런 저런 파당을 위해 기성의 판단과 구호로 이들을 획득하려고 노력하지도 않는다." 교양은 이념으로부터 구속되지 않는다. 교양은 이념에 대해 "이념에서 자양을 얻지만 거기에 종속되지 않는" 개념이다. "위대한 교양인이란 당대 최상의 지식과 최상의 이념을 확산하고, 보급하고, 사회의 한쪽 끝에서 다른 쪽 끝까지 전파하려는 열정을 지닌" 사람들이다(Arnold 1993, 247). 교양의 임무는 거칠고, 때로는 세련되지 않으며, 어렵고 추상적이며 전문적인, 그리고 배타적인 모든 것에서 '최선의 지식'을 뽑아서 인간화하여 교양계급이나 유식계급의 파벌을 넘어 유용하게 하는 것이다.

광신주의에 대해서도 교양은 유용성을 갖는다. 아널드는 "교양의 개념을 가지고 일체의 일방적인 독선, 자기주장, 추상적 체계, 광신주의를 배격한다." 아널드가 "헬레니즘이라고 부르는 이러한 '의식의 자발성'에 입각한 개방성으로 인하여 교양은 '양심의 엄격성'에 기초하는 기성 종교의 틀을 넘어선다."(김종철 1987, 113). "교양 개념은 사람으로 하여금 자기보다 더 보편적인 것을 향하여 부단히 나아가도록 한다. 대부분의 사람들은 계급 이데올로기와 습관에 의해 분열되고, 고립적이며, 개인적인 '일상적 자아'에 갇혀 있기 때문에 그들 자신이 잠재적으로 지닌 통합적, 초개인적, 조화적인 '최선의 자아'를 깨닫지 못하고 있다."(김종철 1987, 117).

아널드는 "계급의 개념을 넘어서는 전 공동체(the whole community)인 국가의 개념"만이 계급대립을 넘어서 통합을 이루게 할 수 있다고 본다.[12] 아널드는 계급의 관점 안에 갇힌 자아를 통상적 자아(ordinary self)로 부르고 교양을 통해 이 통상적 자아는 계급의 관점에서 벗어나

전 공동체, 즉 국가와 결합하는 최상의 자아(best self)로 전환될 수 있다고 주장한다. 우리의 통상적인 자아는 "국가를 집행 정부를 장악하고 있는 계급과 동등한 어떤 것으로만 이해하고" 있다. 통상적인 자아는 변화를 이끌어내기 위한 수단으로 국가를 보지 못하고 있다.

> "… 그것은 자신이 국가, 즉 우리의 집합적인 최상의 자아, 우리 민족의 올바른 이성의 기관을 수립하고 있다는 것을 안다. 그리고 그것은 질서를 위해서 국가를 세우고 있는 것만큼이나 필요한 무엇이든 커다란 변화를 위해서 국가를 세우고 있다는 양심의 증언이기도 하다." (Arnold 1993, 101).

통상적인 자아는 "일반적인 이익을 위한 유력한 힘을 위탁받고 개인의 이해관계보다 더 넓은 이해관계의 이름으로 개인적 의지를 조절하는, 집단적이고 통합적인 성격이 있는 국가(nation)라는 개념"을 이해하지 못한다(Arnold 1993, 91). 통상적 자아는 "자유에 대한 배타적 관심" 때문에 "이러한 개념이 종종 독재를 위한 수단이 된다는" 두려움 때문에 국가가 갖는 긍정적 기능을 보지 못하고 있다. 통상적 자아가

---

12 아널드는 국가의 역할에 대해 밀과 같은 자유주의자들과 달리 긍정적으로 보고 있다. 아널드는 자유를 구속하는 지배자로서 국가를 보지 말고 국가를 목적을 달성하는 수단으로 보자고 주장한다. 아널드는 장학관으로 일하면서 비국교도들이 세운 학교들에서 많은 폐단을 발견한다. 기준에 미달하고 자신들의 특정 이념만을 주입하는 학교들을 보면서 아널드는 교육에 대해 국가의 개입이 필요하다는 인식을 가졌다.

주류를 차지하는 영국에서는 "타인과 자기를 포괄하는 구성원 모두의 더 높은 이성의 이름으로 각 구성원의 제멋대로인 행동을 행정부로서 통제하는, 집합적이고도 조합적인 성격의 국가라는 개념"이 없다. 최상의 자아는 계급적 분열을 극복한다. "최상의 자아 상태에서 우리는 결합되어 있고, 비개인적이고 조화를" 이루기 때문이다. 계급의 관점 안에 갇혀있는 통상적인 자아는 "우리에게 권위가 필요한데도 보이는 것이라고는 서로 질투하는 계급과 제한, 그리고 꽉 막힌 상태만" 제공한다. 그러나 교양을 통해서 국가의 개념을 수용할 수 있다. "교양은 국가의 개념을 제시한다. 우리는 우리의 통상적인 자아에서 견고한 국가권력을 위한 토대를 발견하지 못하지만, 교양은 우리의 최상의 자아를 그런 토대로 제시한다"(Arnold 1993, 99). 아널드에게 국가는 "우리가 올바른 이성을 믿고 또 완성을 향한 인간의 진보에 대한 신념을 가지고 이 목적을 위해 늘 애쓰는 가운데, 올바른 이성의 이념을 그리고 완성의 요소와 그 소용을 더욱 분명히 보게 되고 그것들로 국가의 골격을 점차 채우고 또 내부 조직과 모든 법과 제도를 그것들에 맞게 구성할" 때 "최상의 자아―잡다하고, 조악하고 불안정하고 투쟁적이고 늘 변하는 것이 아닌 유일하고 고귀하며 안전하고 평화로워 모든 인류에게 동일한―의 표현"이 된다.

지금까지 살펴본 "최상의 자아"를 형성하는 교양 개념은 바로 시티즌십(citizenship)으로 이해할 수 있다. 최상의 자아로서 국가를 형성하게 만드는 것은 시티즌십이다. 아널드가 말하는 교양의 개념은 버너드 크릭이 시티즌십 형성의 중요한 요소로 든 정치적 이해능력(political literacy)과 너무나 유사하다. 아널드는 계급의 관점에서 벗어나지 못하는 "통상적 자아"인 일반 개인을 국가라는 관점을 갖는 시민으로, 즉 "최상의 자아"로 전환시킴으로써 영국의 빅토리아 사회가 갖는 계급·종교 갈등을 극복하려고 시도했다. 이 전환에 필요한 것이 교양이다.

아널드가 교양의 현실적 적실성, 유용성으로 제시하는 교양이 갖는 판단능력도 해럴드 라스키가 강조한 시티즌십의 중요한 요소다. 아널드는 정치적 문제에 대해 교양이 갖는 유용성, 즉 교양은 "올바른 판단을 내릴 수 있도록 돕기에 분명히 매우 적합하고, 그야말로 만만치 않은 실질적인 기여"를 한다.

> 국가란 그 나라의 올바른 이성을 가장 잘 대변하고, 따라서 다스릴 자격 ─ 권위를 행사해야 할 때는 우리 모두에게 그것을 행사할 자격 ─ 이 가장 많은 권력을 말하는데, 칼라일 씨에게 그것은 귀족계급이다. 로씨에게 그것은 비길 데 없는 의회가 있는 중간계급이다. 개혁입법 연대(Reform League)에게 그것은 노동계급, 즉 '동감의 가장 빛나는 힘이자 행동의 가장 즉각적인 힘'인 계급이다. 이제 교양은, 완성에 대한 사심 없는 추구를 지닌 교양, 최상의 것을 포착하고 그것을 퍼뜨리기 위해 사물을 있는 그대로 보려고 노력하는 것일 뿐인 교양은 관찰하고, 읽고 생각하는 힘의 온갖 도움을 받아, 권위를 노리는 세 명의 후보자가 우리의 신뢰를 받을 만한 자격과 권리가 과연 있는지 올바른 판단을 내릴 수 있도록 돕기에 분명히 매우 적합하고, 그야말로 만만치 않은 실질적인 기여를 할 수 있다(Arnold 1993, 100).

아널드가 주장하는 "올바른 판단"을 위해 필요한 교양의 유용성은 라스키에게서 확인된다. 라스키가 시티즌십(citizenship)에서 중요하게 생각한 것은 "시민으로서 가져야 할 잘 교육된 판단 능력"이다. 라스키가 볼 때 "한 인간이 시민이 되었다는 것은 그의 잘 교육된 판단이 공공의 선에 대해 기여한다는.뜻"이다.

> 달리 표현해 나는 우리가 여론이라고 부르는 편견과 판단과 이해관계의 괴상스러운 복합체를 탐구하고 그것이 자유와 적절한 관계를 맺을 수 있는 조건을 추구해 보자고 제의한다. 왜냐하면 한 인간이 시민이 되었다는 것은 그의 잘 교육된 판단이 공공의 선에 대해 기여한다는 뜻이라는, 그리고 그에게 올바른 행동이란 그 판단의 기초 위에서의 행동이라는 나의 주장이 타당하다면, 확실히 교육이라는 요인은 결정적으로 중요하기 때문이다. 잘 교육받은 판단은 이것저것을 모두 깊이 생각한 뒤의 판단일 것이고, 충동적인 것이 아니라 본원적인 것이며, 그리하여 즉각적으로 나오는 것이 아니다. 그것은 진리처럼 보이는 겉모습 뒤를 뚫고 들어가려는 시도 후에 이르는 결론이다. 그것은 증거를 모아 균형 있게 저울질해보고, 왜곡을 빼고, 편견을 무시한 다음에 내려진 결정이다(Laski 1948, 162-163; 김학준 1987, 182).

개인을 정파주의의 이념의 도그마나 편견의 포로에서 해방시키는 것이 빅토리아 시대의 정치평론가들이 추구한 목표였다. 개인들이 올바른 판단을 한다는 것은 곧 그들이 시민으로서 공적 영역에 참여할 수 있다는 것을 의미한다. 사무엘 존슨이 말하는 공평무사함의 개념이나 이를 교양의 개념으로 더욱 발전시킨 아널드에게 가장 시급했던 목적은 개인을 시민으로 전환시키는 것이었다.

지금까지 살펴본 아널드의 '교양' 개념을 정리해 보면, 아널드는 '교양' 개념을 통해 시민을 만들려고 한다는 것을 알 수 있다. 이 교양 개념은 어느 누구에게나 자기완성과 보편성에의 가능성을 인정한다는 점에서 공적인 영역에 존재하는 시민의 형성에 기여한다. 아널드가 보는 자기완성은 시민이 될 때 비로소 완결되는 것이다. 교양을 통하여 시민으로 완성된다는 생각은 존 스튜어트 밀의 시민교육을 통한 개인의 완성이라는 생각과 차이가 없다. 다음에는 존 스튜어트 밀의 정치평론을 통해 매슈 아널드의 교양을 통한 시민의 형성이 어떻게 확장, 발전되었는지 살펴보고자 한다.

4. 존 스튜어트 밀의 정치평론

근대정치사상의 산실인 영국의 경우를 보면, 모든 정치사상은 정치적 논쟁에서 출발한다. 영국사회의 정책을 둘러싼 정치적 논쟁에서 정책의 정당성을 공격하고 옹호하는 정치적 주장들은 정치평론으로 나타났고, 이 정치평론들은 정교화 과정을 거쳐 정치이론 형태로 완결된다. 당시 영국의 주요 정치평론잡지인 《웨스터민스터 리뷰》(Wes-terminster Review) 같은 잡지에 실린 논문들은 후에 자유주의·사회주의의 정치이론으로 형성된다. 당시의 중요한 정치사상적 논쟁은 국가의 역할에 관한 것이었고, '실업'과 공교육의 문제에 대한 국가의 개입, 그리고 사유재산제를 둘러싼 '토지 공개념' 문제였다. 자유주의 정치사상가인 존 스튜어트 밀의 33권에 이르는 저작들 대부분은 당시의 정책 논쟁에 참여한 정치평론이다. 밀이야말로 정치사상이 어떻게 탄생·발전하는가, 그리고 정치평론과 정치사상이 얼마나 밀접한 관련을 갖는지 가장 잘 보여주는 예이다.

정치평론가로서 밀의 활동을 간략히 살펴보면, 밀은 16세 때인 1822년 귀족주의적 편견을 공격하는 정치평론을 쓰기 시작했다. 그해 말 밀은 청년들을 중심으로 공리주의 협회(Utilitarian Society)라는 독서 클럽을 조직했다. 1823년 밀은 《웨스트민스터 평론》을 창간하는 데 도움을 주었고, 이후 편집장과 의견충돌이 일어날 때까지 몇 해 동안 이 잡지에 정기적으로 기고하였다. 《웨스트민스터 평론》이 폐간되자 1834년 벤담주의자들은 《런던 평론》(London Review)을 발간했는데 밀은 이 잡지의 실질적인 편집장 노릇을 하며 1840년까지 고정적으로 원고를 썼다.

밀의 정치평론 저작들에서 일관되게 주장된 것은 대중에 대한 교육, 시민교육의 필요성에 관한 것이다. 시민교육의 필요성에 대한 주장은 그의 전 저작을 통해 일관되게 지속되고 있다. 여기서는 빅토리아 시대의 정치평론이 추구하고 있는 시민의 형성이 어떻게 밀의 정치평론들에서 논의되고 있는지 살펴볼 것이다.

밀의 시민교육의 필요성에 대한 정치평론들을 읽어보면 빅토리아 시대의 정치평론가들이 추구하던 교양의 완성은 시민성의 완성임을 확인하게 된다. 매슈 아널드에서 시작하여 존 스튜어트 밀에 이르기까지 영국의 정치평론가들이 추구했던 시민의 창조는 이들이 갖고 있는 자유주의 인간관에서 비롯된다. 자유주의는 합리적 개인에 입각해 있다. 합리적 개인이 없다면 자유주의의 원칙은 적용될 수 없기 때문에 자유주의 인간관은 교육을 강조하지 않을 수 없다. 자유주의자들은 사회의 진보를 개성의 발달과 동일시했다. 교육받은 인간은 합리적인 인간이다. 교육받지 않은 인간은 책임 있는 어른이 아니다. 그는 마치 아이와 같다.

> "현세대의 사람들은 앞으로 다가올 세대의 사람들의 훈육과 그의 환경 모두를 마음대로 할 수 있는 주인공이기도 하다…. 만일 사회가 적지 않은 수의 성원들을 직접적이 아닌 원대한 동기를 합리적으로 생각하여 자기 자신을 규율할 수 없는 순진한 아이로만 성장하게 내버려둔다면 사회는 스스로 이러한 결과에 대해서 책임을 지지 않으면 안 된다."(Mill, XVIII : 282).

밀이 볼 때 책임 있는 시민만이 어른이며 완전한 인간이다. '콜리지론'(Coleridge), 『공리주의』(Utilitarianism), 『대의제 정부』(Considerations on Representative Government), 『정치경제론』(Priciples of Political economy)에서 밀은 바로 시민의 형성을 주장하는 것이다. 이 시민은 그리스적 의미의 시민이다. 교육받은 시민을 의미한다. 이 시민들은 어떠한 자질을 가져야 하나?[13]

"콜리지론"에서 밀은 한 국가가 국민들의 활기를 손상시키지 않고서 법과 정부에 대한 존경을 유지하는데 필요하다고 생각한 세 가지 근본적인 조건들을 제시한다. 첫 번째는 자제(self-restraint) 능력이다. 개인의 충동과 목표들을 사회의 목적에 종속시킬 수 있는 힘이다. 그 힘은 모든 유혹에 대항해서 사회목적들에 부합하는 행동양식을 고수하는 힘이다. 역사적으로 그러한 자제는 결여되거나 느슨해졌다.

> "인류의 무질서적인 본성 때문에 국가는 내부에서 해체되었다. 이기적 목적들을 위한 상호 갈등은 악의 자연적 원인들에 대항하는 투쟁을 계속하는데 필요한 힘들을 무력화시켰다. 국가가 장기간 혹은 단기간 점차적으로 쇠퇴한 후에 그 국가는 전제정의 노예가 되거나 외래 침입자의 희생이 된다."

자제의 원천은 유아 때부터 시작해서 생애 내내 계속되는 교육체제이다. 그 교육에 무엇이 포함되어도 중요한 끊임없는 요소는 자제훈련(self-restraint discipline)이다(Mill, X : 133).

두 번째 조건은 유대감(a sense of attachment), 충성심(feeling of allegiance or loyalty)이다. 국가의 헌정에는 고정된 영원한 의문의 여지가 없는 어떤 것이 있어야만 한다. 그것은 일반협약에 의해 침해당하지 않

---

13 밀의 자유주의를 그리스의 시티즌십으로 설명하려는 노력이 최근 많이 이루어졌다. 대표적으로 Alan S. Kahan, *Aristocratic Liberalism* ; Dana Villa, *Socratic Citizenship* ; Thomas A. Spragens, *Civic Liberalism* ; Eugenio F. Biagini, Liberalism and Direct Democracy : John Stuart Mill and the model of ancient Athens, in Eugenio F. Biagini(ed) *Citizenship and Community*가 있다.

고 있는 곳에 있을 권리를 갖고 있다. 충성을 바쳐야 되는 대상들은 정통성 있는 지도자와 수호자들로 전통이나 업적에 따라 인정받는 사람들의 집단이나 신일 수 있다. 혹은 그 충성의 대상은 법이거나 포고, 혹은 고대의 자유들, 마지막으로 개인의 자유와 정치적 사회적 평등에 대해 충성할 수 있다. 사회(단결)체제의 근본적인 원칙들에 대한 그와 같은 충성이 있을 때만 사회는 불가피한 분쟁이나 이익의 충돌에 대해 사회의 통합을 유지할 수 있다.

세 번째로 강하고 적극적인 결합의 원칙(a strong and active principle of cohesion)이 있어야만 한다. '적대감의 원칙'이 아니라, 공감(sympathy)의 원칙이며 분리(separation)가 아니라 통합(union)의 원칙이다. 같은 정부 아래 살고 있고 동일한 자연이나 역사 영역 안에 있는 사람들 사이에 공동의 이익이라는 감정(a feeling of common interest)이 필요하다(Mill, X: 133-135).

변화와 보존의 도구로서 교육에 대한 이러한 개념은 확실히 밀 자신의 견해를 나타낸다. 밀은 '콩트와 실증주의'에서 공동선에 기여하기 위해 교육을 통해 획득되는 훈련된 자제력의 필요성을 강조한다. 밀은 교육에서 간단한 운동들처럼, 고대에서 자신들의 욕망을 통제하고 위험에 대해 용감하고 고통을 감수하는 것을 어린이들에게 가르치는 날을 고대했다(Mill, X: 339).

공리주의 3장에서 "평등한 존재로서 다른 사람들에 대한 관심"은 인간 조직의 근본적인 원칙이라고 밀은 주장하고 있다. 다른 사람들에 대한 관심이 사회환경 안에 통합되어 있고 동정심의 전파와 교육의 영향으로 강화된다면 자연적으로 그리고 필수적으로 개인 안에

뿌리를 내릴 수 있다(Mill, X: 232).

밀은 『대의제 정부』에서 사회의 영속과 진보를 위해서는 시민들이 여러 가지 자질이 있어야 한다고 주장한다. 근면, 지성, 정의, 분별력은 사회 유지에, 정신적 활동과 용기는 사회 발전에 필요하다(Mill, XIX: 385-386).

마지막으로 『정치경제론』의 노동계급 교육에 관한 논의에서 밀은 주장한다. "현대의 국가들은 국민의 복지가 국민 개인들의 정의와 자율(자치), 정직, 분별력에 의해 존재한다는 교훈을 배워야만 한다." (Mill, III: 763). 밀이 볼 때 교육의 가장 중요한 과제는 국가의 어린이들을 국가의 성격을 특징짓게 하고 국가의 생명을 유지하게 하는 자질들을 갖추도록 가르침으로써 국가의 생명을 영속케 하는 것이다.

그러나 교육의 역할은 국가의 유지에 국한되지 않는다. 교육의 역할은 진보, 향상을 향한 사회운동 등, 밀이 정부의 필수적 과업이라고 본 것들의 진흥을 포함한다. 밀이 보기에, 발전의 원천은 개인과 재능 있는 지성, 예민한 탐구적인 상상력, 절대적 도덕적 의무를 넘어선 이타주의에 있다(Mill, X: 339-340). "모든 현명하고 고상한 것들의 창조는 개인들에서 나오는 것이 분명하다."(Mill, XVIII: 269).

지금까지 살펴본 밀의 시민교육관은 아리스토텔레스의 시민교육론과 유사하다.

"국가의 시민들은 국가의 헌정에 맞게 항상 교육을 받아야만 한다. 헌정에 알맞은 성격의 종류는 헌정을 계속 뒷받침하는 힘이다. 그 힘은 원래 헌정을 창조한 힘이기도 하다."(Aristotle, *Politics*

VIII, I, 1337a).

모든 시민에게 최소한의 양을 보장하고, 투표권 확장의 정당화에 최소한 충분하도록 민주적 리더십의 정상이 되도록 실질적인 소수를 교육시킴으로써, 그들의 기술과 자질들이 점차 침투해 들어가서 다른 사람들을 향상시킬 것이다.

시민교육에 대한 밀의 생각은 분명하다. 그는 『대의제 정부』에서 대의제 정부제도의 특정형식에 대해 시민을 준비시킬 필요를 인정하고 있다. 이러한 준비의 필요한 부분으로 교육받을 욕망을 고취시키기 위해서는 정부의 특정제도나 형태를 추천하고 주장하며 그 제도의 장점들을 명확하게 설명해주는 것은, 국민들로 하여금 그 제도들을 받아들이게 하거나 채택하도록 주장하게 할 뿐만 아니라 그 제도들이 제대로 움직이도록 교육시키는 방식의 하나이며 이 방식이 현실적으로 유일하게 할 수 있는 방식이다(Mill, XIX : 379).

이러한 과제를 맡은 사람들은 자신들이 주장하는 제도들이 제기능을 다하기 위해서 필요한 '도덕적, 지적, 적극적인 능력'들이 무엇인지 명확하게 이해하지 않으면 안 된다(Mill, XIX : 380).

『대의제 정부』의 1장과 4장에서 밀은 대의제 정부의 성공에 필요한 조건들을 설명한다. 첫째로 사람들에게 호의적인 태도가 있어야만 한다. 둘째로 대의제 정부의 보존을 위해서 기꺼이 일하려고 해야 한다. 셋째로 대의제 정부가 자신들에게 부과하는 의무를 수행할 의지와 능력을 갖고 있어야 한다. 이러한 우호적인 상태에 도달하려면 "정치교육" 과정이 있어야만 한다(Mill, XIX : 417). 이 맥락에서 밀은 정치제도들, 다른 형식의 정부 안에서 권위의 이양을 통해서 하는 교육을 주로 의미한다. 그러나 다른 데서 밀이 말했듯이 그가 공식 혹은 비공식 교육의 여러 수단들에 의해 정치교육이 강화되기를 원했다는 것은 명백하다. 왜냐하면 사람들이 민주주의를 실천하기 위해서는 한 번이 아니라 시민들의 공동체 경험의 가능성을 계속해서 확장하고 풍요롭게 하는 지속적인 과정으로서 교육을 받아야만 한다는 것이 그의 저작들에서 되풀이되는 주장이기 때문이다.

따라서 토크빌에 대한 밀의 평론에서 교육은 민주주의가 제 기능을 다하게 하고 민주주의의 위험들, 즉 평범, 상업정신, 그리고 개성의 감소에 대해 보호하기 위해서 필수적이다(Mill, XVIII: 188, 198). 이러한 주장은 『정치경제원칙』에서 노동계급의 미래에 대한 그의 제안에서 발견될 수 있다. 그는 이 책에서 복수투표를 제안하고 있다. 그리고 적절한 교육을 받으면 여성들도 실제로 참여하는 시민이라는 점에서 남자들과 동등한 지위로 올라갈 수 있다고 제안한다.

그는 여기서 "도덕적으로 교육받은 여론"을 주로 생각하고 있지만 연설의 마지막 문장에서 밀은 교육받은 유권자들의 자제력에 의한 정치적 통제도 분명 염두에 두고 있었다.

마지막으로 『자유론』은 일종의 정치교육론으로 볼 수 있다. 밀은 여기서 '공적교육'의 목적을 정리하고 있다.

"실제로 이것들은 시민의 특수한 훈련이며, 자유로운 민중의 정치교육의 실제적인 부분을 이루는 것이며, 사람들을 개인적, 가족적 이기심이라는 좁은 세계로부터 이끌어내, 그들을 공동의 이익에 대한 이해와 공동 사무 처리에 익숙케 하는 것이다. 즉 그들로 하여금 공적 동기에서, 또는 반은 사적이지만 반은 공적인 동기에서 행동하는 습관을 갖게 하며, 그들을 서로 고립시키지 않고 결합시키는 목적을 향해서 행동하는 습관을 갖게 하는 것이다. 이와 같은 습관과 능력이 결여된다면 자유로운 정치의 운영과 유지는 불가능해질 것이다."(Mill, XVIII : 305; Mill 1989: 109-110; 김형철 1992, 114).

참고문헌

김기순. 2005. "아널드, 글래드스턴, 아일랜드 자치."『영국 연구』13호.

김재오. 2006. "아널드의 사상−민주주의, 비평, 그리고 교양."『19세기 영어권 문학』10권 2호.

김종철. 1987 "인문적 상상력의 효용:매슈 아널드의 교양개념에 대하여."『외국문학』12호.

여건종. 1997. "공공영역의 수사학·근대 시민사회의 형성과 소설의 발생."『안과밖』, 2권 0호.

정정호. 2009. "사무엘 존슨과 18세기 계몽주의 공적 지식인의 초상."『18세기영문학』6권 2호.

Addison, Joseph. 1934. "The Spectator's Account Of Himself Spectator." No. 1, March 1, 1711. Fowler, J H (ed). *Essays From Addison*. Macmillan.

Aristotle, *Politics* VIII, I, 1337a

Aristotle. 1977. *Politics*. Aristotle in twenty−three volumes XXI. Cambridge:Harvard University Press.

Arnold, Matthew. 1993a "The function of Criticism." *Culture and Anarchy*. Cambridge:Cambridge University Press.

Arnold, Matthew. 1993b, *Culture and Anarchy*. Cambridge:Cambridge University Press. 윤지관 옮김. 2006.『교양과 무질서』. 파주:한길사.

Biagini, Eugenio F. 1996. "Liberalism and direct democracy:John Stuart

Mill and the model of ancient Athens." Eugenio F. Biagini (ed)
   Citizenship and Community. Cambridge, Cambridge University Press.

Campbell, Kate. 2003. "W. E. Gladstone, W. T. Stead, Matthew Arnold
   and a new journalism : cultural politics in the 1880s." *Victorian Peri-
   odicals Review* 36:1.

Johnson, Samuel. "Scheme for news-writers." No. 7. *Idler*.

Johnson, Samuel. 1825. "A Project for the Employment of Authors." *The
   Works of Samuel Johnson* LL. D (Oxford English Classics 1825).

Johnson, Samuel. *Works by Samuel Johnson* at Project Gutenberg.
   http://www.gutenberg.org/browse/authors/j#a297

Laski, Harold J. 1948. *Liberty in the Modern State*. London : George Allen &
   Unwin. 김학준 옮김. 『라스키 : 현대국가에 있어서의 자유』. 서울 : 서울
   대학교 출판부.

Mill, J. S. (ed) Robson, John M. *Collected Works of John Stuart Mill*. Toron-
   to : University of Toronto Press, 1991.

Mill, J. S. 1989. *On Liberty and Other Writings*. Cambridge : Cambridge Uni-
   versity Press. 김형철 옮김. 『자유론』. 서울 : 서광사.

Rogers, pat. 1996. *The Samuel Johnson Encyclopedia*. Westport : CT Publica-
   tion.

Steele, Richard. 1711. *Spectator* No. 4. Monday, March 5.

Quincey, Thomas de. 1907. *Letters of the Wordsworth Family*. New
   York : Haskell House Publisher.

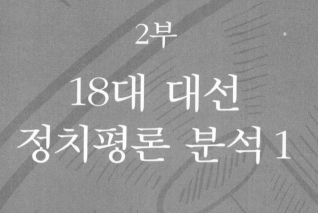

2부

18대 대선
정치평론 분석 1

3장

18대 대통령 선거 기간 중 주요 신문의 정치평론 분석*

이진로(영산대학교)

1. 문제 제기

    18대 대통령 선거 기간 중 정치평론 담론이 다양한 미디어를 중심으로 활발하게 전개됐다. 전통적 미디어인 신문의 정치평론에 지상파방송을 비롯해 종합편성채널, 보도전문채널, 인터넷 토론 게시판, 블로그, 그리고 소셜미디어로서 트위터와 페이스북을 포함할 경우 미디어 환경이 놀라울 정도로 확대됐기 때문이다. 미디어의 정치평론이 유

---

* 이 글은 한국정치평론학회가 발행하는 『정치와 평론』 제13호에 게재된 글입니다.

권자의 정치 현실 인식과 후보자 평가 그리고 투표에 미치는 영향은 유권자의 미디어 이용 행태에 따라 다르게 나타난다. 최근 미디어 이용 현황과 관련해 신문이 차지하는 위상이 과거에 비해 하락하고 있는 추세는 신문의 정치평론이 대통령 선거 기간 동안 중심적 역할을 수행하지 못한다는 의문을 제기한다. 실제로 2012년 신문의 이용 행태에 대한 조사 결과를 보면 가구당 정기 구독률이 24.7%로서 1996년 69.3%, 2000년 59.8%, 2004년 48.3%, 2008년 36.8% 등에서 보듯이 감소 추세를 보이기 때문이다(한국언론진흥재단 연구팀 2012). 종이신문의 열독률 역시 2012년 40.9%로서 2002년 82.1%, 2004년 76.0%, 2006년 68.8%, 2008년 58.5%, 2010년 52.6% 등에서 보듯이 역시 감소 추세를 보였음(한국언론진흥재단 연구팀 2012)은 신문 미디어의 영향력이 1990년대와 크게 다르고, 그에 따라 대통령 선거 기간 중 주요 신문의 정치평론 역시 상대적으로 영향력이 떨어졌음을 시사한다. 이는 또한 신문 이용시간에서도 유사하게 나타난다. 2012년 1일 평균 신문 이용시간은 15.7분으로 1996년 43.5분, 2000년 35.1분, 2004년 34.3분, 2008년 24.0분과 비교해 지속적으로 감소 추세를 보여주고 있다(한국언론진흥재단 연구팀 2012).

신문의 이용시간과 영향력 감소 추세와 달리 텔레비전은 상당한 이용시간과 영향력을 여전히 보여주고, 새로운 미디어의 이용 추세는 증가하고 있다. 먼저 2012년도 전체 미디어(신문, TV, 라디오, 인터넷) 이용시간 323.5 분과 뉴스와 기사 이용시간 110.5분 중에서 텔레비전은 각각 175.8분(54.3%)과 55.3분(50.0%)으로 가장 주요한 미디어로서 위상을 차지한다(한국언론진흥재단 연구팀 2012). 방송으로 범위를 넓혀 뉴스의 신뢰도 측면을 비교하면 5.0 만점 중 지상파뉴스 3.76 보도전문채널 3.61, 종편뉴스 3.43, 라디오뉴스 3.41 등으로 모두 일간신문 3.37보다 높았다(한국언론진흥재단 연구팀 2012). 지상파 뉴스의 시청률은 2012년 KBS 19.1%, MBC 6.6%, SBS 11.6%, 평균 13.0%로 각각 2004년 19.7%, 15.2%, 9.7%, 15.2%, 2008년 19.1%, 10.1%, 10.5%, 13.3%과 비교해 평균 시청률이 8년 전에 비해서는 완만하게 하락했다(한국언론진흥재단 연구팀 2012). 다음으로 2012년도 전체 미디어 이용시간(복수응답 허용)에서 인터넷의 경우 PC와 같은 고정형이 103.1분, 스마트폰과 같은 이동형이 76.8분, 합계 179.9분에 이르고, 이 중에서 뉴스 이용 시간과 해당 미디어 이용시간 중 뉴스 이용 시간의 비율은 각각 29.3분(28.4%), 25.2분(32.8%), 합계 54.5분(30.3%) 등이다(한국언론진흥재단 연구팀 2012).

그러나 이처럼 신문의 가구당 정기 구독률, 종이신문의 열독률, 신문 이용시간 등의 감소 현상과 텔레비전과 인터넷 이용시간의 증가 추세를 곧바로 신문의 영향력 하락과 나아가 대통령 선거 기간 중 신문 정치평론의 영향력 감소로 해석하기는 곤란하다. 왜냐하면 겉으로 드러난 종이 신문의 위상 저하에도 불구하고, 신문 콘텐트로서 뉴스는 인터넷 포털사이트의 뉴스와 개별 신문사 홈페이지 등을 통해 시민에 의해 수용되고, 방송의 뉴스 시각에 영향을 주고, 2011년 말부터는 종합편성채널(종편채널)에 진입한 조선일보(조선)의 TV조선, 중앙일보(중앙)의 jtbc, 동아일보(동아)의 채널 A, 매일경제(매경)의 MBN 등을 통해 신문과 방송의 겸영에 따라 직접 텔레비전으로 진출하여 뉴스 영향력 확산 효과를 산출하기 때문이다.

이 글은 18대 대선에서 박근혜 새누리당 후보의 당선과 문재인

민주통합당 후보의 낙선이란 결과는 신문의 정치평론 구조가 여전히 막강한 영향력을 갖고 있음을 보여주었다는 시각에서 18대 대선 기간 중 주요 신문의 정치평론을 분석하고, 그 특징과 영향력의 내용과 행사 방식 등에 대해서 알아보겠다. 이 글의 순서는 먼저 기존 연구를 검토하고, 연구문제와 연구방법을 제시한 다음에 주요 자료를 중심으로 주요 신문의 정치평론 내용과 영향을 분석하고, 결론적으로 신문 정치평론의 영향력 행사 방식의 특징과 함의를 제시하겠다.

2. 이론적 논의[1]

1) 선거와 미디어 연구

선거와 미디어에 관한 연구의 뿌리는 정치와 미디어 연구에서 찾을 수 있다. 매스미디어 기능은 선거를 포함한 다양한 정치활동을 통해 민주주의 사회가 성립, 유지되도록 시민에게 정치 정보를 제공하는 정보 제공 기능과 사회의 문제점을 감시하고, 예방하는 환경감시기능이 해당되는데, 구체적으로 매스미디어의 정치적 역할에 대해서는 긍정적 시각과 부정적 시각이 병존한다(Brynin & Newton 2003, 59-60).

---

1   이 부분은 이진로(2008, 2010)의 이론적 연구 부분을 수정, 보완, 재구성했다.

먼저 긍정적 시각의 논리는 미디어가 민주주의 정치에서 저비용으로 정치 뉴스를 제공하고, 여론을 수렴하고, 시민의 정치적 식견을 높이고, 교육하고, 투표와 같은 정치 활동에 참여하는데 기여한다는 내용이다(Inglehart 1990 ; Dalton 1996 ; Newton 1999 ; Norris 1996, 2000).

반면에 부정적 시각의 논리는 미디어가 민주주의 정치에서 정치 보도를 흥미위주의 오락적 측면에서 다루고(Postman 1987 ; Dalghren 1995 ; Schudson 1995 ; Franklin 1997), 갈등, 무능, 부패 및 스캔들과 기타 선정적인 내용을 강조하여 시민에게 정치적 염증을 초래한다는 것이다 (Lang & Lang 1968 ; Robinson 1976 ; Edelman 1988 ; Entman 1989 ; Postman & Powers 1992 ; Negrin 1994 ; Kerbel 1995 ; Schulz 1998). 또한 미디어는 정치인과 정당, 정치 시스템을 비판하는 과정에서 시민으로 하여금 정치를 더욱 불신하게 하고, 정치인의 정치 활동에서 책임감을 약화시킨다 (Robinson 1975 ; Iyengar 1991 ; Patterson 1994 ; Hallin 1997 ; Putnam 1995a, 1995b, 2000). 이와 함께 미디어는 정치적 소외, 냉소주의, 불신, 퇴행 등과 같은 현대 정치에서 지적되는 주요 문제점의 원인으로 간주된다(Crozier, Huntington, & Watanuki 1975 ; Raney 1983 ; Patterson 1994 ; Blumler & Gurevitch 1995 ; Ansolabehere & Iyenger 1995 ; Fallows 1997 ; Benett 2000 ; Norris 2000). 이에 따라 미국 사회에서 투표율 저하 현상 역시 미디어의 부정적 역할로 지적된다(McChesney 1999).

이처럼 정치와 미디어에 관한 해외 연구는 미디어가 유권자인 시민의 정치적 교육과 후보자에 대한 올바른 정보의 제공을 통해 선거 참여 확대라는 목표를 달성하지 못한 채 오히려 정치적 무관심과 냉소주의에 따라 투표 활동 참여를 소홀히 하고, 투표율 저하로 이어진다는 부정적 측면에 주목했다.

이러한 연구 경향은 국내에도 유사하게 나타났다. 신문과 방송의 보도가 후보자의 정책적 역량과 인간적 품성에 대한 정보를 충분하고 정확하게 보도하지 못하고 정치적 갈등과 대립 위주의 내용에 치중한 결과 유권자의 정치적 염증을 불러일으키거나 정작 선거에서 필요한 후보자와 정당의 지식 부족, 정치적 무관심 증대와 투표율 저하를 가져왔다는 내용이 연구됐다(권혁남 1997;장호순 2001;이준웅 2002;양승찬 2003;이효성 2003;윤호진 2007;구교태 2008;이진로 2010). 이러한 내용은 미디어가 정치, 특히 선거와 관련해 고질적인 문제를 해소하고, 본래의 기능인 정치 정보 제공과 환경 감시 기능에 충실하도록 변화시킬 필요성을 제기한다. 따라서 이 연구에서는 기존의 미디어 중에서 신문의 정치평론에 집중 조명하겠다.

2) 신문의 선거 보도

신문은 선거의 주요 미디어다. 선거와 미디어 관련 국내 연구는 초기에 주로 신문을 분석대상으로 다루었다. 그동안 총선보도 또는 대선보도의 사례를 분석한 선거보도의 주요 문제에 관한 일반론을 포함한 연구(권혁남 1997, 2002a;김무곤 2002;김영호 2003;백선기 1997;유재천 2002;이효성 2003;장호순 2001;박정의 2002, 2003) 중에서 백선기(1997), 이효성(2003), 권혁남(2002b)의 연구를 살펴보겠다.

먼저 한국의 선거보도를 기호학적 시각에서 접근한 백선기(1997)는 우리 신문의 선거보도 경향을 게임의 구조, 부정성의 구조, 편파성의 구조 등 세 가지 심층구조로 분석한다. 첫째, '게임의 구조'는 선거를 마치 스포츠 게임으로 바라보고, 흥미 있는 경기나 시합을 취재하듯이 선거를 취재, 보도하는 것으로, 스포츠 게임에서 승패가 가장 중요하듯이 선거의 승리 여부에 초점을 맞추는 심층구조를 말한다. 둘째, '부정성의 구조'는 선거를 정상적인 정치행위로 보지 않고 부정적인 정치행위로 간주하고, 선거란 많은 문제를 내포하고 있으므로 폭로의 대상이고, 가십성이 많고, 쉽게 타락하는 것이라는 인식을 바탕으로 부정적 측면을 유난히 강조함으로써 선거의 공정성을 제고하기보다는 부정성을 부각시키는 것이다. 셋째, '편파성의 구조'는 여당의 입장에서 여당 후보자에게 유리하게 선거보도를 하려는 심층구조로 여당 입후보자들을 중심으로 이루어진 선거 보도와 선거 시기에 발생된 여러 관련 사안들을 여당에 유리하게 또는 야당에 불리하게 함으로써 여당을 돕는 편파보도를 가리킨다.

주로 신문을 중심으로 선거보도의 문제점을 분석한 백선기(1997)는 선거를 게임으로 보고, 부정적인 소재로 파악하고, 편파적으로 보도함으로써 선거와 민주주의 나아가 정치 과정에서 긍정적 측면보다는 부정적 효과를 낳을 수 있음을 지적하고, 언론인의 자각과 개선에 의해 해결될 것이라 주장한다.

다음에 선거보도 사례 분석을 바탕으로 한 일련의 연구를 진행한 이효성(2003, 231-238)은 15대 총선보도의 문제점으로 경마저널리즘의 문제를 비롯해 북한·안보 보도의 문제, 정부의 선심성 정책 보도의 문제, 불법·타락 선거운동 보도의 문제, 검찰 발표 보도의 문제 및 편파 보도의 문제 등을 지적했다. 먼저 경마저널리즘의 문제는 언론이 각 정당의 정강정책이나 후보자의 자질 등을 비교하고, 평가하기보다는 정확하지도 않은 의견조사결과나 각종 판세분석 보도로 누가 이길 것인가에 최대의 관심을 보이면서 많은 지면과 시간을 할애하는 보도경향이다. 둘째로 북한·안보 보도의 문제는 선거철을 중심으로 북한과 안보 문제가 주요 의제로 등장하는 현상이다. 셋째로, 정부의 선심성 정책 보도의 문제는 선거철에 정부가 여당 후보자를 돕기 위해 남발하는 선심성 정책 보도에 대해 언론이 대대적으로 보도에 나서는 현상이다. 넷째로, 불법·타락 선거운동 보도의 문제는 유권자에게 선거에 대한 불신감을 심어주고, 투표율을 저하시킴으로써 결국 정치에 대한 불신과 혐오감을 낳는다. 다섯째로, 검찰 발표 보도의 문제는 15대 총선에서 검찰이 수사 정보를 흘리고, 언론은 이를 크게 보도하여 야당에게 타격을 가하는 언론의 당파적 보도 태도이다. 끝으로 편파보도의 문제는 방송이 당시 여당이던 신한국당을 중심으로 시각과 분량 측면에서 매우 현저하게 유리하도록 다룬 반면에 야당인 국민회의에는 적은 수의 뉴스를 짧게 다루고, 부정적인 경우에는 반대로 여당은 축소하고 야당은 확대하는 방식으로 보도하였음을 지적한다.

공중들이 정치와 선거과정에서 철저히 소외되는 상황이 미디어에 의해 강화된다는 미디어 부정주의 시각(media malaise theory)에 주목한 권혁남(2002b)은 유권자들은 선거보도에 있어서 한편으로 불공정보도, 즉 보도의 편파성 그리고 다른 한편으로 후보의 자질, 정책이나 이슈 등 본질적인 정보보다는 피상적이고 흥미 위주의 보도에 대해 불만을 갖고 있다고 말하고, 지금까지 보여준 선거보도의 문제점으로 11가지를 지적한다. 이들 내용은 ① 선거 과열, 불법 조장, ② 가십과 스케치 기사 강조, ③ 전략적 대결 보도, ④ 편파보도, ⑤ 경마식보도, ⑥ 이슈 보도에 인색, ⑦ 정당 수뇌부 중심의 선거보도, ⑧ 부정주의 보도, ⑨ 지역감정 조장, ⑩ 선거여론 조사의 부정확성, ⑪ TV토론 보도의 문제 등이다.

이러한 연구는 기존의 총선 선거 보도 과정에 대한 분석을 바탕으로 언론의 문제점을 도출한 것인데, 상당 부분의 내용은 다른 많은 선거보도 연구(방송위원회 1995 ; 김택환 1997 ; 백선기 1997, 2000 ; 김서중 2002 ; 장호순 2002 ; 이준웅 2002 ; 이구현 2003)에서 제시되었던 내용과 공통되는 내용으로 주기적으로 실시되는 선거마다 똑같이 지적되고 있다.

한편 이들 연구는 그 배경이 되었던 한국사회의 정치, 경제적 구조와 미디어 환경의 변화에 영향을 받아 다양한 현상의 출현 가능성을 제시하기도 했다. 즉 김대중 정부와 노무현 정부 시대에는 정부가 영향을 미치는 고질적인 보도 관행이 일부 개선되기도 했고, 새로운 미디어의 등장에 따라 신문의 선거 보도 영향이 복합적으로 등장하기도 했기 때문이다. 예를 들어 사회의 민주주의 수준이 높을 경우에는 일시적으로 언론의 편파적 보도가 완화되었고, 남북관계가 교류와 평화를 지향할 경우에도 북한·안보 보도의 영향이 크게 줄어든 적도 있었고, 검찰의 정치적 중립성 지향에 따라 검찰 발표 보도의 문제도 상당 부분 약화되었고, 지역감정 조장 역시 지역에 따라서 다양하게 나타나는 것 등을 들 수 있다. 하지만 이명박 정부 등장 이후 다시 언론의 부정적 선거 보도 관행은 재현되었고, 보수적 논조의 신문과 진보적 논조의 신문의 대립이 심화되면서 동일한 사안에 대한 주관적 정치평론은 물론 객관적 사실 인식에서도 큰 차이를 보이는 등 언론 내부의 갈등에 따른 선거 보도의 공정성 약화가 큰 문제로 대두되었다.

3. 연구문제 및 연구방법

　　신문은 선거 정보를 제공하는 주요 미디어로서 해당 정치평론 콘텐츠는 종이신문과 인터넷신문의 뉴스로서 유권자에게 직접 영향을 미치거나 방송과 SNS의 논조 형성을 통해 간접적으로 영향을 미친다. 우리나라의 여론 형성과 관련해 주요 신문으로 보수적 논조의 조선, 중앙, 동아 등 3개지, 진보적 논조의 경향과 한겨레 등 2개지를 각각 들 수 있다. 이들 주요 신문의 정치평론은 뉴스와 더불어 사설과 칼럼 등의 형식으로 독자인 유권자에게 전달된다. 따라서 이 글에서는 5개 신문의 뉴스, 사설, 칼럼 중에서 선거에 영향을 미친 주요 기사를 선정하여 질적 분석을 시도하고, 신문의 선거 보도를 다룬 연구, 논평 문헌과 미디어 전문 신문과 일반 신문의 선거보도에 대한 기사 등을 살펴보고, 본 연구와 관련된 자료를 중심으로 주요 신문의 정치평론 분석을 전개하고자 한다.

　　이러한 시각에서 본 연구의 연구 문제는 다음과 같다.

　　첫째, 우리나라 주요 신문의 2012년 18대 대통령 선거 보도의 특징은 무엇인가?

　　둘째, 우리나라 주요 보수적 논조 신문의 2012년 18대 대통령 선거 기간 중 정치평론의 특징은 무엇인가?

셋째, 우리나라 주요 진보적 논조 신문의 2012년 18대 대통령 선거 기간 중 정치평론의 특징은 무엇인가?

각 연구문제별로 구체적인 분석 방법은 첫째, 주요 신문의 대통령 선거 보도의 특징을 파악하기 위해 기존에 이루어진 내용분석 연구의 구체적인 데이터와 해당 연구의 결과를 참고해서 재분석을 실시하겠다. 둘째, 주요 보수적 논조 신문의 대통령 선거 기간 중 정치평론의 특성을 알아보기 위해 기존의 시민단체 모니터 연구 결과를 중심으로 정리하겠다. 또한 신문과 텔레비전의 여론 영향력을 조사한 결과를 활용하여 보수적 논조의 신문과 종편 채널이 형성하는 여론 영향력이 진보적 논조의 신문이 형성하는 여론 영향력과 어느 정도의 차이가 있는지를 제시하겠다. 셋째 주요 진보적 논조 신문의 대통령 선거 기간 중 정치평론의 특성을 알아보기 위해 경향신문의 옴부즈만 칼럼 분석 결과를 중심으로 정리하겠다.

4. 18대 대통령 선거 기간 중 주요 신문의 정치평론 분석

1) 양적 분석 자료를 통해 본 주요 신문 대통령 선거 보도의 특징

선거 직후 신문의 대통령 선거 보도에 대한 다양한 분석이 이루어졌다. 이 중에서 비교적 객관적 시각의 학문적 입장에서 대선보도를 분석한 연구(정낙원 2013)를 통해 주요 특징을 알아보겠다. 이 연구는 대선에서 영향력이 있는 주요 일간지로서 조선일보, 한겨레신문, 서울신문 등 3개 신문의 대선기간 중(2012년 12월 3일-18일) 선거 관련 기사를 대상으로 전반적 보도 경향을 살펴본 결과, 정책보도의 비율이 높았고, 정책을 심층 분석, 비교한 기획과 연재 기사가 늘어났다는 점에서 긍정적이지만 선거를 흥미의 대상으로 이끌고 정책보다는 감정적 투표를 유도할 수 있는 경마식 보도가 여전히 많았고, 유권자의 정치적 무관심을 야기할 수 있는 의혹과 구설수에 대한 보도 비율이 높았고, 신문사의 정치적 입장에 따라 특정한 후보자나 정책적 입장에 대한 보도가 극명하게 대조를 이루며 객관성, 중립성, 균형성, 정확성 등 중요한 언론 보도 규범을 심각하게 훼손했다고 지적했다(정낙원 2013, 32).

"선거에서 언론은 후보자들이 차별적으로 내세우는 정책과 공약을 국민에게 알리고, 정책과 공약의 실효성을 검증하며, 후보자들이 자신에게 유리한 이슈만 부각시키지 않고 국가와 국민이 당면한 실질적으로 중요한 사안에 집중하도록 의제를 설정해야 한다.

그러나 현실은 국민의 정치적 관심도와 정치지식 수준이 낮은 상황에서 후보자들은 실효성 없는 포퓰리즘 정책과 공약을 남발하며, 여러 계층에 호소하기 위해서 모호하게 입장을 표명하는 전략을 쓰는 통에 언론이 선거에서 사회적 책임을 온전히 이행하는 것은 매우 힘든 일이 되었다."

분석 자료의 주요 내용을 조선일보와 한겨레신문을 중심으로 후보자별 기사 건수, 보도내용 주제별 분포, 세부 이슈별 분류, 헤드라인 분석 등의 순으로 정낙원(2013)의 자료를 사용하여 주요 특징을 필자의 입장에서 일부 새로운 시각으로 제시하면 다음과 같다. 첫째, 후보자별 기사 건수 분류 항목에서 조선일보 보도 건수는 186건 중 박근혜 24건(12.9%), 문재인 30건(16.1%), 앞의 두 후보(박근혜와 문재인)를 함께 다른 기사 78건(41.9%), 안철수 19건(10.2%), 이정희 13건(6.9%), 군소후보 0건, 후보 없음 22건(11.8%) 등에서 보듯이 이정희 후보를 제외한 군소후보에 대한 조명을 외면했고, 이정희 후보를 다른 신문보다 많이 다루었으나 비호의적 내용이므로 비판적 시각을 다루는 소재로 활용됐다. 이에 비해 한겨레신문의 보도 건수는 201건 중에서 박근혜 56건(27.8%), 문재인 35건(17.4%), 앞의 두 후보(박근혜와 문재인)를 함께 다른 기사 57건(28.3%), 안철수 27건(13.4%), 이정희 6건(2.9%), 군소후보 2건(1.0%), 후보 없음 18건(8.9%) 등에서 보듯이 박근혜 후보를 다소 많이 다루었지만 역시 비호의적 비판적 보도와 연관됐다.

둘째, 보도 내용 주제별 분포 10개 항목에서 조선일보는 정책 20건(10.7%), 지지율과 판세 26건(13.9%), 토론회 25건(13.4%), 의혹과 구설수 29건(14.4%), 문재인과 안철수 공조 21건(10.4%), 후보지지 17건(9.1%), 선거유세 6건(3.2%), 기타 13건(6.4%), 선거전략 16건(7.9%), 후보자질 13건(6.4%) 등으로 나타났듯이 정책을 비롯해 토론회, 선거 유세, 선거 전략, 후보자질 등과 같이 유권자에게 필요한 후보자와 정책에 관련된 보도 내용이 60건(32.2%)으로 1/3에 가까운 것은 긍정적이지만 흥미 위주나 또는 불신을 조장하는 내용일 가능성이 다분한 지지율과 판세, 의혹과 구설수, 후보 지지 등이 72건(38.7%)에 이르는 점은 기존 선거보도의 문제점에서 벗어나지 못했다. 한겨레신문은 정책 31건(15.4%), 지지율과 판세 34건(16.9%), 토론회 21건(10.4%), 의혹과 구설수 32건(15.9%), 문재인과 안철수 공조 27건(13.4%), 후보지지 10건(4.9%), 선거유세 13건(6.4%), 기타 9건(4.4%), 선거전략 12건(5.9%), 후보자질 12건(5.9%) 등으로 나타났는데 정책을 비롯해 토론회, 선거 유세, 선거 전략, 후보 자질 등과 같이 유권자에게 필요한 후보자와 정책에 관련된 보도 내용이 89건(49.3%)으로 절반에 가까울 정도로 조선일보에 비해 높게 나타난 것은 매우 긍정적이지만 흥미 위주나 또는 불신을 조장하는 내용일 가능성이 다분한 지지율과 판세, 의혹과 구설수, 후보 지지 등이 74건(36.8%)에 이르는 점은 조선일보에 비해 약간 낮지만 유사한 수준으로 역시 기존 선거보도의 문제점에서 벗어나지 못했음을 보여주었다.

셋째, 세부 이슈별 분류의 16개 항목 중에서 주요 사항을 중심으로 두 신문의 차이점을 살펴보면 조선일보가 한겨레신문에 대해 관심이 높은 이슈로는 북한외교(조선일보 9건 4.8%, 한겨레신문 4건 2.0%)를 비롯해 국정원 선거개입 의혹(조선일보 21건 11.3%, 한겨레신문 14건 6.9%), 특정인물의 특정 후보 지지(조선일보 18건 9.7%, 한겨레신문 11건 5.5%) 등이고, 이들을 합계하면 조선일보 48건 25.8%, 한겨레신문 29건 13.4%로 국정원 선거개입 의혹에서 민주당 측의 국정원 여직원 불법 감금을 중심으로 조명하고, 북한외교 정책의 경우 보수적 대결 입장을 강조하고, 호남권 구 정치인이나 또는 과거 민주화 활동을 한 재야인사와 같은 특정 인물이 박근혜 후보의 지지를 강조한 경우가 다소 많은 점을 고려하면 주제 선정 과정에서 대체로 보수적 입장을 내세운 새누리당 박근혜 후보에 우호적인 기사로 볼 수 있다. 이와 달리 한겨레신문이 조선일보에 비해 관심이 높은 이슈로는 경제민주화(조선일보 2건 1.1%, 한겨레신문 6건 3.0%)를 비롯해 검찰개혁(조선일보 0건 0.0%, 한겨레신문 6건 3.0%), SNS 불법 선거 의혹(조선일보 3건 1.6%, 한겨레신문 14건 6.9%), 판세 보도(조선일보 24건 12.9%, 한겨레신문 36건 17.9%), 후보자 자질, 능력, 도덕성(조선일보 12건 6.5%, 한겨레신문 19건 9.5%) 등이고, 이들을 합계하면 조선일보 41건 22.0%, 한겨레신문 81건 40.3%로 경제민주화와 검찰개혁과 같이 권력 구조를 민주적으로 개선하고, 인터넷과 SNS를 중심으로 이루어지는 불법 선거 운동을 중단시키고, 후보자의 역량과 품성에 주목할 경우 상대적으로 문재인 후보에 대한 긍정적 이미지를 형성하고, 지지율 변화 추이를 전달하면서 박근혜 후보의 유세 구도를 문재인 후보가 역전시킬 가능성이 상당히 있다는 측면에 주목함으로써 주제 선정 과정에서 대체로 문재인 후보에 우호적인 기사로 볼 수 있다.

넷째, 헤드라인 분석에서 24개 항목에 따라 분류한 내용 중에서 주요 사항을 중심으로 두 신문의 차이점을 살펴보기 위해 박근혜 후보와 문재인 후보 모두를 비슷하게 부정적으로 다루거나, 상호 공격을 보여주고, 지지율을 수평적으로 제시한 제목을 제외한 채 구체적으로 특정 후보 편향적인 제목을 중심으로 비교하겠다. 먼저 박근혜 지지율과 전략, 정책에 주목하고 문재인과 안철수, 이정희 등에게 부정적이고, 야당 내에서 문재인을 공격하고, 문재인과 안철수 공조 연대의 갈등 국면 보도에 주목한 제목을 합산해 보면 조선일보 50건 26.9%, 한겨레신문 20건 10.0% 등으로 조선일보가 다분히 제목을 통해 박근혜 후보에 우호적, 긍정적 입장을 전달했다. 다음에 문재인 지지율과 전략, 정책에 주목하고 박근혜에게 부정적이고, 여당 내에서 박근혜를 공격하고, 문재인과 안철수의 공조 연대 상황을 조명하는 제목을 합산해 보면 조선일보 19건 10.2%, 한겨레신문 78건 38.8% 등으로 한겨레신문이 확연하게 제목을 통해 문재인 후보에 대한 우호적, 긍정적 입장을 전달했다.

　　지금까지 대통령 공식 선거운동 기간 중 조선일보와 한겨레신문의 보도 내용을 양적 측면에서 비교한 결과 두 신문 보도 각각의 신문이 표방하는 보수적, 진보적 입장에 맞춰 보수적 입장을 표명한 박근혜 후보와 진보적 입장을 표명한 후보인 문재인 후보에 각각 우호적인 보도 경향을 보여준 것을 알 수 있다. 이번 선거의 경우 보수적 입장의 박근혜 후보가 경제민주화와 복지 혜택 확대 등 상당 부분 진보적 정책을 표방하여 두 후보자 사이의 차이점이 두드러지지 않은 측면이 있음에도 불구하고 조선일보와 한겨레신문의 상반된 보도 경향은 본질적으로 언론과 정치권력에서 보수와 진보의 대립 구조가 굳건하게 유지된 것으로 나타났다.

2) 보수적 논조 신문이 전개한 정치평론의 문제점과 영향

(1) 시민단체가 본 보수적 논조 신문이 전개한 정치평론의 문제점

보수적 논조 신문의 정치평론을 18대 대통령 선거 기간 중 모니터한 '2012대선보도 민언련 모니터단'(이하 민언련 모니터단)의 분석에 따르면 "새누리당 정권에 의해 장악된 방송과 조중동 등 수구신문이 선거보도를 빙자해 2012년 대통령 선거에서 불법 부당한 선거운동을 조직적으로 전개했다"(신태섭 2013)고 주장한다. 특히 선거결과 당락을 가른 득표수의 차이가 비교적 작았던 박빙의 선거이므로 이들 매체들의 심각한 편파, 왜곡 보도가 사실일 경우 선거결과에 실질적 영향을 미쳤다고 볼 수 있다(신태섭 2013).

"이들 매체들은 대선 후보의 자질과 정책의제 중심의 선거보도가 아닌 정치적 냉소와 혐오를 부추기거나, 근거 없는 흑색선전, 색깔론과 NLL 북풍몰이, 야권후보 단일화 흠집내기, 구태의연한 지역주의 조장, 경제민주화 의제 등 유권자 운동 왜곡 등으로 유권자의 선택을 가로막는 보도행태를 보였다. 또한 정치권을 향해 네거티브 공세 중단을 요구하면서 정작 자신들의 네거티브를 확대재생산하는 보도를 쏟아냈으며, 후보들에게 정책선거를 요구하기만 했을 뿐 이들 언론들은 후보검증이나 정책보도에는 거의 지면이나 시간을 할애하지 않았다.

이들은 여야 후보에 대한 균형 있고 공정한 보도는 안중에 없었다. 여당 후보에게 유리한 사안은 부풀려 띄우고 불리한 사안은 축소, 누락시키거나 물타기 하면서 여당 후보에 대한 호의적 이미지 연출에 열중했다. 반면 야당 후보에 대해서는 끊임없이 헐뜯고 폄훼했다"(신태섭 2013, 31).

민언련 모니터단이 조선일보, 중앙일보, 동아일보, 한겨레신문, 경향신문 등 5개 일간지를 모니터한 결과 이중잣대를 비롯해 은폐와 침묵, 의제 왜곡 및 호도, 분열 조장, 물타기, 지역주의 조장, 네거티브 띄우기, 검증포기, 색깔론과 북풍몰이, 공약 불이행 종용 등으로 편파와 왜곡보도 사례를 정리했고, 각 사안마다 최악의 기사를 선정한 결과 조선일보 5건, 중앙일보 1건, 동아일보 4건 등 모두 10건을 대선 최악의 보도 사례로 선정했는데(2012 대선보도 민언련 모니터단 2013) 구체적인 내용은 다음과 같다.

첫째, 이중 잣대와 관련해 조선일보의 경우 보수후보와 진보후보에 적용한 사례로 사설 「보수 분열로 또 교육감 선택권 박탈당한 서울 시민들」(조선일보 2012.11.27)이 지적됐다. 이 사설의 주요 내용은 2012년 서울시 교육감 재보선에서 보수 후보들이 단일화를 하지 않아 보수 유권자의 선택권을 박탈해버린 셈이라고 말한 반면에 다른 보도에서는 야권의 후보단일화에 대해 국민의 뜻을 저버리는 구태라고 비난했 듯이(2012 대선보도 민언련 모니터단 2013, 39) 단일화에 대한 평가가 보수와 진보냐에 따라 일관되지 못했다.

둘째, 은폐와 침묵에 관한 내용으로 조선일보가 2012년 12월 4일 진행된 대선후보 토론회에서 화제가 된 박근혜 후보와 박정희 전 대통령의 과거 행적에 대해 관심을 갖지 않았고, 이정희 통합진보당 대선 후보가 질문한 전두환 전 대통령이 박근혜 후보에게 전달한 6억 원에 대해 박 전 대통령의 통치자금으로 보도한 내용이 담긴 「박, "퍼주기 평화는 진짜 평화 아니다" 문 "노정부때는 남북간 충돌 없었다"」 (조선일보 2012.12.5, 1면)라는 기사를 사례로 제시했다(2012 대선보도 민언련 모니터단 2013, 39-40).

셋째, 의제 왜곡 및 호도에 관한 내용으로 조선일보가 경제민주화와 관련한 기사 「박·문 경제정책 15개 따져보니… 박 10개, 문 7개 MB정부와 유사」(조선일보 2012.11.16, 3면)를 보도하면서 박 후보가 2012년 11월 16일 기존 순환출자에 대한 의결권 제한, 주요 경제범죄에 대한 국민 참여재판 도입 등 김종인 위원장이 내놓은 핵심 공약을 배제해 '가짜 경제 민주화'라는 지적을 받았음에도 불구하고 박 후보와 문 후보의 경제정책 상당수가 MB정부와 유사하다는 내용을 강조한 것이 '경제민주화'의 핵심의제를 호도한 사례로 지적됐다(2012 대선보도 민언련 모니터단 2013, 40).

넷째, 분열조장은 야권의 문재인, 안철수 후보의 분열과 갈등을 강조하는 내용으로 익명의 취재원을 인용했는데 「"호남 安지지자에 '배신자' 협박…安 양보론 문자 대량살포"」(조선일보 2012.11.15, 2면) 기사가 대표적인 사례로 제시됐다(2012 대선보도 민언련 모니터단 2013, 40-41).

다섯째, 물 타기 기사는 다른 수준의 문제를 같은 수준으로 틀 짓는 방식인데, 「정동영 "꼰대 투표" 김무성 "중간층 투표 포기하게"」(동아일보 2012.12.17, 2면) 기사가 그러한 사례에 해당한다(2012 대선보도 민언련 모니터단 2013, 41).

여섯째, 지역주의 조장 보도는 영호남 대결을 부추기는 방식으로 제목과 내용을 구성하는 것으로 「박근혜의 단일화 반격 호남 총리 카드 급부상」(중앙일보 2012.11.13, 1면)에서 문재인과 안철수 후보가 공동 정권을 형성하면 대통령, 국무총리, 대법원장 등이 부산과 경남 출신이 된다는 내용으로 지역주의를 부각시켰고, 반면에 새누리당 관계자의 말을 인용하면서 박근혜 새누리당 대선 후보의 호남 총리 기용에 성공할 경우 탕평노선을 강조하여 야권의 특정 지역 독주 이미지와 대비될 것이라는 해석을 곁들였다(2012 대선보도 민언련 모니터단 2013, 41).

일곱째, 네거티브 띄우기 보도는 부정적인 소재의 실체가 불분명함에도 반복적으로 문제를 제기함으로써 특정 후보에게 의혹스런 이미지를 강화하는 방식으로 사설 「NLL 비밀」 이제 여야 합의로 국민 앞에 공개하라」(동아일보 2012.10.31)가 해당되는데, 노무현 전 대통령의 'NLL 포기발언'의 근거가 되는 '남-북 비밀 단독 회담' 자체가 없으므로 비밀대화록과 녹취록이 존재하지 않음을 새누리당도 확인했고, 정문헌 새누리당 의원이 비밀 회담을 정상회담이라고 표현을 바꾸었음에도 불구하고 동아일보는 여전히 비밀 단독 회담의 내용을 공개하라고 촉구한 사례가 그러한 실례로 지적됐다(2012 대선보도 민언련 모니터단 2013, 42).

여덟째, 검증포기 보도는 입증이 필요한 문제점의 핵심을 외면한 채, 부차적인 내용에 주목하면서 사실 규명과 진실 보도를 외면하는 방식으로 사설 「국정원 여직원 감금, '민주당 스타일' 과시인가」(동아일보 2012.12.4)라는 기사에서 볼 수 있다(2012 대선보도 민언련 모니터단 2013, 42). 이 사설의 요지는 국정원 여직원의 대선개입 의혹을 규명할 필요성이 있고, 선거관리위원회와 경찰이 여직원의 오피스텔을 방문하여 노트북과 컴퓨터를 압수하지 않았음에도 불구하고, 동아일보는 민주당이 국정원 여직원을 불법으로 감금한 것으로 보도하면서 이슈의 핵심을 왜곡 보도한 사례로 언급됐다(2012 대선보도 민언련 모니터단 2013, 42).

아홉째, 색깔론과 북풍몰이 기사는 선거에서 제기된 특정 후보의 북한 관련 정책을 잘못된 것으로 지적하면서 유권자의 적대적 감정을 자극하는 방식으로 사설 「연평도 2년 전 그날을 잊었는가」(동아일보 2012.11.22)에서 나타난다(2012 대선보도 민언련 모니터단 2013, 43). 이 사설에서 동아일보는 문재인 민주통합당 대통령 후보의 대북정책을 평화를 구걸하는 것으로 비난하고, 국민은 어떤 후보가 안보와 국익을 수호하고 책임질 수 있는지 눈여겨봐야 한다며 북한에 대한 적대적 감정과 연관시켰다(2012 대선보도 민언련 모니터단 2013, 43).

열째, 공약 불이행 조장 기사는 당선된 후보가 선거 운동 기간 중 약속한 내용의 이해를 만류하는 내용으로 사설 「박근혜 당선인, 겸허하게 온 국민 껴안는 걸로 시작하라」(조선일보 2012.12.20)에서 볼 수 있는데, 당선 직후 경제민주화와 복지 관련 공약을 수정하라고 요구하면서 선거공약 중에서 당장 지키지 않아도 될 국정공약을 다시 만들 것을 제안했다(2012 대선보도 민언련 모니터단 2013, 43).

이상에서 살펴본 열 가지 편파왜곡보도 사례는 비록 보수적 논조의 신문에 비판적인 시민단체에 의해서 제기됐지만, 그동안 언론학자들이 지적해온 언론 선거보도의 전형적인 문제점과 대동소이(大同小異)하다. 따라서 이러한 보도는 대표적으로 지적된 기사와 사설 외에도 정도는 다르지만 상당수의 신문에서 다양한 방식으로 재현, 반복된다고 할 수 있다.

(2) 보수적 논조 신문이 전개한 정치평론의 영향

보수적 논조의 신문에 해당하며 집권 여당인 새누리당(한나라당)

에 우호적이라는 평가를 받는 조선일보, 중앙일보, 동아일보 등 3개 종합일간지(또는 매경을 포함한 4개 종편진출 신문으로 범주화하는 경우도 있음) 와 상대적으로 반대 입장에서 진보적 논조를 표방하고, 주요 야당인 민주통합당에 우호적이라고 평가를 받을 수 있는 경향신문(경향)과 한겨레신문(한겨레)과의 영향력 등을 수치로 비교할 경우 보수 논조의 신문이 여론 형성 측면에서 매우 큰 영향력을 갖고 있다. 이와 함께 보수적 4개 신문이 함께 운영하는 종편 채널의 여론 영향력을 고려할 경우 보수적 논조의 신문이 제시하는 정치평론의 여론 영향력은 매우 크다는 점이 최근 여론집중도조사위원회가 여론 영향력 분포를 수치로 제시한 연구에서 잘 나타난다(윤석민 2013). 즉 전국을 대상으로 발행하는 종합일간지 중에서 조선, 중앙, 동아 등 3개 신문과 매경이 신문 분야에서 차지하는 매체 영향력은 각각 23.7%, 17.9%, 16.0%, 6.8% 등으로 합계 64.4%로 2/3에 가깝고, 이에 비해 경향과 한겨레는 각각 5.9%와 5.4%로서 11.3%에 불과하다. 신문의 여론 영향력에서 여론을 정치평론으로 간주한다면, 신문 정치평론의 양적 구조는 보수 5.7 대 진보 1.0과 같이 일방적으로 보수적 정치평론이 우세한 구조다. 다음에 텔레비전 방송 분야의 매체 영향력 측면에서 이들 3개 신문과 매경이 진출한 종편채널의 여론 영향력은 채널A 3.1%, TV조선 2.0%, jtbc 1.2%, 매경 4.7% 등으로 11.0%에 이르는데 다른 신문의 영향력이 없음을 고려할 때 텔레비전 정치평론의 양적 구조는 보수 11.0 대 진보 0과 같이 압도적으로 보수적 정치평론이 우세한 구조다.

　이처럼 보수적 논조의 신문에 해당하는 조선일보, 중앙일보, 동아일보가 종편 운영을 통해 보수적 논조의 정치평론을 유권자에게 전달했고, 그 결과 대통령 선거에 영향을 주었다는 주장을 관련 조사자료 분석 결과와 함께 보도한 오마이뉴스의 보도(고정미와 홍현진 2013.4.22)에 따르면 한국사회여론연구소(KSOI)가 2013년 1월 24일, 25일 양일간 여론조사 기관에 의뢰해 일반국민 1,000명을 대상으로 여론조사를 실시하여 종편의 대선 영향력을 지역별, 연령별, 학력·소득별, 직업별, 이념 성향별로 나누어 분석한 결과 '종편 방송이 대선후보 결정에 도움이 되었다'는 응답은 34.8%로, '도움이 안 됐다'(30.1%)는 의견보다 우세했고, '종편을 시청하지 않았다'는 응답자는 34.7%, 모름·무응답은 0.5%로 나타났다. 또한 종편을 시청한 응답자 가운데는 '도움이 되었다'(53.2%)는 의견이 '도움이 안 됐다'(46%)는 의견보다 7.2% 높은 점에서 종편 시청자의 절반 이상이 대선후보 결정 과정에서 종편의 영향을 받았다는 의미로 해석할 수 있고, '종편 방송이 대선후보 결정에 도움 되었다'고 응답한 비율이 가장 높은 지역은 부산·울산·경남 44.8%. 대구·경북이 44.7%로 나타났는데 이는 박근혜 후보가 18대 대통령 선거 당시 부산·울산·경남에서 50~60%, 대구·경북에서 80% 이상의 득표율을 기록한 점에서 외견상 상관관계를 보여주었다(고정미와 홍현진 2013.4.22). 연령별로 보면, 50~60대가 종편의 영향을 많이 받았는데 이들의 종편 시청비율은 75.2%에 달했고, 50~59세는 42.5%, 60세 이상은 44.4%가 '종편이 대선후보 결정에 도움이 되었다'고 대답했는데 지난 대선 방송 3사 출구조사 결과, 50대 박근혜 후보 지지율은 62.5%, 60대 이상은 72.3%로 나타난 점에서 외견상 상관관계를 볼 수 있다(고정미와 홍현진 2013.4.22). 직업별로는 자영업과 블루칼라 주부층이 종편의 영향을 더 받았는데 자영업자 40.7%, 블루칼라

40.8%, 무직자 42.8%, 주부 37.8%가 '종편의 영향을 받았다'고 대답했는데, 보고서에 따르면 비교적 시간 활용이 자유로운 직업군으로 제시됐고, 자신을 '보수' 성향이라고 답한 응답자 가운데 45.4%가 '종편의 영향을 받았다'고 대답했다. 보고서를 종합해 보면 대선 기간 지속적인 종편의 중계방송식 대선 뉴스는 상대적으로 자기결정력이 낮은 저학력층, 블루칼라, 주부, 고령층에 영향을 주었을 것으로 판단된다면서 근본적으로는 종편 영향력이 대통령 선거 결과에 영향을 미쳤다고 보았다(고정미와 홍현진 2013. 4. 22).

이상에서 보수적 논조의 신문은 진보적 논조의 신문에 비해 압도적으로 높은 발행부수와 가구당 구독률, 열독률 등을 바탕으로 대통령 선거 정치평론을 통해 여론 형성과 후보 선택에 상당한 영향을 미쳤고, 이들 보수적 논조의 신문이 운영하는 종편 채널의 정치평론과 시너지 효과를 산출해 선거 결과에 영향을 미쳤다고 볼 수 있다.

3) 경향신문 옴부즈만의 칼럼을 통해 본 진보적 논조 신문이 전개한 정치평론의 문제점

진보적 논조 신문인 경향신문의 정치평론을 소속 옴부즈만 칼럼 자료를 통해 알아볼 수 있다. 이 칼럼은 주로 신문방송학교수 또는 대학생이 필자인 옴부즈만 위원으로 활동하면서 해당 신문의 내용을 숙독하고 비판한 내용을 담고 있다. 그러면 경향신문의 2012년 10월 22일부터 12월 24일까지 선거보도 관련 '옴부즈만' 칼럼 10편을 중심으로 분석하겠다.

〈표〉 경향신문 2012년 대선 관련 보도에 관한 옴부즈만 칼럼 목록(필자, 제목, 일자 순)

김춘식. 「후보자 입 의존 '인용 저널리즘' 그만」. 2012.10.22.

김춘식. 「유권자 '정치 식견'에 도움이 될 만한 이슈와 정책 분석·해설 기사 생산을」. 2012.11.26.

민영. 「'시민 역량' 살찌우는 선거보도가 필요하다」. 2012.11.5.

민영. 「언론, 대화와 치유의 매개체 되길」. 2012.12.24.

윤송이. 「'노동 없는 대선' 기획, 해법 제시 미흡」. 2012.11.19.

윤송이. 「'혼탁 선거' 보도 냉정한 시선 필요」. 2012.12.17.

정일권. 「'투표율 높이기' 구체적 제안을」. 2012.11.12.

정일권. 「추론 말고 근거 확보 뒤에 보도를」. 2012.12.10.

한동섭. 「대선 후보 정책 심도 있게 검증해야」. 2012.10.29.

한동섭. 「안철수보다 지지자들 요구에 초점을」. 2012.12.3.

경향신문의 대통령 선거 기간 보도에 대한 평가는 옴부즈만 민영(2012.12.24)이 지적했듯이 긍정적인 부분이 상당한데, 중요한 정치, 경제, 사회 현안들을 모아서 13대 의제로 설정하고 각 이슈별로 시민 집담회를 개최함으로써 아래로부터 정책적 요구를 수렴했으며, 경제정의실천시민연합과 함께 후보들의 공약을 구체성, 개혁성, 적합성 측면에서 평가함으로써 실질적인 정책 검증을 하고자 한 것이 대표적인 사례다. 하지만 분석대상인 경향신문 옴부즈만 칼럼 10건의 제목을 통해 볼 때, 후보자 중심의 보도를 비판하고(김춘식 2012a) 유권자 중심으로 전환할 것을 지적하는 내용(한동섭 2012b)을 비롯해 선거에 대한 부정적 보도 태도를 지양하고(윤송이 2012a), 추론 보도가 아닌 충분한 근거를 제시하고(정일권 2012b), 검증된 정책보도를 통해 유권자를 숙지된 시민으로 육성하고(김춘식 2012b), 투표율을 높이는 보도를 지향할 것(정일권 2012a) 등을 요구하고 있는데, 이러한 내용은 비록 정도의 차이는 있을지라도 전통적으로 비판받아온 신문 선거 보도의 문제점과 한계에서 크게 벗어나지 않는다.

구체적인 내용 측면에서 경향신문 대선 보도의 문제점은 후보자 중심 보도와 유권자 역할 축소, 충분한 근거가 부족한 의혹 제기로 유권자의 선거에 대한 부정적 태도 형성과 투표율 저하 우려, 검증이 미흡한 정책 보도, 그리고 편향적 보도를 경계하고 공정한 균형보도의 확립 등 네 가지 차원에서 지적됐다. 첫째, 후보자 중심보도는 후보자의 발언에 의존해 의제를 설정하고, 유권자가 관심을 갖고 있는 의제를 소홀히 취급하는 보도 태도이다.

유권자의 입장에서 선거관련 정치현실을 조명한 기사도 거의 없었다. 유권자 정치 참여를 보장하는 제도 개선(투표시간 연장)과 환경문제(15일)에 관한 사회적 차원의 논의가 필요하다는 칼럼(2건)이 전부였다. 칼럼은 기고자 개인의 의견이므로 의제설정 영향력에 한계가 있을 수밖에 없다. 언론사 차원에서 유권자의 선거 참여를 저해하는 환경을 검토하고 이를 개선하기 위한 제도적 차원의 논의를 촉진하고, 미래의 한국사회 공동체를 위해 우리가 고민해야 할 이슈를 개발하는 작업이 필요했다(김춘식 2012.10.22).

일반적으로 언론이 유권자의 관심 의제를 설정한다고 한다. 하지만 선거 캠페인에서 미디어가 차지하는 중요성이 날로 커지는 요즘 언론의 의제는 후보의 의제일 가능성이 높다. 후보와 캠프는 언론을 모니터링해서 여론을 판단하고 유권자들이 주목하는 의제에 공명하는 공약이나 정책을 전략적으로 제안한다. 득표에 도움이 되기 때문이다. 후보의 입이나 캠프의 발표에 의존해 선거 뉴스를 생산하는 출입처 관행은 전혀 바람직하지 않다. 언론은 후보가 약속을 제대로 지킬 수 있을까라는 문제의식을 가져야 한다. 강연회, 저서, 언론보도에 나타난 후보의 발언, 선출직 정치인으로서의 법안별 투표 의사결정 전력, 캠프에 합류한 정치인들의 정책 노선, 과거 유사한 법률에 대한 소속 정당의 입장 등을 토대로 약속의 실현 가능성을 진단하고 예측하는 심도 있는 검증 보도가 필요하다(김춘식 2012.11.26).

둘째, 선거에서 각종 의혹 제기는 자주 등장하는 기사 형태이다. 하지만 충분한 근거가 부족한 의혹 제기로 유권자의 선거에 대한 부정적 태도를 형성하고 투표율을 저하시킬 우려가 있다는 점에서 의혹 제기는 충분한 근거와 다양한 관계자의 주장과 해명을 함께 다룰 필요가 있다.

경향신문 역시 '국정원 개입 의혹', '댓글 알바' 등의 사건이 터져 나온 이후, 양측의 공방을 전했다. 이와 관련한 유권자들의 목소리를 담은 기사는 찾아보기 어려웠다. (…) 하지만 양쪽의 공방을 중계하듯 전하는 모습은 다른 언론들과 크게 다르지 않았다. 경향신문은 15일자 2면에 실린 기사「박·문 초접전 판세에 막판

네거티브 공방」에서 양측 관계자의 공방 내용을 전했다. 같은 날 1면 하단 기사 「박근혜 "흑색선전과 전면전"… 댓글알바는 언급 안 해, 문재인 "국정원 정치 정보 수집 기능 폐지" 개혁안 발표」에서 박근혜 후보의 흑색선전 전면전 기자회견 내용과 함께 문재인 후보의 반박입장을 다뤘다는 점에서 차별적인 내용으로 읽히지 않았다. 후보 당사자가 아니라 관계자들의 말을 전했다는 점에서 내용 자체는 달랐다. 하지만 양측의 날선 공세가 매일같이 전해지고 있는 상황에서 이런 보도가 어떤 의미를 가질 수 있을까? 최종적인 판단은 기사를 읽는 유권자의 몫이지만 말이다. (…) 대선이 이틀 앞으로 다가왔다. 막판까지 네거티브 공세는 그칠 것 같지 않다. 후보 진영의 목소리를 전하는 것도 중요하지만, 혼탁해지고 있는 선거판에 대한 경향신문의 보다 냉정한 시선이 필요해 보인다(윤송이 2012.12.17).

짧게는 지난 몇 주, 길게는 지난 몇 달 동안의 대통령 선거 보도를 분석하고 평가하는 것은 시간을 두고 차분하게 진행해야지만, 선거 후반부로 갈수록 각 후보의 유세 활동과 네거티브 공방이 지면을 장악한 것은 특별히 아쉬운 대목이다. 선거일 바로 직전인 17일과 18일 모두 국정원 직원 댓글 의혹 사건에 대한 기사들이 1면을 차지했고(「"국정원 댓글 흔적 없어" 토론회 직후 기습 발표」, 「국정원 직원 ID 40개 스마트폰 수사 안 했다」), 3차 후보자 텔레비전 토론회를 단순 중계하거나 전략적으로 평가하는 기사들(「문 "불법 선거사무실 인정하냐" 박 "수사하고 있는 것"」,

「화끈해진 1대1 양자토론」)이 다수 게재되었다. 선거일을 앞두고 2012년 선택의 의미를 생각해 보고 유권자들이 고려해야 할 중요한 쟁점 사항들을 다시금 정리할 수 있는 세심한 지면 구성이 필요했으나, 여러모로 미흡했다(민영 2012.12.24).

셋째, 정책보도는 유권자의 후보자 판단에서 매우 중요한 기사 유형이다. 유권자가 민주주의 시민으로서 역할하기 위해서는 언론의 충분한 정책 분석기사의 도움으로 후보자의 주요 공약과 정책을 숙지하고, 실행가능성을 선별할 능력을 갖춰야 하기 때문이다.

지난 한 주 동안 경향신문의 대통령선거 보도를 읽고 매우 실망했다. 가장 중요한 의제를 전하는 1면에서 대통령선거 관련 기사를 찾는 게 불가능할 정도였다. 대선과 직접 관련된 기사는 안철수 후보가 발표한 '계열분리명령제 도입'(15일)과 박근혜 후보의 검찰 개혁 공약에 대한 검찰의 반발(18일)을 전한 게 전부였다. (…)
공약을 다룬 기사의 수는 적었고 내용은 빈약했다. 여당·야당·무소속 후보가 내건 '경제민주화' 정책은 칼럼(18일)과 사설(15-19일)에서 다루어졌다. 안철수 후보의 경제 분야 멘토인 이헌재 전 경제부총리의 경제기자회 정례포럼 발표내용(18일)을 요약 정리한 기사가 그나마 눈에 띄었을 뿐이다(김춘식 2012.10.22).

선거보도에서 가장 역점을 두어야 할 일은 후보들의 정책 검증이다. 그런데 이를 언론이 주도하기보다는 상대후보들이 주도하거나 독자들에게 무책임하게 맡겨버리는 현상이 나타나곤 한다. 전자의 경우 경쟁하는 후보와 참모들의 입을 좇아 정책 검증이 정략대결로 변질할 우려가 있고, 후자의 경우 전문지식이 없는 일반 독자들은 내용조차 이해하기 어려운 상황이 발생한다.

경향신문도 이러한 문제들이 있었다. 무엇보다 정책을 분석적으로 검증하지 못해 내용을 제대로 이해하기 어려운 사례들이 있다. 후보자들의 정책이 충분히 완성된 것이 아니어서 발생하는 문제인지, 캠프에서는 설명했으나 취재과정에서 일부만을 요약해서 발생한 문제인지는 정확하지 않다. 그러나 앞의 경우도 보완취재를 통해 정책의 구체성 여부를 밝혀야 한다는 점에서 문제가 없는 것은 아니다. (…)

숙의(熟議)민주주의, 즉 깊이 생각하고 분석하고 근거를 갖고 충분히 논의하고 상대방의 이유 있는 비판을 합리적으로 받아들여 함께 고민하고 대안을 마련하는 민주적 과정이 하루아침에 오지는 않는다. 공정한 언론의 심도 있는 정책 검증이 더욱 절실한 이유이다(한동섭 2012.10.29).

선거 보도의 중요한 목적 중 하나는 충분한 정보와 숙의의 기회를 제공함으로써 '시민'으로서 독자가 그의 투표권을 최선의 방향으로 행사할 수 있도록 돕는 데에 있을 것이다. 이를 위해서는 기사 선택과 작성 과정에서 '식견을 갖춘 시민'으로서 독자가 필요로 하는 정보가 무엇인지 끊임없이 고민해야 하고 '참여하는 시민'을 만들어내기 위한 다양한 기획을 시도해야 한다. 이러한 관점에서 볼 때, 지난 한 주 동안 경향신문의 선거 보도는 여러 측면에서 아쉬움을 낳았다. (…)

뉴스는 '시민성'을 배양할 수 있는 중요한 자양분이다. 뉴스를 읽음으로써 시민들은 한 사회의 구성원으로서 자신의 정체성을 자각하고 공동체의 문제에 관심을 가지게 되기 때문이다. 국가의 미래에 대해 사회의 모든 구성원들이 함께 대화할 수 있는 대통령 선거는 시민에게 있어 중요한 학습과 참여의 기회이다. 때문에 독자를 구경꾼에 머물게 하는 보도, 사실을 나열하는 데에 그치는 보도는 지양되어야 한다. 해당 이슈가 시민들의 삶과는 어떻게 연관되어 있으며 좀 더 깊게 생각해 볼 필요가 있는 문제들은 무엇인지를 충분히 설명할 때 언론은 독자를 대화의 광장으로 이끌어 내고 참여를 독려할 수 있다. 시민의 역량을 튼튼히 키울 수 있는 선거 보도를 기대해 본다(민영 2012.11.5).

민주주의 언론은 정치에 대한 시민의 관심을 촉구하고 '식견 있는 유권자'를 양성할 공적 책무가 있다. 일반적으로 식견 있는 유권자들 간의 활발한 정치 대화는 언론, 특히 신문의 보도내용을 토대로 이루어진다. 지금과 같은 지지율 중심의 여론조사 혹은 판세분석은 민심을 정확히 반영할 수 없고, 정치 대화의 수준을 향상시키는 데 도움이 되지 않는다. 정치적 사안에 대한 의사결정은 과거의 경험, 논쟁의 대상이 되는 이슈에 대한 주목, 주변 사람의 의견 탐색 및 평가 등을 거쳐 이루어진다는 사실을 염두에 둬야 한다. 충분한 시간을 갖고 유권자가 필요한 이슈 및 정책을 분석하고 해설하는 뉴스를 생산해야 한다. 유권자는 정치가 자신의 일상생활에 미치는 영향력을 인식할 때 비로소 정치에 적극 참여하게 된다(김춘식 2012.11.26).

언론에서 시선은 매우 중요하다. 관점에 따라 보이는 것과 보이지 않는 것이 있을 수 있기 때문이다. 선거보도의 문제 대부분은 국민을 선거의 주체로 바라보지 않고 관객이자 설득해야 할 객체로 바라보고 있기 때문에 나타난다. 선거를 정치세력들의 경주로 이해하거나 진영논리로 사고하면 선거의 주체를 후보들과 정치세력들로 인식하기 쉽다. 하지만 선거의 본질은 국민이 주권행사를 위해 정치적 대리인을 선택하는 과정이다. 선거의 주체는 국민이며 후보는 선택받는 객체인 것이다. 주체를 객체로 전도한 시선으로는 사안의 본질과 근원, 그리고 대안을 찾아내기 어렵다.

안철수 후보의 사퇴와 관련한 경향신문의 보도에도 국민을 객체화하는 시선이 일정수준 존재한다. 안 후보가 사퇴하자 경향을 비롯한 언론의 보도는 그의 결정이 향후 대선레이스에 미칠 영향에 관한 전략적 논의에 집중됐다. 이러는 동안 안 후보를 지지했던 국민들은 지면으로부터 소외되어 갔다(한동섭 2012.12.3).

이번 대선에서 각 후보자는 천문학적인 재원이 필요한 복지공약을 내놓고 있다. 그런데 경향신문은 그동안 이런 공약에 대해서 우리 사회가 얼마나 준비되어 있는지를 꼼꼼히 짚어보고 그 허점을 지적했는지 의문이다. 준비 정도와 관계없이 그런 복지가 얼마나 필요한지 그리고 국민들이 원하고 있는지만 보도하고 있지 않은가? 이런 식이라면 불과 몇 달 후 이런 복지정책을 왜 준비도 하지 않은 채 실시했냐고 또다시 비판하는 기사를 내놓지 않으리란 보장이 없다(정일권 2012.12.10).

넷째, 선거보도에서 특정 신문의 논조와 유사한 후보자에 대한 편향적 보도는 신문의 공정성을 훼손하고, 유권자로 하여금 신문 정보의 신뢰성 상실에 따라 정치 회의주의와 불가지론으로 이끈다는 점에서 경계돼야 한다.

정책공약을 다룬 기사도 단순히 후보자 캠프에서 설명한 정책의 내용과 취지를 소개하는 데 머무르고 있다는 점에서 아쉽다. 정책공약에 대한 분석, 즉 비용대비 기대효과 그리고 실현 가능성, 사회 구성원별 손익 등을 바탕으로 정책에 대한 비판적 검토를 통해 유권자들이 정책의 내용뿐만 아니라 정책의 가치를 판단할 수 있도록 돕는 기사가 제공되어야 한다. 그리고 이런 분석이 어려울 경우는 유사 사안에 대한 후보자들 간 공약의 차이를 비교하는 기사가 필요하다. 이런 종류의 기사가 늘어나고 있다는 점은 고무적이다. 다만 이런 비교 기사의 경우 특정 후보자에게 편향적이지 않도록 각별한 주의가 요구된다(정일권 2012.11.12).

요컨대 진보적 논조를 표방하는 경향신문의 선거 보도에 나타난 정치평론을 옴부즈만을 통해 본 결과 경향신문의 긍정적 노력에도 불구하고 보수적 논조의 신문에 비해 매우 약한 정도라도 일정 부분 우리나라 선거보도의 고질적 관행과 문제점을 탈피하지 못했음을 알 수 있다. 하지만 진보적 논조 신문의 경우 스스로의 문제점을 지적하고 수정하기 위해 옴부즈만이 비교적 솔직한 비판을 전개한 것은 자기교정의 희망을 준다는 점에서 긍정적이다.

5. 결론 및 논의

2012년 12월 19일 실시된 우리나라 18대 대통령 선거는 여야 주요 후보자의 치열한 선거 운동을 거쳤고, 개표 결과 박근혜 새누리당 후보가 51.6%를 득표하여 문재인 민주통합당 후보(48.0% 득표)를 3.6% 차이로 앞서며 당선됐다. 제17대 대통령 선거 결과에 비해 근소한 차이로 판명된 배경에는 유권자에게 후보자의 정책과 인품 정보를 제공한 주요 신문의 보도 즉 정치평론이 영향을 주었다는 가정을 설정하여 주요 신문의 선거 보도의 특성을 비롯해 보수적 및 진보적 논조를 전개하는 신문의 정치평론의 특성을 알아보았다. 분석 결과 우리나라 신문의 선거 보도는 오랫동안 지적받아온 부정적 선거 보도 관행인 정책(공약) 보도와 검증 부족을 비롯해 유권자가 아닌 후보자 중심의 보도, 투표 직전 의혹에 대한 집중 보도로 유권자의 혼란과 정치적 염증 초래, 신문의 논조와 연관된 특정 후보자 편향 보도, 북한과 관련된 내용에 대한 감정적 공세 보도(색깔론과 북풍몰이 보도), 후보자의 지지율에 초점을 맞춘 경마식 판세 보도, 지역감정 조장 보도 등이 이번 대선 보도에서 여전한 것으로 나타났다. 이밖에도 선거 직후에 제기된 공약 불이행 조장 기사는 후보자간 지지율과 득표율이 비교적 박빙인 상태에서 당선자가 보다 많은 유권자의 지지를 얻기 위해 경제민주화와 복지 확대를 주장한데 대해 보수적 논조의 신문이 이행 유보와 연기를 제안하는 내용으로 새롭게 등장한 보도 형태라고 할 수 있다.

보수적 논조의 신문과 진보적 논조의 신문은 이러한 보도 경향으로부터 모두 근본적으로 자유롭지는 못하지만 보수적 논조의 신문이 잘못된 선거 보도 행태를 상당한 정도로 지적받은데 비해 진보적 논조의 신문은 비교적 약한 수준에서, 옴부즈만의 활발한 운영 등을 통해 자기교정 노력을 기울이는 점이 주목된다. 또한 보수적 논조의 신문에 해당하는 조선일보, 중앙일보, 동아일보는 종편 운영을 통해 유사한 논조가 종편을 통해 비슷하게 반복, 확산됐고, 신문과 종편 양 채널의 유사한 논조는 대통령 선거 결과에 영향을 미쳤을 가능성이 높다.

한편 이 연구의 한계로는 연구문제별 분석 과정에서 독자적 자료 분석이 아닌 다른 연구의 결과와 자료를 활용하거나 다시 분석했고, 보수적 논조 신문과 진보적 논조 신문의 정치평론 분석에서 서로 다른 분석 방식을 적용한데 따라서 연구 결과의 일관성과 일반화 가능성이 다소 부족하다는 점을 들 수 있다. 향후 연구는 18대 대선에 관한 기초자료 분석을 중심으로 보다 체계적이고 독자적인 분석을 실시해 연구 결과의 설득력을 높일 것을 제안한다.

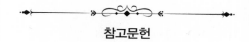

참고문헌

〈국내문헌〉

강명구·김효명. 1998. 『한국신문 사설의 총체적 분석』. 서울 : 한국언론연구원.

고정미·홍현진. "저학력·블루칼라·주부·5060, 종편 바람 거셌다."《오마이뉴스》. 2013.4.22. http://www.ohmynews.com.

구교태. 2008. "한국 방송의 선거보도 특성에 관한 연구 : 2007 대통령 선거 방송보도를 중심으로." 『언론과학연구』 8-1, 5-38.

권혁남. 1997. 『한국언론과 선거보도』. 파주 : 나남. 1999. "텔레비전의 15대 대통령선거 보도분석." 『한국언론학보』 43-5, 5-44.

김여라. 2012. "4.11 총선과 선거방송의 역할." 국회입법조사처. 『이슈와 논점』 제422호. 2012.4.2.

김장현. 2012. "소셜 미디어 선거 문화와 언론의 대응 방안." 『신문과 방송』. 2012.3.

김춘식. "[옴부즈만] 후보자 입 의존 '인용 저널리즘' 그만."《경향신문》, 2012.10.22.

　　　 "[옴부즈만] 유권자 '정치 식견'에 도움이 될 만한 이슈와 정책 분석·해설 기사 생산을."《경향신문》, 2012.11.26.

남지나·최윤정. 1999. "한국과 미국 TV뉴스의 대선보도 비교." 『한국방송학보』 24-4, 87-121.

문성철·양문희. 2009. "대통령 선거 토론 프로그램 시청이 정치효능감과 정치 참여에 미치는 영향 연구." 『한국방송학보』 23-1. 131-168.

민영. "[옴부즈만] '시민 역량' 살찌우는 선거보도가 필요하다."《경향신문》, 2012.11.5.

　　 "[옴부즈만] 언론, 대화와 치유의 매개체 되길."《경향신문》, 2012.12.24.

박성희. 2009. 제17대 대통령 후보 합동 토론 언어네트워크 분석. 45. 220-254.

백선기. 1993. "14대 대통령 선거의 방송보도 분석."『한국방송학회 세미나 및 보고서』1-34.

손영준. 2012. "스마트 미디어 호나경에서 SNS와 전통매체의 존재양식 비교."『관훈저널』122, 18-24.

신태섭. 2013. "'선거보도' 아닙니다, '불법 선거운동'입니다."『시민과 언론』제100호, 30-33.

양승찬. 2003. "16대 대통령선거와 미디어." 한국언론재단.『대통령선거와 미디어』. 11-76.

윤송이. "[옴부즈만] '노동 없는 대선' 기획, 해법 제시 미흡."《경향신문》, 2012.11.19.

　　 "[옴부즈만] '혼탁 선거' 보도 냉정한 시선 필요."《경향신문》, 2012.12.17.

윤영철. 2007. "국민의 선택, 선거방송 어떻게 할 것인가?"『한국논단』219, 68-85.

윤호진. 2007. "대통령선거 방송보도의 주요 쟁점과 제도적 개선방안." 한국방송진흥원.『프로그램/텍스트』제16호.

이준웅. 2002. "선거여론조사 방법 및 운용."『관훈저널』제83호, 45-59.

이진로. 2008. "18대 총선과 미디어선거의 방향." 2008 부산총선미디어연대 주최 2008 총선보도 평가토론회 발표 논문(2008.4.22. 부산MBC).

2010. "올바른 지역 선거문화 형성과 지역방송." 한국언론학회 주최, 광
주전남언론학회 주관 6.2 지방선거와 지역방송의 역할 세미나 발표 내
용: 2010.4.22 광주 라마다플라자 호텔.

이효성. 2003. 『매체선거』. 파주: 한울아카데미.

장덕진. 2012. "2012년 소셜선거: 분석과 전망." 『관훈저널』 122, 11-17.

장호순. 2001. 『작은 언론이 희망이다』. 서울: 개마고원.

정낙원. 2013. "18대 대통령 선거 신문보도 분석." 『신문과방송』 505. 2013년
1월호, 24-32.

정일권. "[옴부즈만] '투표율 높이기' 구체적 제안을." 《경향신문》, 2012.11.12.

　　"[옴부즈만] 추론 말고 근거 확보 뒤에 보도를." 《경향신문》,
2012.12.10.

정창훈. "방송통신심의위원회의 SNS 통제 사실인가?" 《재건축재개발뉴스》.
2011.12.2 15:40. http://blog.naver.com/prologue/PrologueList.
nhn?blogId=mustcan

　　2012 대선보도 민언련 모니터단. 2013. "조중동 최악의 선거보도를 고
발합니다." 《시민과 언론》 제100호, 39-43.

한동섭. "[옴부즈만] 대선 후보 정책 심도 있게 검증해야." 《경향신문》,
2012.10.29.

　　"[옴부즈만] 안철수보다 지지자들 요구에 초점을." 《경향신문》,
2012.12.3.

hfkais blog. 2012. "4.11 총선 끝난 지 한 달, 우리 지역구 후보들의 SNS 활
용에 대하여." 2012.5.20. http://hfkais.blogspot.kr/2012/05/411-sns.
html.

KBS 방송문화연구소. 2012. 『공정성이란 무엇인가』.

〈국외문헌〉

Ansolabehere S., & Iyengar, S. 1995. *Going negative : How political advertisement shrink and polarize the electorate.* New York : Free Press.

Barber, B. 1984. *Strong Democracy : Participatory Politics for a New Age.* Berkeley : University of California Press.

Bennett, W. L. 2000. "Introduction : Communication and civic engagement in a comparative perspective." *Political Communications* 17, 307-312.

Bennett, W. L. 2007. "Civic learning in changing democracies : Challanges for citizenship and civic education." In Peter Dahlgren, (ed.) *Young Citizens and New Media : Learning for Democracy.* New York : Routledge.

Benoit, W. L., Webber, D., & Berman, J. 1998. "Effects of ideology and presidential debate watching and ideology on attitudes and knowledge." *Argumentation and Advocacy* 34, 163-172.

Best, S. J. & Hubbard, C. 1999. "Maximizing "minimal effects" : The impact of early primary season debates on voter preference." *American Politics Quarterly* 27, 450-467.

Blumer, J. G., & Gurevitch. M. 1995. *The crisis of public communications.* London : Routledge.

Bohman, J. 1996. *Public Deliberation : Pluralism, Complesity and Democracy.* Cambridge, MA : MIT Press.

Boyd, D. 2008. "Can social network sites enable political action?" *International Journal of Media and Cultural Politics* Volume 4 Number 2, 241-244.

Boyd, D & Ellison, N. 2007. "Social network sites : Definition, history and scholarship." *Journal of Computer Mediated Communication* Vol. 13, 210-380.

Brynin, Malcolm & Newton, Kenneth. 2003. "The national press and voting turnout : British General Elections of 1992 and 1997." *Political Communications* 20, 59-77.

Crozier, M., Huntington, S., & Watanuki, J. 1975. *The crisis of democracy : Report on the governability of democracies to the Trilateral Commission*. New York : New York University Press.

Dahlgren, P. 1995. *Television and the public sphere : Citizenship, democracy and the media*. London : Sage.

Dahlgren, P. 2007. "Civic participation and practices : Beyond 'deliberative democracy'," In Nico Carpentier et al. (eds.) *Researching Media, Democracy and Participation*. Tartu University Press, 23-33.

Dalton, R. J. 1996. *Citizen politics in western democracies*. Chatham, NJ : Chatham House.

Dautrich, K., & Hartley, T. H. 1999. *How the news media fail American voters : Causes, consequences, and remedies*. New York : Columbia University Press.

Domahidi, E. 2011. "Campaign communication in social network sites." *International Communication Association*, 2011 Annual Meeting, 1-33.

Edelman, M. 1988. *Constructing the political spectacle*. Chicago : University of Chicago Press.

Entman, R. M. 1989. *Democracy without citizens : Media and the decay of American Politics*. New York : Oxford University Press.

Fallows, J. 1997. *Breaking the news : How the media undermine American democracy*. New York : Vintage.

Franklin, B. 1994. *Packaging politics : Political communication in Britain's media democracy*. London : Edward Arnold.

Gawiser, S. R & Witt, G. E. 1994. *Journalist's guide to public opinion polls*. Praeger Publisher. 한국언론연구원 편역. 1995. 여론조사 보도와 실제. 서울 : 한국언론연구원.

Hall, C. 2005. *The Trouble with Passion : Political Theory Beyond the Reign of Reason*. New York : Routledge.

Hallin, D. C. 1997. "Sound bite news. : Television coverage of elections." In S. Iyengar & R. Reeves (Eds.) do the media govern? *Politicians, voters, and reporters in America*. Thousand Oaks, CA : Sage.

Ibrahim, Y. 2008. "The new risk communities : Social networking sites and risk." *International Journal of Media & Cultural Politics* Vol. 4 Issue 2, 245-253.

Inglehart, R. J. 1990. *Culture shift in advanced industrial society*. Princeton, NJ : Princeton University Press.

Iyengar, S. 1991. *Is anyone responsible? How television frames political issues*. Chicago : University of Chicago Press.

Kerbel, M. 1995. *Remote and controlled : Media politics in a cynical age*. Boulder, CO : Westview.

Kovach, Bill & Rosentiel, Tom. 2001. *The elements of journalism*. 이종욱 역. 2003. 저널리즘의 기본요소. 서울 : 한국언론재단.

Lang K., & Lang. G. 1968. *Politics and television*. Chicago : Quadrangle.

Lasch, C. 1990. "Stop making sense." *News inc* 2 (December), 23-25.

Lemert, J. B. 1993. "Do televised presidential debates help inform voters?" *Journal of Broadcasting and Electronic Media* 37, 83-94.

McChesney, Robert. 1999. *Rich media, poor democracy : Communication politics in dubious times.* University of Illinois Press.

Mutz, D. 1998. *Impersonal Influence : How Perceptions of Mass Collectives Affect Political Attitudes.* New York : Cambridge University Press.

Negrin, R. 1994. *Politics and the mass media in Britain.* London Routledge.

Newton, K. 1999. "Mass media effect : Mobilization or media malaise?" *British Journal of Political Science* 29, 577-599.

Noelle-Neumann, E. 1974. "The spiral of silence : A Theory of Public Opinion." *Journal of Communication* 24. 43-51.

Nordenstreng, K. 2007. "'Four Theories of the Press' reconsidered." In Nico Carpentier et al. (eds.) *Researching Media, Democracy and Participation.* Tartu University Press, 35-45.

Norris, P. 1996. *Does television erode social capital? A reply to Putnam.* Political Studies 29, 474-480.

Norris, P. 2000. *A virtuous circle : Political communications in post-industrial societies.* Cambridge, England : Cambridge University Press.

Patterson, T. E. 1980. *The mass media election : How Americans choose their president.* New York : Praeger.

Patterson, T. E. 1994. *Out of order.* New York : Vintage Books.

Patterson, T. E., & McClure, R. D. 1976. *The unseeing eye : The myth of television power in national elections.* New York : Putnam.

Pinkleton, B. E., & Austin, E. W. 2001. "Individual motivations, perceived media importance, and political disaffection." *Political Communica-*

tion 18, 321-334.

Postman, N. 1987. *Amusing ourselves to death : Public discourse in the age of show business.* London : Methuen.

Postman, N., & Powers, S. 1992. *How to watch TV news.* New York : Penguin Books.

Putnam, R. 1995a. "Bowling alone : America's declining social capital." *Journal of Democracy* 6, 65-78.

Putnam, R. 1995b. "Tuning in, tuning out : The strang disappearance of social capital on America." *PS : Political Science and Politics* 28, 668-683.

Putnam, R. 2000. *Bowling alone : The collapse and revival of American Community.* New York : Simon and Schuster

Ranney, A. 1983. *Channels of power : The impact of television on American politics.* New York : Basic Books.

Robinsoin, M. J. 1975. "American political legitimacy in an era of electronic journalism : Reflections on the evening news." In D. Carter & R. Adler(Eds.), *Television as a social force : New approaches to TV criticism.* New York : Praeger.

Robinsoin, M. J. 1976. "Public affairs television and the growth of political malaise : "The case of selling Pentagon."" *American Political Science Review* 70, 409-432.

Schaffner, Brian & Sellers, Patrick. 2003. "The structural determinants of local congressional news coverage." *Political Communications* 20. 41-57.

Schudson, M. 1995. *The power of the news.* Cambridge, England : Cambridge

University Press.

Schulz, C. 1998. "Media change and the political effects of television : Americanization of political culture." *Political Communications* 23, 527–543.

Utz, S. 2009. "The (Potential) Benefits of Campaigning via Social Network Sites." *Journal of Computer-Mediated Communication* Vol. 14 Issue 2, 221–243.

Wu, J. 2009. "Facebook Politics : An Exploratory Study of American Youth's Political Engagement During the 2008 Presidential Election." *International Communication Association 2009 Annual Meeting*, 1–23.

Yawn M., Ellsworth K., Beatty B., Kahn K. F. 1988. "How a presidential primary debate changed attitudes of audience members." *Pol Behav* 20, 155–181.

4장
SNS와 정치평론 :
1차 후보토론회 사례분석

채진원(경희대학교)

1. 18대 대선 1차 후보토론회 분석의 중요성

2012년 12월 19일에 치러진 18대 대통령선거는 새누리당 박근혜 후보의 당선으로 끝났다. 국민들은 18대 대선과정을 어떻게 평가하고 있을까? 유권자의 관점에서 보면 여러 문제점이 지적될 수 있다. 우선, 이전의 역대 대선과 마찬가지로 후보와 정당간 정책대결이 절대적으로 부족한 가운데 네거티브 캠페인과 이념대결이 여전했다는 것을 지적할 수 있다. 그것은 과거와 다를 바 없이, 진지하고 합리적인 정책대결보다는 인신공격, 무차별 폭로, 이념적 색깔 씌우기 등 네거티브 캠페인을 반복했다는 점이다. 선거초반 새누리당 박근혜 후보는 정수

장학회로, 민주통합당 문재인 후보는 NLL(북방한계선)을 두고 연일 공방전을 치렀고, 선거 막판에는 국정원 여직원 사건과 SNS 불법선거 운동 문제 등을 둘러싼 네거티브 공방전으로 선거판을 얼룩지게 했다. 특히, 문재인 후보와 안철수 후보의 단일화 여부, 사퇴 후 안 후보의 문 후보 지원 여부, 이정희 후보의 극단적 발언 등 정책 외적인 변수들이 언론의 주목을 과도하게 차지하면서 정책이슈를 둘러싼 논쟁이 선거의 주요 의제로 떠오르기 힘들었다. 더더욱 미래를 내다보는 전망적인 이야기보다는 과거 박정희 시대의 명암과 노무현 정권의 공과를 따지는 회고적 이야기가 주가 되면서 시급한 정책현안과 향후 국정기조에 관한 정책대결은 관심을 받지 못했다(이병욱 2012.12.20).

　　민주당이 선거 초반부터 연일 공격했던 정수장학회는 박정희 전 대통령이 강탈한 것인지 아니면 헌납 받은 것인지에 대한 공방이었다. 박근혜 새누리당 후보는 "정수장학회의 전신인 부일장학회는 친일 재산이며 부정 축재 재산인데, 강탈한 것이 아니라 헌납 받은 것"이라고 말했고, 이것에 대해 민주당은 당시의 사회적 분위기로 볼 때 장학회의 재산을 몰수한 것은 강탈이라는 주장이다. 이 같은 민주당의 공격 속에 새누리당은 노무현 전 대통령의 '서해 북방 한계선(NLL) 포기 발언'에 대해 집중 공격하였다. NLL 논란의 핵심은 노무현 전 대통령이 북한의 고 김정일 국방위원장과 회담하면서 "더 이상 NLL을 주장하지 않겠다"고 발언했는지 여부이다. 민주당 문재인 후보는 "이것이 사실무근"이라고 발끈했다(조문주 2012.10.29). 선거 후반에 제기된 '국정원 여직원 여론조작' 의혹과 'SNS 불법선거 운동 문제'에 대한 양쪽 진영의 공방전은 '제3차 후보토론회'에서 격돌하였다. 박근혜 후보는 "문 후보가 국정원 여직원 사태에서 발생한 여성 인권 침해에 대해 한마디 사과도 없다"며 "집주소를 알아내기 위해 성폭행범들이나 쓰는 수법을 썼다"고 맹공을 폈다. 이에 문재인 후보는 "국정원 여직원은 증거 인멸 의혹을 받고 있는 피의자"라면서 "박 후보가 진행 중인 수사 사건에 개입하고 있는 것"이라고 받아쳤다. 또한 SNS 불법 선거운동 건에 대해 문재인 후보는 "새누리당 국정홍보대책위원장 등이 사무실 비용을 다 댔고 결국 당 선대위가 운영한 사무실이다. 선관위가 8명을 고발했는데 인정 안 하는 것인가"라고 몰아붙였다. 이것에 대해 박근혜 후보는 "(고발된) 윤모 씨도 (당과 연결된) 그런 게 아니라고 했다. 어쨌든 당 주변에서 그런 이야기가 벌써 나온 자체는 참 유감스럽다"고 말하면서, 박근혜 후보는 "민주당도 선거운동 사무실로 등록도 되지 않은 곳에서 70명이나 되는 직원이 활동했다"고 공격했다(최우열 2012.12.17).

이상과 같이 18대 대선에서의 후보간의 공방전은 이전 대선과 유사함도 있지만 다음과 같은 특이함도 있었다. 첫째는 과거에 비해 종합편성채널과 공영방송에서 정치평론가들의 활약이 많았고, 이들이 내놓는 정치평론들이 유권자들에게 많이 보도되고 노출되어 이들의 영향력이 선거결과에 많은 영향을 미쳤다는 점이다. 〈시사IN〉이 2012년 8월 1일부터 11월 19일까지 지상파 TV, 라디오, 케이블 종편, 보도채널의 주요 프로그램에 출현한 정치평론가의 출연 횟수를 조사한 결과를 보면 이들의 역할이 유권자에게 많은 영향을 미친 것으로 추론된다. 이철희 두문정치전략연구소장(165회), 고성국 박사(108회), 박상병 박사(97회), 황태순 위즈덤센터 수석연구원(94회), 유창선 박사(91

회), 박상헌 공간과미디어 연구소장(83회), 신율 명지대 교수(62회) 순으로 나타났으며, 여론조사 전문가로는 윤희웅 한국사회여론연구소 조사분석실장(46회), 이택수 리얼미터 대표(29회)로 나타났다(차형석·임지영 2012.12.14).

둘째는 인터넷과 트위터 등으로 표현되는 SNS(소셜네트워크서비스)가 선거과정에서 적극·활용되어 선거와 관련된 정보와 의견들이 유권자들에게 많이 노출되었고, 선거결과에 많은 영향을 미쳤다는 점이다. 특히, 박근혜 후보는 트위터 팔로워 25만 명을 확보했으며 페이스북 '좋아요' 3만명, '이야기하는 사람' 약 2만4000명을 각각 확보했으며, 사진공유 사이트 플리커에 2012년 4월부터 수천 장의 사진을 올려 공유하였다. 문재인 후보도 트위터, 페이스북, 미투데이 등을 적극적으로 활용하면서, 자신과 안철수 후보의 단일화 이슈가 SNS에서 큰 화제가 되도록 유도했으며, 조국 서울대 교수, 진중권 동양대 교수, 공지영 작가 등 트위터리안과의 관계를 활용하였다(강희종 2012.12.20). 셋째, 이번 대선은 공식적으로 역대 가장 적은 단 4회의 후보토론회(3자 토론 3번, 나머지 후보들 토론회 1번)를 진행하여 정책토론이 사실상 실종되거나 부재한 선거였다는 점이다. 이러한 토론회수는 지난 1997년 15대 대선에는 34회, 2002년 16대 대선에는 83회, 2007년 17대 대선에는 44회의 언론기관 초청 TV 토론회 및 대담과 비교해 볼 때, 국민의 알 권리와 후보 검증에 매우 미흡했다는 사실을 보여준다(이병욱 2012.12.20).

상술한 바와 같이, 18대 대선과정은 각 당의 대선후보자들이 늦게 선출되거나, 늦어진 후보단일화 과정으로 인한 빠듯한 선거일정으로 후보의 정책과 인물에 대한 국민적 검증이 충분하게 되지 못하는 가운데, 중앙선거관리위원회가 주관하는 단 4회의 TV후보토론회만 진행되었기 때문에 대다수 유권자들은 후보 선택이 어려울 수밖에 없었다. 따라서 여야 후보의 초박빙상황에서 12월 4일 중앙선관위가 주관하는 1차 TV후보토론회 그리고 후보토론회에 대한 보수·진보 논객들의 네거티브한 트윗도 활발히 리트윗된다는 점에서 그들의 비중은 상대적으로 커질 수밖에 없었고, 유권자의 관심도는 증가할 수밖에 없었다. 즉, 유권자들은 1차 후보토론회에서 후보들이 내놓은 이야기 그리고 후보자들이 내놓은 이야기와 관련해서 정치평론가들과 SNS가 쏟아내고 유통되는 정보에 크게 영향을 받을 수밖에 없었다. 과연 유권자들, 특히 SNS를 이용하는 유권자들은 1차 후보토론회를 시청하면서 이것을 어떻게 보고 평가하면서 자신의 이야기를 주변에 전달했을까?

이 글의 목적은 2012년 12월 4일 박근혜, 문재인, 이정희 세 후보자들이 참여해 진행된 1차 후보토론회에 대한 SNS에서의 유권자들의 반응사례(정책토론에 대한 평가와 정치평론)의 분석을 통해 이 토론회에서 드러난 후보자들의 정치평론방식의 문제점을 개선하고 바람직한 토론회가 되기 위한 정치평론의 역할과 관련한 시사점을 찾고자 한다. 특히, 후보자들의 정책토론과정에서 제기된 정치평론방식의 문제점을 짚어보고 바로잡을 수 있는 바람직한 정치평론의 방법론에 대해 살펴보고자 한다. 이 글에서 1차 후보토론회를 집중적으로 살펴보려는 이유는 1차 후보토론회가 2차, 3차 후보토론회에 비해 정치평론의 현실태를 좀 더 사실적으로 분석할 수 있기 때문이다. 즉, 2차, 3차 후보토론회에서 드러나는 후보자들의 언행들은 1차 후보토론회에서 나타난 문제점을 수정하거나 보완하는 학습효과를 반영하고 있는 만큼, 분석의 사실성이 줄어드는 경향이 있기 때문이다. 이러한 목적을 위해 첫째, 1차 후보토론회에 대한 SNS에서의 유권자들의 반응(정책토론에 대한 평가와 정치평론)을 분석하기 위한 이론적 논의를 검토한다. 특히, 토의민주주의(deliberative democracy)의 이상에 있어서 SNS와 정치평론의 중요성에 대해 살펴본다. 둘째, 1차 후보토론회의 활동 개요와 함께 SNS 반응 실태를 살펴보고 분석한다. 셋째, 앞의 분석을 근거로 1차 후보자토론회의 문제점, 특히 후보자들이 전개한 정치토론과 정치평론방식의 문제점을 분석하고, 개선방향으로 후보토론회가 추구해야 할 바람직한 정치평론의 방식을 제언한다.

2. 토의민주주의 : SNS와 정치평론가의 연계

1) 토의민주주의의 이상

대의민주주의에서 선거는 국민의 직접투표에 의해 대표자를 선출하는 과정이지만, 일단 선출된 이후에는 국민이 다음 선거 때까지 모든 것을 위임할 수밖에 없다는 특성과 한계 때문에, 선거과정에서 충분한 대의적 정통성과 정책에 대한 국민적 합의를 확보하지 못할 경우 대의민주주의의 위기를 심화시킬 가능성을 항상 내포하고 있다. 따라서 이러한 선거의 전후과정에서 드러나는 대의민주주의의 위기상황을 통제하기 위해서는 선거과정에 유권자들의 적극적인 참여와 후보자와의 토론 및 토의를 활성화하여 공공선에 도달하려는 토의민주주의(deliberative democracy)가 정책적 이상형으로 설정되고 그것을 구체화하는 노력이 활성화될 필요가 있다. 조셉 베세트(Joseph M. Bessette 1980)가 저술한 『숙의 민주주의 : 공화 정부에서 다수 원리』(Deliberative Democracy : The Majority Principle in Republican Government)에서 제기된 토의민주주의의 핵심적 요지는 '선호(이익, 정체성)가 고정되어 있다'는 통념적 가정을 더 이상 수용하지 말고, 고정된 선호를 열린 학습과정으로 대체하자는 것이다. 즉, 추상적으로 이미 개념 정리한 고정된 선호(이익, 정체성)를 수용해서 이것을 절충과 타협을 목적으로 강요할 것이 아니라, 선호가 고정되어 있다고 가정하지 말고 시민들 간의 대화와 토론을 통한 학습과정을 진행하다 보면 고정되었다고 가정된 선호(이익, 정체성)에 변화가 오고 그런 선호는 학습과정을 통해 조금 더 성숙한 선호로 변화될 수 있도록 열린 학습 과정에 헌신하자는 것이다. 제임스 보먼(James Bohman 1998)에 따르면 광의의 토의민주주의는 '자유롭고 평등한 시민들의 공적 숙의가 정당한 정치적 의사 결정이나 자치의 핵심 요소라고 생각하는 일군의 견해'로 정의된다.

2) 토의민주주의와 SNS의 연계

하지만 정보화의 진전에 따른 새로운 정보통신기술(ICTs)과 SNS와 같은 뉴미디어의 등장은 인지적 동원능력을 가진 시민들이 더 이상 자신의 의사결정권을 정치적 대표자에게 위임하는 대의민주주의가 아니라 직접적인 참여와 행동으로 연결시키는 참여민주주의와 직접민주주의를 활성화시키는 만큼, 대의민주주의 대안으로 검토되고 있는 토의민주주의와 그 궤를 같이 하는 부분과 충돌하는 부분도 있어 SNS의 의의와 한계를 균형 있게 이해하는 것이 중요하다. 즉, SNS의 기반이 되는 웹 2.0 기술 기반은 유연하고 수평적인 네트워크 구조를 형성함으로써 시민과 시민 그리고 유권자와 유권자 간의 협력과 정보공유를 통한 참여적인 정치문화의 생산과 확산을 가능케 함으로써, 전통적으로 대의민주주의의 기능을 담당했던 정당 및 의회의 기능에 타격을 가해 정당과 의회가 시민과 유권자들에게 보다 더 개방되고 소통 가능한 공간으로 변모하도록 강요한다(강원택 2009 ; 민희·윤성이 2009). 하지만 SNS는 수평적인 네트워크의 가능성을 넓혀 유권자들의 참여의 폭을 넓히기도 하지만 공론장 형성에 필요한 정보가 충분히 공급되지 않거나 각종의 유언비어와 여론조작, 선동정치를 거를 수 있는 시민들의 성숙한 토론문화가 정착되지 못할 경우, 포퓰리즘과 우중정치로 공동체가 분열에 빠질 위험성도 내포하고 있어 대의민주주의를 위협할 수도 있다.

즉, SNS는 자신의 정보와 의견을 타인과 실시간으로 공유할 수 있게 하는 모바일 미디어로써 잘 운용하면 더할 나위 없이 편리한 소통의 도구이며, 자칫 묻히기 쉬운 소수의 목소리도 공론화하는 강점이 있다. 하지만 SNS 등을 통해 여러 의견이 많이 표출되고 의견이 하나로 결집되었을 때 그것이 모든 사람의 의견을 균형 있게 반영한 것이라고 장담할 수 없다. 왜냐하면 트위터들은 주로 자기가 듣고 싶어 하는 의견을 가진 팔로워를 동원하여 이른바 '집단사고'(group thinking)

와 '집단극단화'(group polarization)로 이어지는 경우가 많기 때문이다. SNS의 활성화는 유권자의 소통과 네트워크 및 정치참여를 활성화시켜 대의민주주의의 보완재 역할을 하는 긍정적인 요소와 다른 한편 허위정보에 따른 선전선동과 조작으로 공론을 왜곡시켜 정당정치와 대의민주주의를 위협할 수도 있는 만큼, SNS의 순기능이 사용되기 위해서는 SNS가 토의민주주의의 이상과 연결되는 방향으로 적극적으로 활용될 필요가 있다.

3) 토의민주주의와 정치평론가의 역할

SNS를 토의민주주의 이상과 연결해서 사용하려면 매개하는 정치엘리트와 정치평론가의 역할이 중요하다. 무엇보다 이들의 정치평론 능력이 중요하다. 토의민주주의는 서로 다른 의견을 용인하고, 참고, 듣는 과정에서 발생하는 공공선을 중심으로 신뢰에 기반한 합의를 도출하는 것이 이상이지만, 현실에서 작동이 쉽지 않다는 딜레마가 있다. 이러한 딜레마는 SNS라는 미디어가 작동될 때 더욱 어렵다. 스마트폰의 경우 한 번의 터치로 쉽게 결정하는 경향이 있어 SNS에서 진행되고 있는 의제의 형성과 확산의 속도전이 '숙의적 시민'의 형성 과 공적 판단을 위한 토론문화에 부정적인 영향을 미치는 경우가 많기 때문이다. 따라서 SNS를 토의민주주의의 이상에 가깝게 이용하려면 이 둘의 결합을 매개하는 일종의 사회자인 정치평론가의 역할이 중요하다. 그렇다면 정치평론가란 어떤 사람들인가? 정치평론의 역할이란 무엇인가? 이 같은 물음에 대해서는 인간의 정신적 삶과 그리고 활동적 삶 중에서 말(word)과 행위(deed)의 영역을 강조하는 한나 아렌트(Hannah Arendt)의 주장을 참고해 보면 많은 시사점을 얻을 수 있다 (Arendt 1968 ; 채진원 2009). 그에 의하면, 일반적으로 정치세계는 세 종류의 정치적 인간(political man)들인 정치행동가(political actor), 정치사상가 (political thinker), 정치평론가(political critic)들에 의해서 구성된다. 정치행동가는 정치현장에서 자신의 정치적 판단과 신념을 직접적인 행동을 통해 현실을 움직여나가는 사람을 말한다. 정치사상가와 정치평론가는 주로 '행동'보다는 '말'로써 정치세계와 관계한다는 점에서 유사하이지만(물론 정치행동가도 말을 사용하지만, 대체로 그 말은 자신의 목적을 달성하기 위한 도구적 수단의 의미이다), 사용하는 '말'의 종류에서 차이가 있다. 정치사상가는 주로 보편적인 개념과 이념, 타당한 사상의 관점에서 말을 하기 때문에, 그의 말은 매우 논리적이며, 진리를 추구하는 철학적인 언어이다. 이에 비해 정치평론가의 말은 정치사상가와 달리, 일상을 살아가는 시민들의 경험과 체험에 의존하면서도 정치사상가와 정치행동가가 서로 만날 수 있도록 연결시키기 위해 노력한다는 점에서 개인적이며 주관적 의견(subjective opinion)적 성격을 갖는다. 그러나 주관적 의견을 통해 성립되는 정치평론이 말하는 화자의 주관적 의견에만 머무르지 않고 다른 사람들에게 말해지면서 다른 사람들과 소통하고 공감되는 상호주관적인 세계를 구성하는 역할을 한다는 점에서 정치평론은 정치행동과 정치사상의 '중간지점'에 있다고 볼 수 있다. 다시 말해서, 정치평론에서의 말은 그것이 단지 의사소통이나 정보교환을 위한 수단적 언어, 절대적인 철학적인 언어가 아니라 체험적이고 경험적인 말을 통해 시민들이 자신의 개성을 드러내고, 그 개성들이 인간의 조건인 다원성(plurality)을 이루며 세계를 구성함으로써 결국 인간을 공동체적 존재로 만들어간다는 점에서 매우 중요한 정치적 행위이다(이동수 2010).

선거라는 공간은 시민들의 입장에서 보면 자신의 생활상의 문제를 해결하고, 삶의 질을 높이기 위해 후보자들이 내놓는 정책들과 가치들을 비교하고, 토론해 결국 자신에 입맛에 맞는 후보를 선택하는 공간이다. 따라서 대선공간이 시민들이 겪고 있는 삶의 다양한 문제를 해결하기 위한 국민적 공론장의 기회로 활용되기 위해서는 과연 어떤 후보가 좋은 후보이며, 어떤 정책이 좋은 정책인가? 더 나아가 어떤 정치를 추구해야 하는가? 등의 물음에 대한 답을 찾는 것과 관련해서 정치평론가의 역할이 요구된다. 정치평론가들은 후보자와 정당이 자신들이 제시하는 공약과 정책 및 정답의 출처가 자신의 의지와 이해관계보다는 시민의 눈높이와 실생활의 문제에서 제기된 문제에 합리적인 방안을 찾도록 열린 토론이 잘 되도록 사회자의 역할을 충실히 하는 것이 중요하다. 정치평론가들이 지향해야 할 중요한 정치평론의 방법은 자신의 생각과 의견을 갖되 자신의 것이 최종적인 결론이라 생각하지 않고, 시민들의 다양한 목소리를 듣기 위해 공간을 비워주는 미덕을 통해 통합과 균형에 도달하는 것이다.

이러한 정치평론의 이상에 대해서는 바흐친(1895~1975)의 방법론을 참고할 필요가 있다. 바흐친은 구 소련 스탈린시대 국가의 공포와 이념적 획일주의로부터 부자유를 체험한 인물로서 말과 소설 그리고 광장과 같은 소통의 공간을 통해서 인간세계의 다양성과 복잡성, 모순성을 기반으로 다양한 사람들이 함께 살아가는 방법을 찾으려 했던 사상가이자 문예정치평론가이다. 그는 보고, 느끼며, 살아가고자 했던 세계를 죽음과 탄생, 공포와 웃음, 위와 아래 등 서로 이질적이고 모순적인 것을 동일한 시공간에 서로 융합되지 않은 채 공존하는 세계로 규정하는 독특한 패러다임을 제시하였다(이득재 2003, 76). 그는 자신의 독특한 패러다임을 『도스토예프스키 시학의 제 문제』(Problems of Dostoevsky's Poetics 1929)라는 저서를 통해 '다성악'(polyphony)과 '대화주의'(dialogism)라는 정치평론의 방법론으로 정리하여 제시하였다(Bakhtin 1984).

바흐친의 정치평론 방법론은 도스토예프스키라는 작가와 문학비평 및 소설창작론이라는 형식을 통해 주로 전개되었다. 하지만 그의 방법론의 핵심인 다성악과 대화주의는 철학, 언어학, 미학, 문학, 심리학, 사회학, 해석학, 페미니즘, 정치학에 이르기까지 학문의 경계를 초월하여 세계를 해석하고 문제를 해결하는 새로운 패러다임으로 발전되어 많은 장르에 널리 영향을 미쳤다(이문영 2000 ; 김홍우 2007 ; 정화열 2009 ; 채진원 2010) 특히, 그의 다성악과 대화주의는 작가와 주인공의 관계(또는 이것을 확대한 정치인과 시민의 관계, 정부·정당과 시민의 관계, 선생과 학생의 관계 등)에 있어서 서로 종속적이지 않고 서로 다양한 목소리를 내는 가운데 대화관계를 통해 경쟁과 공생을 추구하는 것이 특징이다. 이러한 점에서 바흐친의 다성악과 대화주의는 현실세계와 인간의 삶을 속단과 편견 및 예단 없이 풍부하고 역동성 있게 복합적으로 이해하면서 살아가기 위한 경험적인 인식론이자 규범적인 방법론으로 이해할 수 있다. 바흐친이 발견한 정치평론 방법론의 핵심인 다성악과 대화주의는 다양한 사람들이 자신의 의견을 대화를 통해 나누면서 어떤 하나의 관점으로 '최종적인 결론'을 내리지 않고 유보하기 위해서 '잠정적 결론'에서 멈추는 대화법을 선택하고 있다는 점이다(채진원 2010).

따라서 우리가 정치평론을 하는 데 주의할 점은 정치평론이 다수의 시민들에게 올바른 판단을 내리도록 돕기 위해서 어떤 절대적인 기준과 이데올로기를 내세워 아무도 반대하지 못하도록 만드는 '진리의 전제정'(the tyranny of truth)을 제시해서는 안 된다는 것이다. 이런 점에서, 정치평론가에게 주어진 막중한 역할은 진정한 정치공동체를 구성하기 위해서 물리적 폭력과 진리의 전제정을 넘어서 시민 스스로가 자신의 의견을 말하고 설득하면서 의사소통할 수 있는 공론의 장에 기초한 '의사소통적 권력'(communicative power)을 형성하게 하는 것이다(채진원 2009). 다시 말해서 정치평론가는 절대 진리와 절대 이념의 관점에서 '진리의 전제정'을 추구하는 이데올로기 논객과 달리 시민들이 발을 딛고 살아가는 현장과 생활세계에서 출현하는 '의사소통적 권력'을 통해 시민과 정치엘리트 그리고 지식인을 연결시켜 정치의 세계를 더욱 풍요롭게 만드는 진정한 정치평론의 장을 열어야 한다.

3. 1차 후보토론회의 개관

12월 4일 실시된 제1차 후보토론회에서 새누리당의 박근혜, 민주통합당의 문재인, 통합진보당의 이정희 세 후보는 정치·외교·안보·통일 분야'에 대해서 토론을 진행하였다. AGB 닐슨 미디어서치에 따르면 이날 오후 8시부터 오후 9시 55분까지 방송된 대선 후보 1차 TV방송토론회 시청률은 서울지역 기준 4채널 전체합계 29.0%, 점유율은 44.9%로 나타났다.

　12월 4일 18대 대선 1차 후보토론회가 진행되던 오후 8시부터 9시 50분까지 올라온 전체 트윗수는 얼마나 될까? 국내 소셜 미디어 분석 서비스 전문 기업인 다음소프트의 '2012년 12월 4일 대선 TV토론 트위터 여론 분석'에 따르면 TV토론이 방송 3사에서 생중계되던 오후 8시부터 오후 9시 50분까지 올라온 대선 관련 트윗은 총 202,301건으로 집계되었다(《그림 1》). 이정희 후보가 9시 49분 경 '남쪽

〈그림 1〉 1차 후보토론시간의 분당 트윗메시지

*출처 : 다음소프트(www.daumsoft.com).

1　2차 후보토론회는 12월 10일 경제·복지·노동·환경분야를, 3차 후보토론회는 12월 16일 사회·교육·과학·문화·여성분야로 나뉘어 실시되었다.

정부'라고 했을 때 가장 많은 트윗이 올라왔으며, 정권교체(9시 38분), 마사오(9시 31분), 전두환(9시 21분), 삼성장학생(9시 4분), 권력형 비리(8시 51분), 측근 비리(8시 22분), 문재인 후보(8시 15분) 등이 그 뒤를 이었다.

토론 이후 하루 동안 올라온 트윗은 845,418건에 달했다(《그림 2》). 이는 지난 10월에 있었던 안철수 후보 사퇴(약 70만 건), 박근혜 후보 TV토론(약 47만 건), 문재인-안철수 후보 단일화 TV토론(약 45만 건) 때보다 급격히 많아진 것으로, TV토론에 대한 관심이 이번 대선 레이스 전체에서 가운데 가장 뜨거웠음을 보여준다.

이날 토론회에서 등장한 상위 10개 이슈 키워드를 보면 박근혜 후보(25%)가 가장 높은 비중을 차지한 가운데 근소한 차이로 이정희 후보(24%)가 뒤를 이었다(《그림 3》). 두 후보 간의 지지율 격차를 감안해

〈그림 2〉 2012년 8월 이후 대선관련 트윗 메시지 발생추이

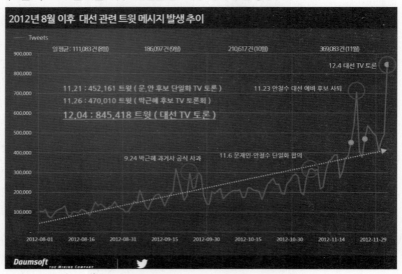

*출처 : 다음소프트(www.daumsoft.com).

〈그림 3〉 1차 후보토론회 TOP 10 이슈키워드

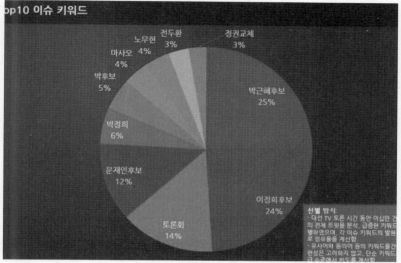

op10 이슈 키워드

노무현 4%
전두환 3%
마사오 4%
정권교제 3%
박후보 5%
박정희 6%
문재인후보 12%
토론회 14%
이정희후보 24%
박근혜후보 25%

선별 방식:
· 대선 TV 토론 시간 동안 이십만 건
의 전체 트윗을 분석, 급증한 키워드
별하였으며, 각 이슈 키워드의 발현
로 점유율을 계산함.
· 유사어와 동의어 등의 키워드들간
련성은 고려하지 않고, 단순 키워드
급 수준에서 빈도를 계산함

*출처 : 다음소프트(www.daumsoft.com).

보면, 이러한 구도는 이날 토론이 '박근혜-이정희 구도'로 진행되었음
을 보여준다. 그 다음으로는 토론회(14%), 문재인 후보(12%), 박정희(6%),
박 후보(5%), 마사오(4%), 노무현(4%), 전두환(3%), 정권교체(3%) 순이었
다. 상위 이슈키워드의 점유율 측면에서 보면, 박정희, 마사오, 전두환
등 이정희 후보가 언급한 단어가 대거 상위 10위 안에 포함되어 토론
자체를 이정희 후보가 주도해갔음이 그대로 드러났다. 정책 관련 주요
키워드 가운데서 많이 언급된 것은 측근비리, 권력형 비리, 대북정책,
비정규직, 공동어로수역, 쌍용차, 대형마트, 연평도, 삼성장학생, 경제민
주화의 순이었다(〈그림 4〉).

〈그림 4〉 1차 후보토론회 정책관련 주요 키워드

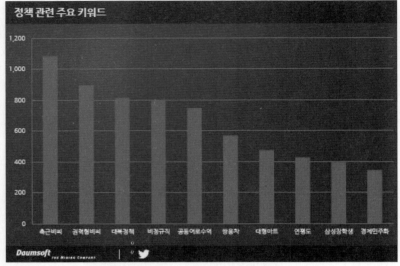

*출처 : 다음소프트(www.daumsoft.com).

　　〈그림 5〉는 이정희 후보의 발언별 트윗수, 〈그림 6〉은 트윗에서 재트윗된 이슈 순위를 보여주고 있으며, 〈그림 7〉과 〈그림 8〉은 1차 토론회 이후 MBC와 중앙일보가 조사한 자료로 세 후보 중 누가 토론을 잘했는지에 대한 여론조사 결과이다. MBC 여론조사에서는 박 후보가 가장 높고, 이정희, 문재인 후보 순이다. 중앙일보 조사결과는 박근혜 후보가 가장 높고, 문재인, 이정희 후보 순인 것으로 나타났다. 이상의 결과를 볼 때, 트윗에서 1차 대선토론 이전에는 국민들에게 거의 주목을 받지 못했던 이정희 후보가 1차 대선토론에서 지속적으로 박근혜 후보를 공격하는 토론과 "박근혜 후보를 떨어뜨리기 위해 나왔다"는 등 극단적인 언동을 펼침으로써 SNS 여론을 뜨겁게 달구면

서 갑작스럽게 등극하였다는 것을 알 수 있다.

〈그림 5〉 1차 후보토론회 중 이정희 후보 발언별 트윗수

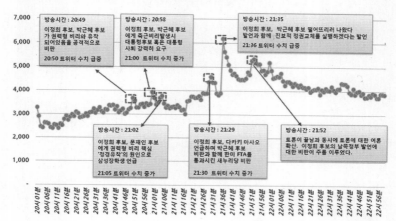

〈그림 5〉 1차 후보토론회 중 이정희 후보 발언별 트윗수

*출처 : 소셜 분석 서비스 트렌트 업(www.trendup.co.kr)

　　그렇다면 1차 후보토론회에 대한 각 당의 평가는 어떨까? 새누리당은 "준비된 여성 대통령의 면모를 충분히 보여줬다"고 평가했다. 안형환 대변인은 "박 후보는 미래지향적이고 안정감 있는 국정 운영 비전을 보여줬다"며 "박 후보가 통합진보당 이정희 후보의 예의를 벗어난 질의와 인신공격에도 침착하게 대응해 지도자다운 면모를 보여준 반면 민주통합당 문재인 후보는 박 후보와 이 후보 사이에 끼여 존재감을 보여주지 못했다"고 평가했다. 민주당 박광온 대변인은 "문 후보가 국정운영 경험을 바탕으로 안정적인 수권능력의 면모를 유감없이 보여줬다"며 "품격을 지키면서 상대를 배려하는 자세로 국민들에게 솔직하게 정책을 보여드렸다"고 평가했다. 통합진보당은 "이 후보가 박

〈그림 6〉 1차 후보토론회 중 트윗 확산(RT) 이슈 순위

순위	시간	RT건수	내용
1	21:12	3,008	"박근혜가 토론을 못하는게 문제가 아니라, 그동안 토론을 하지 않고 살아온게 문제…"
2	21:37	1,846	"박근혜 후보 떨어 뜨리기 위한 것."
3	20:42	1,652	"이정희 후보, TV 토론회의 메시.."
4	21:00	1,436	"박근혜와 문재인의 서부의 결투를 기대하고 왔더니 뜬금없이 이정희가 개틀링 들고와서 총기난사.."
5	21:35	1,016	오늘 토론 요약.. 이정희 : 나는 잃을게 없다. 박근혜 : 나는 읽을게 없다. 문재인 : 나는 낄데가 없다.

*출처 : 소셜 분석 서비스 트렌드 업(www.trendup.co.kr)

〈그림 7〉 MBC 1차 후보토론회 결과

〈그림 8〉 중앙일보 1차 후보토론회 결과

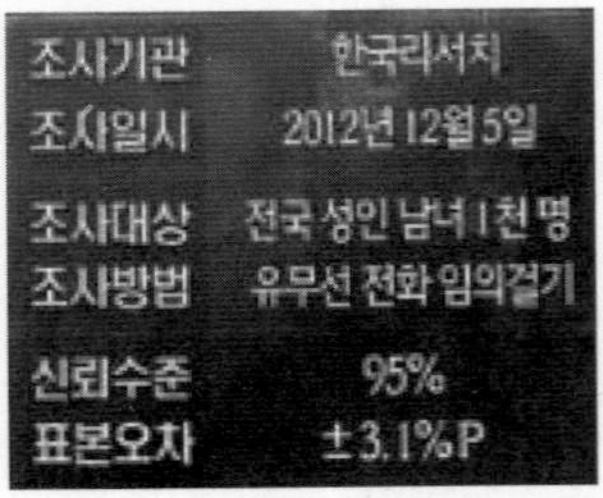

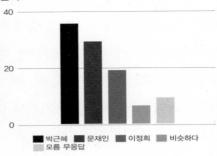

중앙일보 조사연구팀 긴급 여론조사, 집전화(554명) 대상,
편의 표집 방식, 신뢰도 95% ±4.2%

후보 저격수의 면모를 십분 발휘했다"며 자화자찬했다. 통합진보당은 이 후보를 칭찬하는 누리꾼들의 실시간 댓글을 소개하기도 했다. 토론 직후 주요 포털사이트에서 '이정희'가 검색어 1위에 오른 데 대해서도 "존재감을 과시했다"고 자평했다(동정민·이남희 2012.12.4).

4. SNS에서의 정치평론과 반응 분석

1) 유명인들의 평론과 평가

1차 후보토론회에 대한 이름이 알려진 유명 논객들의 반응은 어떨까? 이들의 코멘트와 멘트는 트윗에서 많은 사람들에게 리트윗된다는 점에서 영향력이 크다. 진보진영의 대표적인 논객인 진중권 동양대 교수(@unheim)는 "이정희 80점, 문재인 60점, 박근혜 40점"이라고 토론을 평가하며, "다음 토론에서 문재인 후보는 박근혜 후보에 대한 공격은 아예 이정희 후보에게 맡겨놓고, 포지티브한 콘텐츠를 단호하고 확고한 어조로 유권자들에게 신뢰감과 안정감을 주는 쪽으로 가야 할 듯"이라고 시청소감을 올렸다. 진보논객인 조국 서울대 법학대학원 교수(@patriamea)는 "3인 대선 TV토론 소감. 박근혜 집권하면 이정희 감옥에 들어갈 것 같다. 이를 막기 위해서라도 문재인 이겨야겠다"라고 남겼다. 보수논객 변희재 미디어위치 대표(@pyein2)는 한 누리꾼이 "이정희와 한번 맞짱 뜨세요"라고 멘션을 보내자 "저도 이정희에게 못 당한다"고 답하기도 했다. 또한 그는 "이정희는 종북의 아이유로 부활, 문재인은 부모 잃은 여성 한명 상대하기 위해 여자 사냥개까지 끌고 나온 무능한 한량"이라 혹평했다. 또한 선대인 선대인경제연구소 소장 (@kennedian3)은 "구체적 평가는 분분하지만 가장 근접한 민심 전달자이자 6억, 다카키 마사오를 제기해 흥행 요인이 된 점 등에서 이정희 오늘 역할 훌륭했네요"라고 평가했다. 소설가 공지영(@congjee)은 "이정희는 문재인의 내면의 소리 같다", "문 후보 오늘 참 점잖고 믿음직하다" 등의 글을 남겼다.

이상 유명인들의 정치평론은 대개 이정희의 토론방식과 태도에 집중되고 찬반입장이 엇갈렸다. 이들의 정치평론은 대체적으로 "박근혜 집권하면 이정희 감옥에 들어갈 것 같다. 이를 막기 위해서라도 문재인 이겨야겠다", "이정희는 종북의 아이유로 부활, 문재인은 부모 잃은 여성 한명 상대하기 위해 여자 사냥개까지 끌고 나온 무능한 한량" 등에서도 분명하게 드러나듯이, 일반 유권자들의 입장을 고려하는 가운데 토론과 토의에 도움이 되는 코멘트보다는 자신이 선호하는 후보에 대한 일방적인 지지와 자신이 싫어하는 후보에 대한 일방적인 반대와 비방만 있는 언사가 주를 이루었다. 이러한 유명인들의 정치평론은 바람직한 정치평론이라기보다는 지금까지 논객들이 보여준 전형적인 독설에 가깝다고 볼 수 있다.

2) 일반인의 평론과 평가

　　1차 후보토론회에 대해 많은 트위터들은 자신이 보고 느낀 바를 해악과 위트를 통해 SNS에 관전평을 올렸다. 많이 회자되었던 사례를 소개하면 다음과 같다.

"학력고사 전국 여자 수석 vs 사법연수원 전체 차석 vs 서강대 공대 과수석의 대결이었다."

"살아있는 정희가 죽은 정희의 딸을 잡았다."

"이정희 : 나는 잃을 게 없다. 박근혜 : 나는 읽을 게 없다. 문재인 : 나는 낄 데가 없다."

"이정희는 잃을 게 없었고, 박근혜는 잃을 게 들켰고, 문재인은 토론이 없었다."

"이정희는 말은 잘 하고, 문재인은 말은 못 하고, 박근혜는 말도 못 한다."

"이정희는 혼내고, 박근혜는 혼나고, 문재인은 혼자고."

"이정희의 거친 발언과 박근혜의 불안한 눈빛과 그걸 지켜보는 문재인 이건 전쟁 같은 토론(임재범 버전으로)"

말은 잘함 vs 말은 못함 vs 말도 못함

이정희 : 내 거친 생각과 ~ 박근혜 : 불안한 눈빛과 ~ 문재인 : 그걸 지켜보는 너 ~ 박근혜 : 그건 아마도 전쟁같은 사랑 ~ 문재인 : 넌

위험하니까 ∼ 이정희 : 사랑하니까 ∼

박근혜 : 절 뽑아주세요. 문재인 : 절 뽑아주세요. 이정희 : 박근혜 뽑지마! 박근혜 뽑지 말라고!

"박근혜 : 문재인, 너 왜 그래? 이정희 : 박근혜, 넌 왜 그래?

박근혜 : 갑자기 너 왜 그래? 이정희 : 아됐고 너 왜 그래? 문재인 : 너희들, 왜 그래?"

"여자 1호는 여자 2호가 그저 무섭다. 남자 1호는 여자 1호와 여자 2호가 싸우는 동안 고기를 혼자 구워 먹고 있다. 남자 1호는 철수가 보고 싶다. 처음에는 여자 2호가 편안했는데 남자 1호는 이제 여자 2호와의 강제 데이트가 조금 부담스럽다."

"박근혜 : 솔직히 말해봐. 너네 오누이지? 문재인 : 박근혜 후보는 왜 네거티브 같은 걸 하고 그러심? 이정희 : 오빠, 가만 있어봐. 쟤는 내가 잡아."

"박근혜 : 멘탈 사라짐 이정희 : 대통령 가능성 사라짐. 문재인 : 사라짐."

"이정희 : 나, 박근혜 잡으러 왔다. 문재인 : 나, 토론하러 왔다. 박근혜 : 나, 여기 왜 있니?"

"좋은 놈, 나쁜 놈, 이상한 놈."

"이정희 : 최고의 토론자(이번엔 뭘로 골려주나). 박근혜 : 최고의 낭독자(이번엔 뭘 읽어야 하나). 문재인 : 최고의 관람자(난 언제 끼어들어야 하나)"

"이정희 후보가 발언할 때는 토론이 액션물이 되고, 문재인 후보가 발언할 때는 토론이 교양물이 되고, 박근혜 후보가 발언할 때는 토론이 의학물이 되더라능(혈압 상승)"

"박근혜 : 저 휴윗이요. 문재인 : 아 저 리밋. 이정희 : 폭트 ㅋㅋㅋ. 안철수 : 저 계폭합니다."

"미친 이정희 뽑으면 안 되겠다. 미친 이정희한테 털리는 박근혜도 뽑으면 안 되겠다. 뭘 하는지도 모르는 문재인도 뽑으면 안 되겠다."

"박근혜 : 김정일 개XX 해봐. 이정희 : 박정희 개XX 해봐. 문재인 : 거 여기 카라멜팝콘이랑 콜라 좀 주세요. 콤보로(개드립 버전으로)."

"이정희 마무리 발언 : 3가지만 말씀드리겠습니다. 1. 박근혜 2. ㅅㅂㄴ아 3. 후보사퇴 하라고."

SNS에서 회자되었던 1차 후보토론회에 대한 누리꾼들의 관전평은 대체로 가수 임재범의 〈너를 위해〉라는 노래의 가사를 차용하거나 텔레비전 프로그램 〈짝〉을 패러디한 분석이 주를 이루어 많은 사람들에게 공감과 웃음을 자아냈다. 누리꾼들은 대체로 1차 후보토론회의 느낌을 '거침없었던 이정희 후보, 당황했던 박근혜 후보, 존재감 미약했던 문재인 후보'로 빗대어 평가하였다. 누리꾼들의 관전평 중에서 호평을 받은 몇 가지를 소개하면 다음과 같은 것이다. 당일 세 후보의 토론 태도를 "이정희 : 나는 잃을 게 없다, 박근혜 : 나는 읽을 게 없다, 문재인 : 나는 낄 데가 없다"고 촌철살인으로 분석하였다. 또한 토론에 임하는 세 후보자들의 태도를 임재범의 노랫말을 차용해 "내 거친 생각과~(이정희), 불안한 눈빛과~(박근혜), 그걸 지켜보는~(문재인)…전쟁 같은 토론"이라고 평가했다.

　　마찬가지로 트위터 이용자 @freemin***는 "이정희 : 나는 혼을 쏟아부었다. 박근혜 : 나는 혼이 나갔다. 문재인 : 나는 혼자였다"라고 묘사했다. 텔레비전 프로그램 〈짝〉을 패러디한 분석도 사랑을 받았다. "말을 잘 못하는 여자 1호(박근혜)는 여자 3호(이정희)가 밉다. 그리고 여자 3호는 남자 2호(문재인)에게 호감을 가지고 있다. 그런데 남자 2호는 사실 다른 남자(안철수)에게 관심이 있다"고 비유했다. 이 같은 관전평들이 나오게 된 배경에는 여러 가지로 해석될 수 있다. 언뜻 보면 재미있는 코미디물로 볼 수도 있다. 하지만 박근혜 후보와 문재인 후보에 대한 열린 토론과 논쟁을 기대했던 토론회가 이정희 후보의 날선 공격과 극언에 의해 주도되고 상대적으로 박근혜 후보와 문재인 후보의 소극적인 토론태도에 대한 불만과 불편함을 비웃거나 희화화(戲畫化)한 것으로 보인다. 누리꾼들의 관전평이 대체로 토론에 대한 전체적인 분위기와 형식에 주목하다 보니 후보자들의 발표 내용의 잘잘못에 대한 구체적인 평가가 부족한 것으로 보인다.

3) 기타 평론과 평가

　　〈그림 8〉은 누리꾼들이 1차 후보토론회에 대한 관전평을 패러디 포스터를 통해 표현한 그림이다. 당일 토론에서 박근혜 후보와 문재인 후보와의 열린 토론을 기대했던 누리꾼들은 김지운 감독의 영화 〈좋은 놈, 나쁜 놈, 이상한 놈〉 포스터에 세 후보의 얼굴을 합성해 실

〈그림 8〉 1차 후보토론회 패러디 포스터

[@jeck7574]

[@olddogkr]

오늘의 토론을 보고 한 트위터리안이 쓴 글.. 여자2호 : 난 잃을게 없다
여자1호 : 난 읽을게 없다 남자1호 : 난 깔데가 없다
펼치기

2시간

ㅋ돌아다니다가 본 걸ㅋㅋㅋㅋ오늘 토론 요
약을 임재범이 함. 이정희의 거친 발언과 박근혜의 불안한 눈빛과 그걸
지켜보는 문재인 이건 전쟁같은 토론" ㅋㅋㅋㅋㅋㅋㅋㅋㅋㅋㅋㅋㅋㅋ센
스..♥ㅋㅋ앜ㅋㅋ
펼치기

52초

제 토론장에서 이정희 후보가 두 후보에게 공격을 퍼부었던 당일 분위기의 불만과 불편함을 함축적으로 표현하는 패러디물로 제작하여 눈길을 끌었다. 또한 누리꾼들은 당일의 토론분위기가 기대만큼 충족되지 못한 어색함과 험악함을 김경형 감독의 영화 〈동갑내기 과외하기〉 포스터에 이정희 후보의 얼굴을 합성하고 "닭대라기 잡는 데는 내가 전문! 통닭내기 과외하기"로 패러디해서 표현하는 것으로 반응하였다. 아래의 나머지 그림 역시도 당일의 토론분위기를 따발총을 쏘고 있거나 악마 같은 얼굴 그리고 막가파와 같은 행동을 하는 이정희 후보의 독단적인 행동과 언사를 비판적으로 표현하고 있다. 이러한 포스터 패러디와 그림 패러디는 이정희 후보를 지지하는 지지층에게 이정희 후보가 상대적으로 토론을 잘했다는 평가로 해석될 수도 있지만, 전체적으로 당일 토론회가 누리꾼들이 기대한 만큼 제대로 된 토론회가 되지 못했다는 것을 역설적으로 반영하는 것으로 해석할 필요가 있다.

5. 1차 후보토론회의 문제점과 개선방향

1차 후보토론회의 진행은 과연 성공적일까? 어떻게 평가할 수 있을까? 각종 여론조사결과와 SNS에서 회자되었던 여러 관전평과 패러디의 내용이 대체로 박근혜 후보와 문재인 후보에 대한 열린 토론과 논쟁을 기대했지만 그렇지 못하고 오히려 이정희 후보의 날선 공격과 극언에 의해 전개되었으며, 이것에 대해 많은 누리꾼들이 당시의 불편함을 패러디를 통해 조소하거나 희화화(戲畵化)하였다는 점에서 1차 후보토론회의 진행은 그리 성공적이지 못한 것으로 평가된다. 그렇다면 무엇이 문제였을까? 본 장에서는 SNS 누리꾼들의 반응 속에서 드러난 1차 후보토론회에 대한 문제점을 살펴보고 바람직한 방향성을 찾고자 한다. 특히, 후보자들이 1차 후보토론회에서 전개한 정치토론과 정치평론방식의 문제점을 분석하고, 바람직한 정치평론의 방식을 제언하고자 한다.

우선 문제점을 살펴보면 다음과 같다. 1차 후보토론회는 후보자들의 토론방식 혹은 정치평론의 방식에 있어서 여러 가지 문제점이 노출되었지만 그 중에서도 핵심적으로 세 가지 문제점을 짚어볼 수 있다. 첫째, 상대 토론자의 존재를 부정하거나 사실 자체를 부인하는 발언과 토론이 자주 목격되었다. 둘째, 과도한 정치공세와 과도한 일반화 오류가 토론에서 자주 발견되었다. 셋째, 선악의 이분법과 관점의 다양성을 부정하는 진영논리가 자주 사용되었다. 첫 번째 사례는 다음과 같다. 박근혜 후보는 이정희 통합진보당 후보와의 토론에서 "지난 4월 민노당과 단일화해서 김석기, 이재연 두 의원을 국회의원을 만들었다. …"라는 언급 속에서 드러나듯이, 이정희 후보가 속해있는 당의 이름을 통합진보당이 아니라 민노당으로, 또한 이정희 후보가 속한 당의 국회의원인 이석기, 김재연을 김석기, 이재연으로 잘못 호칭하는 말실수를 해서 이정희 후보로부터 격한 힐난을 받았다. 또한 박근혜 후보는 이정희 후보와의 토론에서 "이정희 후보와 통합진보당은 국기에 대한 경례도 하지 않고, 애국가를 안 부르는 것으로 안다"고 말을 했다가 이정희후보로부터 "알고 말해야 한다. 사실과 다르다. 준비 잘 해오셨어야죠"라는 격한 비판을 받았다. 이러한 사례는 사소한 실수로 보일 수도 있겠지만 상대 토론자의 감정을 격하게 만들 수 있다. 이것은 토론과 정치평론에 있어서 상대의 존재감을 부정하거나 사실 자체를 충분히 인정하는 가운데 토론이 진행되어야 함을 일깨운다.

두 번째 사례는 다음과 같다. 이정희 후보는 박근혜 후보가 "외교 문제와 관련된 건 아니지만, 이정희 후보는 계속 단일화를 주장하고 있는데, 이런 토론회에 나오면서 나중에 후보를 사퇴하게 되면 국고보조금을 그대로 받게 되지 않는가? 그런 도덕적 문제도 있는데 단일화를 계속 주장하면서 토론회에도 나오는 이유가 있나?"라고 공세를 펼치자 "네, 대단히 궁금해 하시는 것 같아서, 이것만 기억하시면 된다. 박근혜 후보 떨어뜨리기 위한 것이다. 저는 박근혜 후보를 반드시 떨어뜨릴 것이다"라고 응수를 하였다. 또한 이정희 후보는 박근혜 후보에게 "새누리당은 비리가 굉장히 많은데, 박 후보 지지율 지키느라 꼬리 자르기 하잖나? 이제 측근 비리 드러나는 즉시 대통령직을 사퇴하겠다고 국민에게 약속할 의향이 있나?"라고 강권적인 공세를 펼쳤다. 그리고 이정희 후보는 문재인 후보에게 "문 후보에게 제안한다. 삼성장학생이 참여정부 집권초기부터 장악했다는 말이 있다. 삼성을 그대로 두면 공정사회를 만들 수 없다고 생각한다. 문 후보가 집권하면, 고위직 관료를 임명할 때 삼성장학생인지 아닌지 꼭 검증을 하고, 시스템을 만들어서 꼭 삼성장학생을 고위직에서 제외시킨다는 약속, 꼭 국민들에게 이 자리에서 해주시라"는 강압적이고 고압적인 공세를 펼쳤다. 이것에 대해 문재인 후보는 "삼성장학생이 참여정부를 장악했다는 건 사실이 아니라고 말씀을 드리고 싶다"며 과도한 일반화의 오류에서 벗어나 사실을 제대로 알고 말할 것을 권고하였다. 이상의 사례들은 의도적이든 실수든지 상대를 과도하게 제압하고 공격하려는 언사와 태도는 토론장의 분위기를 험하게 만들고 토론의 품격을 하락시킨다는 것을 인식할 필요가 있음을 보여준다.

세 번째 사례는 다음과 같다. 박근혜 후보는 상대인 문재인 후보와 이정희 후보를 향해서 "진짜 평화와 가짜 평화는 구분해야 한다고 생각한다. 퍼주기를 통해 평화를 유지하는 건 진정한 평화가 아니라고 생각한다. 확고한 안보 바탕 위에서 도발을 하게 되면 오히려 큰 대가를 치러야 된다는, 강력한 억지력과 또 한편으로는 신뢰를 구축하는 노력이 병행해서 얻어지는 평화가 진짜 평화다. 퍼주기 평화는 가짜 평화라고 생각한다"라고 진영논리의 프레임을 걸었다. 이러한 진영논리의 프레임은 보수적인 사람과 진보적인 사람을 제외한 이른바 중도적인 사람들을 비롯한 다양한 시각을 가지는 사람들의 생각을 소외시키거나 부정하는 것으로, 다양한 의견 표출을 보장하는 가운데 바람직한 방향으로 사람들의 생각을 모아야한다는 토론의 취지를 부정하는 것이라는 것을 이해하고 자제할 필요가 있다.

이상과 같이 18대 대선을 앞두고 개최된 1차 후보토론회는 긍정적인 의의에도 불구하고 많은 문제점을 노출하였다. 박근혜 후보와 문재인 후보는 유력한 대통령 후보로서 유권자의 충분한 검증과 소통을 위해 질 좋은 정치토론장을 만드는 데 전력할 필요가 있었다. 이정희 후보도 마찬가지로 질 좋은 정치토론장을 만들기 위해 극단적인 언행들은 자제할 필요가 있었다. 이러한 후보토론회를 개선하고 바람직한 토론회로 만드는 일은 후보자들의 노력뿐만 아니라 후보와 유권자를 매개하는 영역인 정치평론가의 역할이 매우 중요하다. 우리나라에서 정치평론의 역사가 매우 일천하지만 좋은 정치평론가가 나올 수 있도록 노력해야 할 것이다. 바람직한 정치평론가의 역할과 관련하여 제언을 하자면 다음과 같다. 첫째로 정치평론가들은 각종 토론회에서 후보자나 토론자들이 진영논리에 빠지지 않도록 이것을 견제하고 관점의 다양성을 확보하도록 도울 필요가 있다. 둘째로 정치평론가는 특정 후보나 토론자의 입장이나 진영논리를 두둔하는 것을 자제하고 중도적 시각을 제시할 필요가 있다. 셋째로 정치평론가들은 이데올로기와 구별되는 직업윤리와 시각을 확보할 필요가 있다. 즉 정치평론가들은 특정한 이데올로기나 신념보다는 사실에 대한 객관성과 공정성 확보에 더 많은 노력을 기울여야 한다. 넷째로 정치평론가들은 토론의 품격을 떨어뜨리고 소통을 어렵게 만드는 막말, 욕설, 비방 등을 자제시키는 데 앞장서야 한다.

참고문헌

강원택. 2009. "디지털 컨버전스 환경에서의 대의제 변화와 정당의 역할. 디지털 컨버전스 기반 미래연구," 정보통신정책연구원.

강희종. 2012. "SNS 선거전략 승패 갈랐다."《디지털타임즈》, 2012.12.20.

김홍우. 1999.『현상학과 정치철학』. 서울:문학과 지성사.

김홍우. 2007.『한국 정치의 현상학적 이해』. 고양:인간사랑.

동정민·이남희. 2012. "朴 차분했지만 순발력 부족" "文 점잖았지만 이정희에 묻혀."《동아일보》, 2012.12.4.

민희·윤성이. 2009. "정보화 시대에 있어서 대의제의 적실성 탐색."『21세기정치학회보』, 제19권 제2호. 147-171.

이동수. 2010. "정치평론에서의 'Lexis'와 'Logos'."『정치와 평론』제7집. 125-154.

이득재. 2003.『바흐찐 일기:바흐찐의 사상·언어·문학』. 서울:문화과학사.

이문영. 2000. "바흐찐 이론과 사상의 체계적·통일적 전유를 위한 서론."『러시아어문학연구논집』제8집. 158-180.

이병욱. 2012. "'박정희 대 노무현' 그늘 … 또 네거티브전 재현."《충청투데이》, 2012.12.20.

정화열. 1999.『몸의 정치』. 서울:민음사.

조문주. 2012. "치졸한 네거티브."《충청일보》, 2012.10.29.

차형석·임지영. 2012. "정치평론가, 누가 제일 잘 나갔지?"《시사IN》, 2012.12.14.

채진원. 2009. "노무현의 죽음 이후 한국정치의 약점과 정치평론가의 역할." 『현대사회와 정치평론』 제4권. 165-173.

채진원. 2010. "대화형 정치모델의 이론적 탐색 : 아렌트의 공공화법과 바흐친의 다성악적 대화법" 『사회과학연구』 제18집 제2호(8월). 308-346.

최우열. 2012. "불법 선거운동 의혹 공방." 《동아일보》, 2012.12.17.

Arendt, Hannah. 1968. *The Human Condition*. Chicago : The University of Chicago Press.

Bakhtin, M. M. 1984. *Problems of Dostoevsky's Poetics*. Ed. and Trans. Cary Emerson. Minneapolis : University of Minnesota Press.

Bessette, Joseph M. 1980. "Deliberative democracy : the majority principle in republican government. In How democratic is the constitution?" edited by R. A. Goldwin and W. A. Schambra. Washington, DC : *American Enterprise Institute for Public Policy Research*, 102-16.

Bohman J. 1998. "Survey article : the coming of age of deliberative democracy." J. Polit. *Philos* 6(4), 40025.

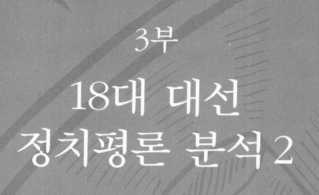

3부

18대 대선
정치평론 분석 2

5장
진영 대립의 정치와 방송의 정치평론*

김만흠(한국정치아카데미)

　　지난 18대 대선 기간 동안 종합편성(종편) 채널을 중심으로 방송에서 이른바 '정치평론'이 쏟아졌다. 민주적 정치공동체의 발전에서 방송, 특히 TV의 역할에 대해서는 시각과 사례에 따라 상반된 입장이 있었다(Norris 2000, 231-4). 방송의 정치평론 역시 방송이라는 기존 매체의 속성을 안고 있겠지만, 구체적으로 지난 대선 국면에서 방송과 정치평론의 결합은 어떻게 나타났을까? 새롭게 주목받은 방송의 정치평론은 한국정치에 대해 무엇을, 어떻게 말하며 상호작용 하는가? 그 정치평론의 현장에서 느꼈던 소감을 토대로 몇 가지 문제제기를 해보

---

* 　이 글은 한국정치평론학회가 발행하는 『정치와 평론』 제13호에 게재된 글입니다.

려고 한다.

정치평론이 한쪽으로는 학술적 논문과는 구분되고 다른 한쪽으로는 정치인의 주장 또는 선전과 구분되는 그 중간쯤으로 보는 게 일반적인 것 같다(이동수 2011, 35-38 ; 김대영 2005, 53-68). 양 쪽의 중간에 있는 만큼, 양쪽의 특성과 결합될 여지도 있다. 학술적 뒷받침이 강한 평론이 있는가 하면, 언론의 정치 정보를 종합하는 형태도 있다. 객관적인 분석에 가까운 비평이 있는가 하면, 정당 대변인 이상으로 당파성이 강한 주장도 있다. 정치평론을 엄격하게 규정하는 사람들의 기준에 따른다면, 이 중 어느 것은 정치평론이 아닐 수도 있다. 그 기준에 의하면 이 글은 정치평론만이 아니라 유사 정치평론에 대한 이야기가 될 것이다.

1. TV와 정치평론

그 동안 정치평론은 주로 신문 등에 글로 쓰인 것들이었다. 그런데 최근 우리나라에서 정치평론은 방송, 특히 종편의 정치 비평을 많이 떠올리게 한다. 방송의 정치평론은, 글쓰기와 말하기의 차이, 신문과 방송, 특히 TV와의 차이만큼 기존의 글쓰기 정치평론과는 다른 환경과 전략이 있을 것이다. 방송 평론이 글쓰기를 단지 말하기로 바꾸는 것만은 아니다. 해설 및 논평, 토론 등 프로그램 양식이 다양하며, 양식의 차이에 따라 메시지 전략에 미치는 변수가 다를 수 있다.

정치평론은 그것을 싣는 매체의 조건에 따라 제약을 받게 된다. 자극적이거나 가벼운 정보와 친화력을 갖고 있는 TV매체의 특성에 비해 정치는 무겁다. 그래서인지 우리나라 방송에서 뉴스 보도 이상의 정치평론은 많지 않았다. KBS의 '심야토론'이나 MBC의 '100분토론'처럼, 1주일에 한번 정도 있는 지상파 방송의 밤 또는 새벽 시간의 시사토론에서 가끔 정치적 사안을 주제로 다룬 경우가 그나마 방송에서의 정치평론에 가까웠다.

그런데 최근 종합편성(종편) 채널의 등장과 함께 새로운 정치평론 시장이 열렸다. 마침 총선, 대선으로 이어진 보기 드문 정치의 계절과 맞물리면서 정치적 사안은 대중적 관심사였고, 신진 종편은 이를 정치평론의 형태로 편성해 방송했다. 정치 뉴스 보도에 해설과 토론을 동반하는 형태가 종편의 일반적인 정치뉴스 보도 방식이 될 정도였다. 종합편성 채널이었지만, 대선 기간 동안에는 사실상 정치뉴스, 정치평론 전문 방송이 됐다.

TV매체의 특성에다 저비용의 시청률을 의식한 방송 구조에서 정치평론이 예능화 된 경향도 나타났다. 새롭게 TV시장에 진출해 생존경쟁을 벌어야 하는 종합편성 채널에서 그런 경향이 두드러졌다. 자극적이거나 경량화된 콘텐츠를 좋아하는 시청자의 욕구에 부합해야 하는 TV 매체의 상업적 기반이 대선 기간 종편의 중심 콘텐츠였던 정치평론에도 반영됐다.

기존의 정치평론이 너무 현학적이고 대중과 유리돼 있었던 점을 감안한다면, 생활 현실을 반영한 대중 친화적 평론이라는 경량화된 종편 스타일의 정치평론이 갖는 새로움과 장점도 있었다. TV 정치의 이런 특성에 대해 가벼움과 즐거움에만 기대는 문제점(amusing ourselves to death)에 주목하는 쪽도 있고(Postman 1985), 합리적 선택을 위한 다양한 정보의 제공과 참여의 촉진이라는 긍정적 역할에 주목하는 쪽도 있다.

알다시피 매번 선거 때마다 선거 정보에 가장 많은 영향을 미친 것은 TV로 나타나고 있다. TV 시대를 넘어 가장 보편적인 정보원과 소통수단으로 자리 잡고 있는 인터넷 사용자를 대상으로 한 조사에서도 인터넷보다 TV가 역시 더 영향력이 큰 것으로 나타났다. 한국광고협회가 18대 대선 직후 네티즌 4,751명을 대상으로 한 조사에서도,[1] 자신의 정치의사 형성에 가장 많은 영향을 준 매체로 TV를 꼽았다. 중복된 응답에서 응답자의 53.1%가 자신의 의사 형성에 긍정적인 영향을 미친 매체로 TV를 꼽았고, 유선 인터넷과 모바일이 42.0%, 35.1%로 그 다음을 이었다.

정보에 대한 매체 신뢰도도 TV가 가장 높았다. TV에서 접하는 대선 정보의 신뢰도는 52.7%였고, TV 다음으로 영향력이 있다고 했던 인터넷의 대선 정보 신뢰도는 유선인터넷 38.5%, 모바일 32.9%로 상대적으로 낮았다.

저널리즘, 특히 TV가 오늘날의 건강한 민주주의를 망치고 있다는 주장도 드물지 않다(Norris 2000, 231-51 ; 임상원 2011, 13-22). 노리스

---

1 한국광고협회가 인터넷 사용 현황과 광고 선호도를 파악하기 위해 2012년 12월 대선 직후 실시한 '2012 KNP(Korea Netizen Profile)'로 만 13세 이상 국내 인터넷 이용자 4,751명으로 대상으로 했다.

(Pippa Norris)는 민주주의가 굴절되고 있는 현실에 대해 진단하면서 오늘날 정치에 대한 불신을 증가시키는 요인으로 TV를 들기도 했다. 여론조사를 토대로 한 경마식 보도, 갈등과 부정적 뉴스의 확대, 정치를 전략적 게임으로 보게 만드는 선거 분석, 즉각적인 시청률을 겨냥한 선정적이고 피상적인 정치보도 등을 지적했다(Norris 2000, 232)

우리의 방송 정치평론에서도 비판론자들이 지적하는 TV정치 보도 경향은 그대로 나타났다. 더구나 뉴스와 더불어 즉각적인 논평이 필요한 종편의 평론 방식에서는 이런 속성이 쉽게 나올 수밖에 없었다. 그런데 과연 종편 등을 중심으로 활성화된 정치평론이 정치에 대한 냉소를 부추겼을까? 그렇지 않다고 생각한다.

사회적 자본 개념으로 유명한 퍼트넘(Robert D. Putnam)은 공동체에 대한 신뢰감이 부족한 '나 홀로 볼링하며 놀기'(bowling alone)는 혼자 즐길 수 있는 TV 보기와 무관하지 않다고 주장한 바 있다(1995a; 1995b). 그러나 TV 방송에서 활성화된 정치평론은 TV가 '나 홀로 살기'의 도구에만 머무는 게 아니라, 정치라는 사회적 쟁점에 대한 관심과 소통의 창구가 되고 있음을 말해준다. 물론 매개와 소통의 창구로서 어떤 기능을 했느냐의 문제는 또 다른 평가의 대상이다. 어쨌든 대선 시기 활성화됐던 방송의 정치평론은 일상인들의 정치 정보에 대한 갈등을 해소하는데 기여하고 정치에 대한 관심 증대에 기여했다고 생각한다.

일반 국민들의 정치 보도에 대한 관심 증대는 시청률로도 이어졌다. 정치보도를 선도했던 MBN에 대한 시청자들의 호응이 확인되자, jtbc를 제외한 나머지 종합편성 채널 모두 정치뉴스와 보도에 올인

했다. 이들 세 종편의 정치 시사 비중은 전체 편성 기준으로 60% 정도였으며, 지상파 방송이 주력하지 않는 오전 10시에서 오후 7시 사이에는 90%가 넘었다. 그래서 정치 비중을 높인 세 종편의 경우 소수점 시청률로 시작했던 시청률이 대선 경쟁과 정치보도에 불이 붙으면서 모두 1%를 넘어섰다.

대선 분위기가 절정에 이르렀다 할 수 있는 12월 10-16일 기간에는 아래 〈표〉에서 보듯이 전체 시청률에서도 평균 1%를 넘어섰다(채널A 1.1985%, MBN 1.1976, TV조선 1.0837%). 물론 시청률이 5-7%대에 이르는 지상파 TV방송들과 비교한다면, 미미한 수준이다. 그러나 새롭게 종편에 의해 개척된 정치보도 시장이 전체적으로 5% 내외에 이르고, 프로그램 내용 구성에서도 시사보도부분이 60-90% 내외에 이르렀다는 점을 감안한다면 그 영향력은 적지 않았을 것이다.

야권 후보단일화가 안철수 후보의 사퇴로 결론이 나며 대선 정국이 요동치던 날 밤 관련 뉴스에서는 종편 채널이 지상파 TV보다 시청률이 높게 나오기도 했다. 종편의 뉴스 방송은 단순 리포트가 아니라, 정치평론가들의 논평과 분석을 동반하는 보도였다. 종편 방송인 채널A는 속보에 이어 오후 11시부터 자정까지 〈안철수 후보 사퇴 대선 정국 긴급진단〉이란 프로그램을 긴급 편성했다. 해당 프로그램 1부의 전국 기준 시청률은 3.371%. 그때까지 종편 시사보도 프로그램 사상 역대 최고 시청률이었다.

'안 후보 사퇴 긴급진단' 프로그램은 동시간대 방송된 지상파 보도 프로그램보다도 시청률이 높았다. "KBS 1TV 마감뉴스는 2.473%,

SBS '나이트라인'은 2.442%였다. MBC '뉴스24'는 1.844%로 채널A의 1/2 수준에도 못 미쳤다. 이 시간대 시청자들은 지상파가 아닌 종편을 더 많이 선택한 것이다."(고정미·이주영 2013).

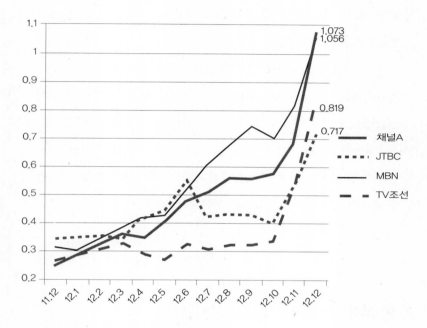

※TNmS자료(김성규, 2012)에서 재인용

그래서 민주당의 종편 채널 출연 거부 방침은 대선 여론 형성 전략에서 불리하게 작용했다고 자성하는 대선 평가까지 있었다. 아무래도 출연하지 않거나 출연빈도가 낮으면 자신들의 주장을 전달할 기회를 그만큼 갖지 못하기 때문에 당연히 손실을 보았다는 것이다. 민주당 의원들을 대상으로 한 조사에서는 정도의 차이만 있을 뿐 응답자 전부가 종편이 대선에 영향을 미쳤다고 답했다(127명 중 112명). 일반 유권자 1,000명을 대상으로 한 조사에서는 응답자의 2/3 정도가 종편을 시청했으며, 그 중 53.2%가 대선후보 판단에 도움이 되었다고 답했다.[2] 도움이 안됐다는 응답도 46.0%나 되지만, 언론 정보에 대한 일반적인 신뢰도나 영향을 감안했을 때 종편 시청으로 도움이 됐다는 53.2%의 비율은 매우 높다고 할 수 있다.

특히 저학력, 블루칼라, 고령층에서 그런 경향이 더욱 두드러진 것으로 나타났다. 앞의 조사결과를 기준으로 50대 이상의 종편 시청률은 75.2%에 달했으며, 43.5%가 대선 후보 판단에 도움이 됐다고 답했다. 이는 18대 대선 당시 박근혜 후보에게 호의적인 유권자들이 종편에 대한 호의적 평가를 더 많이 한 것으로 해석되기도 하지만, 민주당과 문재인 후보가 상대적으로 종편을 활용하지 못한 것으로도 볼 수 있다.

2. 방송의 정치평론, 방송+정치평론

방송의 정치평론 수요가 급작스럽게 열리면서 이에 따른 문제들

---

2 민주당 대선평가위의 의뢰로 한국사회여론연구소(KSOI)가 2013년 1월 24-25일 양일간 여론조사 기관에 의뢰해 일반국민 1,000명을 대상으로 한 전화면접 방식 여론조사. 휴대전화 50%, 일반전화 50% RDD(임의번호걸기) 전화면접 방식으로 조사했고, 신뢰수준 95%, 표본오차 3.1%.

도 있었다. 정치학자, 정치인 출신, 의원 보좌관 출신, 기자 출신, 문화평론가, 비정치 분야 방송인 등 다양한 직군을 배경으로 30여명의 정치평론가들이 주로 활동했다. 평론의 유형과 수준 또한 다양할 수밖에 없었다. 방송사로서도 정치평론에만 초점이 있는 것이 아니라, TV방송이라는 방송인으로서의 역할도 필요했다.

정치평론의 관점에서 보자면, 균형감, 기초 지식 등에서 문제가 심각한 경우들도 있었다. 김충식 방통위 부위원장은 "종편이 값싼 정치평론가들 모아 놓고 보도로 위장한 내용을 대선 내내 방영해 문제가 됐고 지금도 그러고 있다"며 "이런 시장 상황이 획기적으로 나아질 가능성이 없다는 게 더 큰 문제"라고 지적하기도 했다(최병성 2013).

그러나 대선 기간에는 평론의 질적 수준보다는 관련 정당의 문제제기에 따라 형평성 정도만 논란의 대상이 됐다. 민주당의 경우 종편 출연 거부를 했었기 때문에 종편 정치평론의 형평성 문제에 대해 적극적인 시정요구나 항의가 어려웠던 것으로 알려지고 있다.

물론 18대 대선 기간에 종편이 폭발적으로 등장했던 배경에는 대선 방송과 맞물린 종편의 출범이라는 특수한 환경이 있었다. 따라서 이제 초대형 정치 소재가 사라지고, 종편 또한 정비과정을 거치면서 방송 정치평론도 새롭게 정비될 것이다. 벌써 대선 이후 정치평론의 비중이 축소되었다. 그럼에도 종편에서 정치평론은 여전히 그 비중이 크고, 종편 방송의 특성으로 자리 잡은 것으로 보인다.

18대 대선에서의 정치평론, 특히 방송 정치평론이 남긴 가장 큰 과제는 한국정치의 극복 과제인 진영간 흑백대결 구조가 그대로 재현되고 있었다는 점이다. 정치평론이 정당정치 편싸움의 연장선에 있었으며, 그 일환에 가까웠다. 현 제도정치의 대립 구도에 따라 갈라진 편 싸움의 논리대결, 담론대결, 목소리 대결의 장이 되고 있는 것이다. 김 대영은 이를 두고 정치평론이 공동체를 위한 공론화에 기여하는 것이 아니라 자기 진영의 세력화 전략의 수단이 되고 있다고 비판한 바 있 다(김대영 2005, 103-61).

김대영은 주요 신문들의 사설과 칼럼, 즉 글로 쓰는 정치평론을 대상으로 한 분석을 토대로 그런 지적을 했었지만, 즉각적인 평론과 진영간 토론 방식이 많은 방송 정치평론에서 그런 경향이 더욱 두드러 졌다고 볼 수 있다. 더구나 진영간, 후보간 대립이 가장 첨예해지는 선 거 국면에서는 세력화 전략을 벗어나는 정치평론의 공간이 극도로 축 소될 수밖에 없었다.

그런데 대선 이후 종편 등을 통해 나타난 '정치평론'은 더 극단화 되는 양상을 보였다. 정당정치, 의회정치에서 나타난 진영 대립보다 더 극단화된 정치적 주장과 해석들이 종편 방송에서 거의 일상화되어 나 타났다. 5.18 관련 '홍어 택배'와 같은 인종주의적 막말로 논란거리가 됐던 인터넷 카페 '일베' 경향과 다를 바 없는 수준의 발언들이 논객 의 이름으로 방송에 등장하게 된 것이다. 김대영이 말하는 진영간 정 치세력화의 수단 정도가 아니라, 오히려 정치와 방송 문화를 황폐화시 키는 면도 보인다고 하겠다.[3]

---

3 근래 종편 등의 방송에서 정치평론을 빌린 극단적 막말이 방송통신심의위원회 의 심의 대상이 되어 경고, 관련자 문책 등의 징계에 처해지기도 한다(김현우 2013).

3. 정치평론의 예능화, 정치평론의 정치화

이렇게 보면 18대 대선 기간 방송의 정치평론에서 드러난 쟁점은 크게 두세 가지이다. 하나는 예능화된 정치평론이고, 다른 하나는 정치화된 정치평론이다. 또 다른 하나는 편견과 진영 대립의 극단화라는 인터넷 시대 사이버 정치여론의 문제점이 종편의 정치평론으로 그대로 이어지고 있다는 점이다.

예능화된 정치평론은 이번 대선 기간 종편과 더불어 새롭게 드러난 경향이다. 가볍고 쉬운 접근과 정치 정보에 대한 기대가 조합된 정치평론이 된 것이다. 정치를 생활인들에게 매개시키고 정치적 프리즘 역할을 하는 정치평론은 당연히 대중의 호응이 있어야 한다. 이런 점에서 예능화된 접근은 도움이 된다. 그러나 또한 정치현실 자체에 대한 논의보다 예능화가 중심이 될 수 있는 요소가 있다. 이럴 경우 예능화된 정치평론이 아니라 정치를 소재로 한 예능이 되고 만다.

사실 대선 이후 최근까지도 정치적 사실, 논리(logos) 측면에서는 엉터리이지만, 개의치 않으면서 '정치평론가'의 이름으로 방송을 계속하고 있는 경우도 있다. 이 경우에는 정치평론가가 아니라 정치를 소재로 한 새로운 예능인으로 규정되어야 할 것이다. 이런 유형의 어느 방송 출연자는 사실과 다른 주장, 과도한 주관적 평가와 막말 등으로 방송통신심의위원회 제재의 단골 대상이 되기도 했다(김현우 2013 ; 민동기 2013).

정치평론가가 정치사상가와 정치행동가 중간 영역이라고 했는데

(이동수 2011, 35-8), 지난 대선 TV방송의 정치평론은 여기에 신문의 정치평론과 방송 예능의 중간 사이라는 또 하나의 중간 영역에 있었다. 너무 무겁고 어려우면 시청자로부터 외면당하고, 반면에 평론으로서 기본 논리 구조를 갖추지 못한 채 방송에만 초점을 맞추게 되면 정치평론의 본질을 벗어나게 된다. 이런 긴장 관계의 스펙트럼 속에서 다양한 형태의 정치평론이 존재한다면 방송의 정치평론은 풍요로워질 것이다.

뉴스해설이나 대담, 토론 등 다양한 형태의 정치평론이 있다. 예컨대 토론으로 보자면, 1인, 또는 한 주제를 놓고 100분간 이뤄졌던 KBS1 라디오의 '열린토론'과 같은 집중적이고 전문적인 토론 프로에서부터 각 방송사의 주간 심야토론, 그리고 채널A '쾌도난마'의 갑론을박, 또 예능화 정도가 상당히 센 jtbc의 '썰전'에 이르기까지 다양한 수준과 형태의 정치평론이 병존하는 것이 바람직하다. 그런데 유감스럽게도 비교적 정통 스타일의 토론 프로들은 폐지되거나 위축되는 경향을 보이고 있고, 새로운 형태로 활성화됐던 종편의 정치평론을 전반적으로 재정비해야 하는 상황을 맞고 있다.

4. 진영 대립의 정치평론

18대 대선 기간 방송의 정치평론을 통해서 또 하나 확인된 쟁점은 정치화된 정치평론이었다. 진영간 적대적 대립이라는 한국정치의 현실이 정치평론에서도 그대로 나타났다. 정치평론이 정치적 사안의 공론화를 통해 공동체적 공공성 확보에 기여하길 바라는 입장에서 보자면 대단히 실망스러울 것이다(김대영 2005, 103-86). 물론 정치평론의 위상과 역할이 평론가의 선택에 따라서만 결정되는 것은 아니다. 정치권의 현실, 시민사회의 정치문화, 매체의 속성 등 여러 요소가 작용한다. 더 넓게는 우리의 정치권, 지식사회의 소통 양식과 토론 문화도 저변에 자리하고 있을 것이다.

정치평론이 공동체적 공공성을 모으는 역할을 해준다면 바람직할 것이다. 아니 그 이전에 정치 자체가 상생의 정치, 공화의 정치를 해야 한다. 문제는 현실에서 그런 공론화 기능과 공화의 정치가 이루어지지 못하고 있기 때문이다. 우리는 정치와 정치평론 모두에 그런 기대를 촉구할 수 있다. 그냥 촉구하는 것을 넘어, 현실적인 실천으로 이어지기 위해서는 가능성에 토대를 둔 전략이 있어야 할 것이다.

정치적인 것을 '적과 동지의 구분'으로 보았던 칼 슈미트(Carl Schmitt)는 권력 경쟁으로 말해지는 정치나 논쟁으로 말해지는 지식사회의 그것도 역시 같은 투쟁이라고 말했다(1992). 진영 대립, 세력화 전략, 각기 나름대로 그럴만한 이유가 있다면 극복을 위해서 그 이유가 해소되거나 제거될 수 있어야 한다.

권력투쟁의 현장인 정치에 비해 좀 더 객관적인 정치평론이 그 역할을 해야 한다는 주장은 상당히 타당하다. 객관적이라는 말은 정치 현장의 주체로부터는 떨어져 있고, 그만큼 직접적인 당파적 이해관계로부터 책임이 덜하다는 의미이다. 정치평론이 상대적으로 객관적인 것은 분명하다. 그러나 동시에 그런 객관적인 위치의 평론 세계에서도 자신의 주관과 당파성이 존재한다. 그런데 정치평론에 나타난 평론가의 관점이나 당파성이 객관적 가치 기준에 따라 만들어지기보다는, 대부분 현실 정치의 당파적 대립 구조에 그대로 병렬하고 있다. 유권자의 정치적 관심이나 이해의 기준도 그런 경쟁 구조를 중심으로 이뤄지기 때문에 일견 이해가 된다. 더구나 선거처럼 경쟁 구조가 뚜렷한 경우에는 그럴 가능성이 더 크다.

방송의 정치평론은 해설, 좌담 등 여러 형태로 이뤄지지만 선거에 가까워지면 토론 방식이 된다. 정당별, 후보자별 균형을 맞춰야 하기 때문이기도 하다. 우리의 방송 토론은 기본적으로 진영 대립 구도로 구성한다. 진영을 벗어난 구성은 자칫 편파성 시비에 휘말릴 수 있고, 흥미 있는 토론이 되기 어려운 점도 있다. 따라서 토론자들을 기계적인 균형의 진영 대립 구도로 배치한다. 여기에서 자신의 객관적 타당성을 중심으로 논지를 전개하다보면 자칫 진영 구도에 불균형을 초래하게 만드는 주범이 될 수 있다. 결국 진영 대립의 정치토론으로 갈 수밖에 없다.

선거에 가까워질수록 생산적인 소통의 토론 공간은 더욱 없어진다. 지난 18대 대선 때도 선거일 1달 전부터는 직접적인 진영 대립의 토론과 평론이 두드러지는 것을 느낄 수 있었다. 이런 대립 속에서도 생산적인 토론이 이뤄질 수 있지 않느냐고 말하는 사람들이 있다. 그러나 방송에서 토론은 상대에 대한 공박이고 우군의 단합대회이다. 이런 토론회에서 상대에 대한 공박과 합리적 논지 중 어느 쪽이 실리적으로 도움이 될지 가끔 궁금해지기도 한다. 단합대회를 넘어서는 호소력을 가지려면 진영논리에 대한 집착보다 합리적 토론이 도움이 될 것 같기도 하다. 그런데 이런 효과는 미미한 모양이다. 단합대회 효과만이라도 제대로 거두는 경우라면 성공적이라 보는 것 같다.

그런데 우리의 정치평론은 현실정치의 세력 싸움 도구를 넘어서야 한다. 특히 즉각적인 정치현실과 마주해야 하는 방송 정치평론은 현실의 권력투쟁 게임에 과도하게 종속돼 있다. 현실 정치가 적나라한 권력투쟁 현장 그대로 굴러간다면, 정치평론은 현장에 대한 설명만이 아니라 그 현장의 문제점을 진단하고 대안적 담론을 공론화 시키는 선도적 역할도 수행해야 한다. 적어도 정치적 양극화와 여야의 적대적 공생 관계라는 한국 정치의 공인된 문제점에 마주하면서 대안을 논의하는 정치평론이 힘을 받을 수 있어야 한다.

5. 인터넷 '정치댓글'의 방송화

인터넷과 SNS 시대가 만든 정보망, 사이버공동체의 특성은 정치여론 형성 과정에도 반영됐고, 종편을 매개로 한 방송 정치평론으로도 이어졌다. 인터넷 시대는 정보에 대한 접근을 획기적으로 용이하게 했지만, 다양한 정보를 통한 소통과 통합에 기여한 것만이 아니었다. 자신의 주장과 선입견에 반대되는 의견은 배제하고, 자신에 동조하고 뒷받침하는 정보를 강화하는, 인터넷 정보공동체의 문제점은 이미 지적되어 왔다(Keen 2007).

조화순은 2008년 촛불 집회를 둘러싼 인터넷 상의 소통과 토론

사례를 분석하면서 인터넷 연결망이 갖는 편향성과 배타성을 지적한 바 있다. 당시 다중의 참여를 통한 이른바 '집단지성'이라는 긍정적인 새로운 지평이 열렸다는 주장도 있었지만(김호기 2008), 다음의 토론방 '아고라'를 사례로 연구했던 조화순은 인터넷망을 통한 이른바 '사이버 액티비즘'에서 보편적인 집단지성보다는 편향성과 배타성이 두드러지고 있다는 점을 지적했다(2008).

박승관은 인터넷 소통의 문제 이전에 우리 사회의 커뮤니케이션 구조 자체가 우군(友軍) 끼리의 교류에 한정돼 있음을 지적한 바 있다(2012, 22-91). 진정한 소통이라 할 수 있는 경계 밖과의 교류, 즉 '엑소가미'(exogamy)보다는 경계 내의 교류, 그들만의 교류라고 할 수 있는 '엔도가미'(endogamy)가 압도하고 있다며, 한국사회 소통구조가 민주주의적 기반과는 배치되었다고 비판적으로 진단하였다. 그들만의 교류, 그들만의 유대는 그들 밖의 상대에 대해 배타적 경향일 가능성이 크다. 한국사회의 이러한 소통 구조의 한계가 인터넷 연결망과 사이버 액티비즘에서는 더욱 극단적으로 나타나고 있는 셈이다.

〈민주당〉에서 한때 도입됐다가 문제점이 지적되면서 보류된 '모바일 투표' 참여에서도 그런 '사이버 액티비즘'의 한계가 핵심에 자리하고 있었다. 정보의 보편적인 검증과 수렴보다는 소수 세력이 주도하는 특정 경향이 사이버 공동체를 형성하면서 정치적 세력 기반을 만드는 경우였다. 이렇게 형성된 정치적 성향과 세력은 극단화, 배타성 등이 두드러졌다. 특정 세력의 조직화 전략으로서는 매우 유용했지만, 국민 다수의 보편적 지지를 받는 데는 오히려 장애가 됐다. 다수의 지지를 받아 집권하려는 제1야당 민주당의 전략으로는 바람직하지 않

있다.

　이런 인터넷 정보와 담론이 종편의 등장과 더불어 방송의 정치 평론으로도 이어진 것이다. 어떤 면에서는 인터넷과 SNS라는 시대적 환경은 기존의 지상파 방송에도 반영되고 있다. 그러나 검증되지 않은 극단적인 주장이나 막말들이 다중을 상대로 하는 방송, 특히 정치보도나 정치평론으로는 쉽게 이어지지 않았다. 그러나 기존의 방송을 넘어 파격을 시도하고, 소수를 겨냥한 자극적 상업 방송에 의존하게 된 종편은 이런 인터넷 정보를 생방송 체제와 더불어 일부에서는 거의 무방비 상태로 방송했다. 이것은 황색저널리즘과 극단적인 편향성이 혼재된 정치 소재의 방송이었다고 할 수 있겠다.

　물론 '방송법'에서는 방송의 공적 책임(제5조), 공정성과 공익성(제6조)을 지키도록 규정하고 있다. 그러나 종편 방송사 내부에서 공적 책임과 공익성과 방송의 원칙을 엄격하게 구현하려는 자세는 상대적으로 중시되지 못했다. 결국 방송통신심의위원회의 심의라는 외부적 규제에 의해 제재가 가해지고 있다. 곧바로 개선되지는 않고 있지만, 점차 개선될 수밖에 없을 것으로 보인다. 그러나 1-2%를 겨냥하는 방송을 지향하는 한, 그에 따른 한계와 위험성은 항상 있다. 예컨대 1% 내외의 시청률을 보이고 있는 현재의 종편에서 2%의 시청률은 대단한 성공으로 생각할 수 있다. 보편적인 공감을 얻지 못하는 극단화된 주장이나 막말도 이런 소수를 겨냥할 경우 성과가 있을 것이다. 극단적인 1-2%를 겨냥한 방송을 할지, 시청률이 1-2% 정도라 하더라도 국민 다수를 겨냥한 방송을 지향할지는 방송사의 선택에 달려 있다.

6. 정치의 변화, 정치평론의 변화

지난 해, 안철수 후보는 진영대립의 증오의 정치를 넘어서는 새로운 정치를 화두로 던지면서 주목을 받았다. 국민 다수도 공감했다. 그러나 그 자신이 구체적인 실천 프로그램을 내놓지 못하기도 했지만, 진영 대립으로 나타나기 십상인 권력 투쟁의 정치현장에서 진영 대립을 넘어서는 대안을 마련하는 일은 쉽지 않았다.

근본적으로 정치 갈등과 공존에 대한 인식의 재정립이 필요하다. 차이를 전제로 더불어 사는 공동체를 생각해야 한다. 하나의 진리를 전제한다면 전제정이 되든지, 흑백대결이 된다. 서로간의 대립과 경쟁은 이해관계의 충돌에서 비롯되기도 하지만, 어느 한 쪽도 완전할 수 없기 때문이다. 우군과 상대방, 모두 약점과 오류의 가능성이 있는 것이다. 그렇다면 흑백의 대립 구조로 보아서는 안 된다. 차이에 대한 인정 속에서 공존을 모색해 가야 한다.

현실 정치사회가 어느 한쪽이 독점하는 체제에서는 차이를 인정하는 공존의 공동체가 되기 어렵다. 그래서 사회제도와 구조가 공화적 공동체 모델에 부합해야 된다. 정치적 실천이 이 방향으로 가기 위해서는 사회 여러 부분의 역할이 필요하다. 지난 18대 대선 과정에서 정치권 바로 옆에서 두드러진 활동을 했던 정치평론의 역할이 중요한 이유도 여기에 있다.

그런데 방송에서의 정치평론은 평론가의 성향에 따라서만 좌우되지 않는다. 기본적으로 방송 정치평론의 시장 환경, 방송사의 선택에 결정된다. 방송이 되었을 때 방송의 정치평론이 되기 때문이다.

　따라서 방송, 특히 TV 방송이 갖는 경량화, 오락화 경향은 방송 평론에도 불가피하게 적용되고 있다. 한편으로는 대중이 쉽게 접근할 수 있도록 하는 새로운 장점도 보여주고 있지만, 다른 한편 황색저널리즘에 편승하는 경향이나 유사 정치평론 등의 문제는 극복해야 할 과제로 남는다. 현실정치의 진영 구도와 권력투쟁에 과도하게 종속된 정치평론의 문제를 과연 어떻게 극복할 수 있을까도 과제이다. 그 변수는 1차적으로 방송환경이며, 이 방송환경과 정치상황, 그리고 평론가의 역량과 선택에 따라 향후 방송 정치평론의 경향은 결정될 것이다.

참고문헌

고정미·이주영. 2013. "[종편의 민낯④] 대선 한 달 종편 시사보도 프로그램 시청률 집중 분석."《오마이뉴스》, 2013.4.29.

김대영. 2005.『공론화와 정치평론』. 서울 : 책세상.

김성규. 2012. "[종합]대선에 '올인'한 종편 4개사, 문제는 대선 이후."《오마이뉴스》, 2012.12.20.

김현우. 2013. "방송통신심의위, 자극적 내용 종편프로그램 중징계." http://www.ytn.co.kr/_ln/0102_201307111818128923.

김호기. 2008. "촛불집회와 세계화의 정치." 한국정치사회학회.『촛불집회와 한국사회』심포지움 발표 논문. 고려대 인촌기념관, 8월 7일.

김홍우. 2011. "말과 정치." 한국정치평론학회 편.『미디어와 공론정치 : 정치평론이란 무엇인가』. 고양 : 인간사랑.

박승관. 2012. "한국사회와 커뮤니케이션 엔도가미." 한국정치평론학회 편.『한국 민주주의와 언론자유』. 고양 : 인간사랑.

민동기. 2013. "방송법 어기며 '막말방송' 앞장선 종편은 채널A."《미디어 오늘》, 2013.7.17.

이동수. 2011. "정치평론에서 lexis와 logos." 한국정치평론학회 편.『미디어와 공론정치 : 정치평론이란 무엇인가』. 고양 : 인간사랑.

임상원. 2011. "공적 영역으로서 저널리즘에 관한 사유." 한국정치평론학회 편.『미디어와 공론정치 : 정치평론이란 무엇인가』. 고양 : 인간사랑.

조화순. 2008. "사이버 액티비즘과 숙의민주주의의 가능성? 촛불시위 관련 게

시판 분석." 제9회 정보문화포럼 발표자료.

최병성. 2013. "방통위, 종편 4사와 뉴스Y에 시정명령"《Views&News》, 2013.7.9.

Keen, Andrew. 2007. *The Cult of the Amateur : How blogs, MySpace, YouTube, and the rest of today's user-generated media are destroying our economy, our culture, and our values.* New York : Doubleday

Norris, Pippa. 2000. "The Impact of Television on Civic Malaise," Susan J. Pharr and Robert D. Putnam, eds. *Disaffected Democracies : What's Troubling the Trilateral Countries?* Princeton : Princeton University Press

Postman, Neil. 1985. *Amusing Ourselves to Death,* London : Methuen

Putnam, Robert D. 1995a. "Bowling Alone : America's Declining Social Capital," *Journal of Democracy* Vol.6, No.1.

Putnam, Robert D. 1995b. "Tuning In, Tuning Out : The Strange Disappearance fo Social Capital in America," *Politics and Political Science* Vol.28, No.4.

Schmitt, Carl. 1992. 『정치적인 것의 개념』. 김효전 역. 서울 : 법문사.

6장

방송 정치평론의 문제점과 해법 :
종편 시사 프로그램을 중심으로*

강찬호(중앙SUNDAY)

1

1. 정치평론가의 유형과 문제점

현재 종편에서 활약 중인 '정치평론가'는 다음 몇 개 부류로 나뉜다. 우선 한때 정치권에 몸담았던 인사들이 있다. 당료나 보좌관을 지냈거나 특정 정권의 캠프 출신으로 청와대 등에서 근무해본 이들이다. 정치권에 있던 시절 쌓았던 경험과 현재까지 정치권에 남아 있는 동료-선후배와의 네트워크가 이들의 주된 평론 소스다. 언론인 출

---

* 이 원고는 『관훈저널』 통권 128호(2013년)에 실린 「방송 정치평론의 문제점과 해법 : 종편 시사 프로그램을 중심으로」를 수정·보완하여 재구성한 것입니다

신도 있다. 정당이나 청와대를 취재했던 전직 기자들이다. 본인의 취재 경험에다 방송사와의 인맥을 바탕으로 정치평론을 하고 있다. 또 여론 조사 기관이나 연구소 출신 인사들이 있다. 정치학 석·박사 학위나 연 구논문 등이 이들이 정치평론가라고 자처하는 근거다. 그리고 교수 그 룹이 있다. 정치학 교수가 대부분이지만 사회학이나 신문방송학 등 다 른 전공 교수도 나온다. 이 밖에 대중문화평론가나 언론평론가 같은 사람들도 대선 바람을 타고 정치평론가 타이틀을 걸고 나오고 있다.

이들 종편 정치평론가들의 문제점은 논조의 획일성과 과도한 당 파성, 원색적이고 선정적인 표현, 자의적인 판단으로 대별된다. 보수 성 향의 정치평론가들은 '조중동' 등 특정 보수신문 논조와 비슷한 평론 을 한다. 진보 성향 정치평론가들도 한겨레나 경향 등과 유사한 내용 의 평론을 하는 경우가 많다. 또 사실에 근거하지 않은 가운데 균형성 을 상실하고 특정 정파 입장에 지나치게 기운 논조를 개진하는 평론 도 많다. 평론이라기보다 '주장'에 가까운 내용이다. 특히 대선을 앞두 고 특정후보를 노골적으로 지지하거나 반대하는 경우가 많았다. 당시 종편에 여러 번 출연해 새누리당 박근혜 후보를 지지하고 문재인·안 철수 등 야권 후보를 노골적으로 공격했다는 지적을 받았던 정치평론 가가 청와대에 대변인으로 입성한 건 그런 과도한 정파성으로 인해 수 혜를 받은 것으로 판단된다.

정치평론가들이 구사하는 언어도 지나치게 공격적이고 어조가 거칠며 인신공격에 가깝다는 평가가 많다. 종편들이 2011년 12월 개 국한 이래 지난 4월까지 방송통신심의위원회로부터 받은 법정 제재는 A방송이 시청자에 대한 사과 2회, 관계자 징계 및 경고 1회를 포함해

15건으로 가장 많고, B방송도 관계자 징계 및 경고 1회 등 13건에 이른다.

방송 정치평론은 화자들이 풀어내는 논점과 이를 둘러싼 갈등이 핵심 상품이다. 그렇다 보니 가끔 거칠고 감정이 이입된 발언이 나올 수 있다. 하지만 정치평론은 일정한 균형성과 최소한의 품위가 있어야 한다. 신문기사와 비교해 보면 좋겠다. 보수·진보 언론 기자가 쓴 기사는 비록 보수·진보 매체 입맛에 맞는 팩트 위주로 작성됐을 수는 있다. 하지만 기사로서 갖춰야 할 표현의 품위와 선정된 팩트 자체의 사실성은 유지된다. 이로 인해 최소한 '기사'라는 형식이 인정되는 것이다. 방송 정치평론도 마찬가지여야 한다. 그런데 표현의 품위와 팩트의 사실성 여부 모두 함량미달인 경우가 많아 문제다.

2. 종편 시사프로그램의 문제점과 원인

이기형 경희대 교수는 지난해 대선 직전 방송학회가 주최한 '18대 대선 선거방송, 이대로 좋은가' 세미나에서 채널A '박종진의 쾌도난마' 프로에 단골로 출연해온 한 정치평론가의 발언을 소재로 종편 정치평론이 갖는 표현의 문제점을 다음과 같이 지적했다['쾌도난마' 223회(2012년 11월 6일 방영), 228회(2012년 11월 13일 방영), 238회(2012년 11월 27일 방영) 등 3회가 분석대상].

"이 정치평론가의 발언엔 (지난해 야권 대선후보였던) 안철수 교수나 문재인과 안철수 두 주자의 단일화 등을 다루면서 편향적이며, 논리적인 비약과 더불어 원색적으로 비판·비난하는 표현들이 연이어 등장한다. 예를 들면 '대선판의 분탕질' '지상최대의 정권 나눠먹기 쇼' '위선' '가증' '허언' '더러운 작당' '애송이 같은' '어린 생각' 등의 표현들이 돌출한다. 또 이 프로그램 233회에 나온 정치평론가는 안 후보의 '사유체계는 함량미달'이며, 국가 최고 통치자로서 지도력을 발휘하기에는 '운동권 학생'의 수준이고, 매사에 국민을 운운하는 그의 논조는 '신파조'이며, 그가 대통령이 되기에는 무엇보다도 '결단력의 박약'이 문제이자 '하자'라는 논조를 강조한다. 그는 또한 안 후보는 '자기 철학이 없는 포퓰리스트'라는 다분히 공세적인 발언을 표출하기도 한다. 안철수라는 '대한민국의 전형적인 부르주아의 아들이 [문재인이라는] 좌파 성향의 후보'와 힘을 합치는 것은 '기본적으로 인격모독'이라는 식의, 사회과학을 공부하는 학부생이라도 쉽사리 반론을 제기할 만한 매우 단정적이고 거친 발화도 등장한다."

(이기형, "우리가 원하는 '말과 정론의 공화국'은 어디에 있는가? - 대선정국과 지상파와 종편의 파행성과 편향성")

이 교수는 "이런 원색적이고 현실감이 결여된 호명법이나 특정한 '꼬리표 붙이기(labeling)'는 프로그램의 논조를 지지하는 수용자군의 기대를 일부 충족시킬지는 모르겠지만 정책이나 정치 노선의 명암을 예리하게 끄집어내는 정치평론에 기대되는 몫이나 일련의 담론과 문제의식을 촉발·생성하는 촉매제(catalyst) 역할과는 한참 떨어져 있다"고 비판했다.

종편 정치평론가들에게 이런 비판이 제기되는 배경은 간단하다. 한마디로 대부분의 정치평론가들이 정치현실에 대한 지식과 정보가 부족한 가운데, 이념이나 자신의 주관적 견해를 '평론'이라 포장하면서 방송에서 쏟아내는 데 있다는 지적이다.

물론 일부 정치평론의 본령을 지켜가는 평론가도 있지만 적지 않은 정치평론가들이 방송 출연 직전 신문 보도로 정치판 상황을 파악하고, 말만 조금 바꿔 방송에서 자신의 견해라고 내놓고 있다는 것이다. 이는 보수와 진보 진영 평론가 모두에게 해당되는 현상이란 지적이다.

종편들의 프로그램 운영방식도 정치평론 공해를 부추기는 원인으로 제기된다. 시사토크 프로그램은 경영난에 봉착한 종편들이 값싸게 제작해 쉽사리 본전을 뽑을 수 있는 손쉬운 포맷이다. 경제적 이득은 물론, 중간적 입장인 것처럼 보이는 정치평론가들을 통해 방송사들이 지향하는 정치적 입장을 시청자들에게 은연중 '세뇌'할 수 있다는 점에서 정치적 이득도 쏠쏠한 프로그램이다. 그렇다 보니 하루에도 4, 5개씩 시사토크쇼가 남발되고 급조된 정치평론가들이 겹치기 출연을 하게 된다. 공중파 출신 한 시사프로 연출자는 "정치를 전공하지 않은 대중문화평론가 같은 사람들이 대선정국부터 돌연 정치평론가로 변신해 검증되지 않은 주장은 물론 기본적 팩트까지 틀린 주장을 해도 여과되지 않은 채 방송한다."고 지적했다. 현재 정치판 돌아가는 상황을 잘 모르다 보니 큰 연관이 없는 과거 사안을 갖고 얘기하든지, 제도나 법률 등 형식적인 논리에 기초한 얘기로 때우는 경우도 많다고 한다. 박근혜 정부 문제점을 얘기하는데 자꾸 "박정희 시대엔…"이라고 그 시절 얘기만 한다든지, 김대중 정부 시절 한 차례 있었던 특검이 "3, 4차례 있었는데 요즘엔…" 식으로 사실과 동떨어진 얘기를 한다는 것이다.

이런 종편 정치평론의 문제점을 놓고 김종엽 한신대 교수는 지난 3월 20일자 한겨레신문 칼럼에서 "종편의 정치평론이 엔터테인먼트화하는 경향으로 흐른다"고 지적했다. 그에 따르면 종편의 시청률이나 조회 수에 대한 욕구가 커지면서 정치평론도 의미 대신 쾌락 산출이 중요해졌다고 주장했다. 지상파의 시사프로는 시청률 압력이 그리 높지 않다. 반면 일부 종편에선 정치평론이 중요한 밥벌이 상품이 됐다. 정치평론가들은 이에 따라 반복과 여분의 디테일을 활용해 전형성을 구축하려 한다고 김 교수는 지적한다. 평론 대신 캐릭터 구축이나 서로에 대한 빈정거림 속에서 누출되는 '인간적' 디테일이나 애드리브 구사에 몰두한다는 것이다. 종편 인기 예능 프로인 '썰전'에 정치평론가가 나오는 이유도 이와 무관치 않은 것으로 보인다.

이렇게 정치평론이 엔터테인먼트화하면 할수록 진영적인 자기 탐닉성을 띠게 된다는 것이 김 교수의 지적이다. 시청자는 정치평론에서 의미 대신 반복적인 쾌락과 자신의 정치적 입장을 재안정화하려고 한다. 이런 시청 습관은 다시 종편 시사프로의 예능화를 부추기는 악순환에 빠져든다.

김 교수는 "공영방송이 비교적 공정하던 시절에도 시사프로그램들의 시청률이 왜 그리 높지 않았는지 생각할 필요가 있다. 그 이유 중 하나는 그런 프로그램들에서는 어떤 진영에 속한 사람들이든 반대 진영의 더 설득력 있는 논거에 직면하는 '불쾌한' 경험을 종종 피할 수 없다는 것"이라고 지적했다. 하지만 진영화된 정치평론은 '불쾌한' 경험을 피해 즐거움을 주기 때문에 엔터테인먼트 본연의 기능, 곧 시간을 즐겁게 소각하는 경험에 가까워진다는 것이 김 교수의 지적이다. 쉽게 말해 입맛에 맞는 정치해설만 시청하려는 시청자들의 욕구에 맞춰 방송 정치평론도 편향성과 오락성만 지속적으로 추구한다는 것이다. 어떤 서구 매체의 서울 특파원은 "종편 관계자들이 솔직히 '보수적 언사를 자극적으로 많이 쓰는 평론가를 섭외하는 대신 진보 계열 평론가를 쓰면 시청률이 아무래도 낮게 나온다'고 고백하는 것을 들었다"고 전했다. 김 교수의 주장과 무관하지 않은 얘기다. 한편 공중파에서 장기간 시사프로를 연출했다 종편으로 옮긴 모 PD는 "공중파 방송에선 시청률을 따지기에 앞서 시사프로만큼은 공정성과 사실에 입각한 주장만 나와야 한다는 '공영의식'이 강하게 작용했다. 하지만 종편에선 시청률 압박이 큰 현실도 현실이지만 이런 최소한의 공영의식이 시사프로 제작에서 거의 작동하지 않는 것이 문제"라고 지적했다. 종편 토론방송의 엔터테이너화 원인을 시청률에서 찾기에 앞서 방송 수뇌부와 제작진의 의식 부재에서 찾아야 한다.

3. 정치평론의 정상화 방향

　　이렇게 문제 많은 방송 정치평론을 정상화할 해법은 무엇일까? 우선 논객과 정치평론가를 구별해야 한다는 의견이 힘을 얻는다. 논객은 말 그대로 자신의 이념과 생각을 자유롭게 얘기할 수 있는 이야기꾼이다. 반면 정치평론가는 사실과 정보에 근거해 정세를 '규정'해야 한다는 점에서 훨씬 더 많은 책임성과 전문성이 요구된다. 따라서 방송사는 정치를 소재로 입담 좋게 얘기를 풀어내는 이념적 엔터테이너는 논객으로 이름 붙이고 일종의 '시사예능' 영역에 두면 된다. 예능국이나 교양국이 만드는 프로가 이들의 주된 출연무대가 되어야 한다. 대신 보도국이 제작하는 시사프로에선 '정치평론가' 요건이 되는 인물에 대해서만 '정치평론가'로 정확히 라벨링해서 출연시켜야 한다.

　　그렇다면 제대로 된 정치평론가의 요건은 무엇일까? 우선 정치나 정치권 주변에서 일정 기간 몸담으며 체득한 경험과 식견이 있어야 하고, 든든한 정치권 내부 소스(정보원)를 구축하고 있어야 한다.

　　정치평론의 백미는 정치판에서 실제로 돌아가는 현실을 꿰뚫으면서 촌철살인의 분석을 하는 것이다. 그러나 상당수 정치평론가는 이런 경험이 없다 보니 상투적인 얘기만 남발하게 된다. 예를 들어 공천 시즌이 되면 '낙하산 공천', '청와대 공천', '친노 공천' 운운하며 공천민주화의 필요성을 역설하는 정치평론가가 많다. 하지만 민주당에서 10년간 당직을 지낸 L씨는 "요즘 시대에 공천이 그렇게 단순하게 이뤄지겠나? 공천은 정치인들의 생사를 가르는 무시무시한 전쟁터다. 보스나

당권파들의 뜻만 갖고 이뤄지는 공천은 없다. 총선 때마다 다르게 등장하는 시대적 화두와 여론의 추이, 당내 복잡한 역학구도 등이 얽혀 최종발표 직전까지 한 치 앞을 점치기 힘든 드라마가 이어진다. 이런 상황을 알지도 못하고 언론에 보도된 표피적 상황만 갖고 평론을 하려니 상투적, 추상적 표현이 판을 치는 것"이라고 지적했다. 또 정치평론가는 정치권 내에 소스가 많아야 한다. 제아무리 정치판에 오래 몸담았던 정치평론가도 정치권을 나온 뒤에는 판이 돌아가는 정보를 찔러 주는 소스가 없으면 죽은 얘기밖에 할 수 없다. 소스가 있는 정치평론가만 출연시켜 생생한 얘기를 들을 수 있게 해야 한다.

미국은 CNN방송의 데이비드 거겐이나 ABC방송의 조지 스테파노풀러스같이 정치현장 경험이 풍부한 사람들이 정치평론가가 된다 (미국은 정치평론가를 'commentator'라 부른다). 거겐은 30년 넘게 공화당과 민주당 정부에서 백악관 공보참모를 지냈다. 거겐은 닉슨, 포드, 레이건, 클린턴 등 4명의 대통령을 경험했다. 미국 양대 정당을 섭렵한 그는 방송에서 놀라운 균형성을 보여준다. 그리고 자리를 더 이상 노리지 않는다는 인상을 줘서 시청자들이 신뢰감 속에서 그의 해설을 음미하게 만든다. 또한 하버드대 행정대학원에서 대통령학을 강의하는 교수일 만큼 지식인으로 대접받는다. 스테파노풀러스 역시 클린턴 대통령의 선거캠프 핵심참모와 백악관 대변인을 역임한 정치 머신이다. 정계를 떠난 뒤 미 공중파 방송인 ABC에서 장기간 시사토크를 진행하고 있다.

하지만 우리 정치평론가 중에는 이런 대우를 받을 만한 정치 경력과 수준을 보이는 사람은 거의 없다. 그나마 방송에 나와 들어볼 만한 얘기를 한다고 평가받는 중도 진보 계열 정치평론가 L씨나 또 다른 L씨는 각각 청와대와 정당에 일정기간 몸담았던 사람들임을 주목해야 한다. 따라서 제대로 된 정치평론가 타이틀이 주어지려면 ① 청와대나 정당에서 적어도 수년 이상 당료나 비서관, 보좌관 등으로 재직했고, 그 이후에도 지속적으로 청와대나 정당에 네트워크를 유지하는 인사 ② 대학에서 정치학을 석사 이상으로 전공하고 관련 논문이나 저서를 내서 능력을 인정받는 인사 ③ 정치권 싱크탱크에서 수년 이상 연구 활동을 하고 논문, 칼럼 등으로 일정한 능력을 인정받은 인사 등의 요건을 충족해야 한다고 본다. ②와 ③의 경우에도 정당과 일정한 네트워크가 있어 최신정보를 얻을 수 있는 인사로 국한해야 한다.

또 방송에 나와 말할 때 균형성과 객관성을 유지하는 능력도 정치평론가에게 중요하다. 물론 정치평론가에게 주관성은 어느 정도 불가피한 것으로 보인다. 하지만 정치평론가에게 이데올로기가 있어서는 안 된다. 정치평론이란 무엇인가? 사실과 정보를 바탕으로 정치현상을 설명하는 것이다. 이런 설명에 정파적 이념을 담아서는 안 된다. 정치평론가 L씨는 "프로야구 중계에 비교해 보면 야구선수는 정치인이고 아나운서는 기자, 그리고 해설자가 정치평론가라고 할 수 있다. 해설자는 야구에 대한 전문적 지식과 정보를 가지고 경기상황을 객관적으로 설명하는 사람이다. 롯데와 두산이 경기를 하는데 해설자가 개인적으로 롯데 팬이라고 롯데에 치우친 해설을 할 수 있겠는가?"라고 지적했다. 다만 토론 프로에서 특정 주제를 놓고 진보와 보수 양편의 시각을 들어본다는 취지에서 출연한 경우에는 정치평론가별로 각자의 주관적 견해를 얘기할 수 있다는 것이 전문가들의 중론이다.

4. 몇 가지 제안사항

정치평론가 후보들의 능력을 검증해 함량이 인정된 인물만 정치평론가 타이틀을 부여하는 문단식 메커니즘을 확립할 필요도 있다. 권위와 공정성이 인정된 '정치평론가협회(또는 학회)' 같은 기구를 만들고, 이미 정치평론가로 정치권과 언론 등의 인정을 받은 시니어 인사들을 심사위원으로 해 이들의 추천으로 신인 정치평론가를 등단시키는 방식이다.

물론 후보들은 충분한 정치경력과 방송출연을 통해 기본적인 자격을 인정받은 사람들 속에서 나와야 한다. 물론 정치평론가협회는 특정한 이념적 성격을 띠어선 안 된다. 진보와 보수 등 이념적 지향을 넘어 기자 개인의 경력과 능력을 바탕으로 회원으로 추천되는 관훈클럽 같은 권위가 정치평론가협회에게 있어야만 정치평론가 등단도 사회적으로 인정받을 것이다.

또 정치평론가의 안정적인 공급을 위해선 적정한 대우와 수입이 보장돼야 한다. 종편들의 프로그램 편당 보수는 10만~15만원 사이에 불과하다. 정치평론가 L씨는 "한 달에 하루도 빠지지 않고 출연해도 300만 원 정도 벌 뿐이다. 처자식이 있는 사람이 이걸로 생활이 되겠느냐. 결국 자극적인 발언으로 더 많은 출연 기회를 노리거나 정치권을 기웃거릴 수밖에 없게 된다."고 말했다.

　함량 미달의 방송사 PD와 작가진도 개선해야 한다. 사실 그동안 TV에서 정치토크쇼나 시사프로를 연출하고 대본을 쓴 경험이 많은 작가와 PD는 그리 많지 않다. 'PD수첩' 등은 엄밀히 말해 시사프로가 아닌 고발프로이다. 종편의 경우 상당수 PD와 작가는 교양프로를 만들다 온 경우가 많다. 이들은 정치판을 들여다본 경험이 많지 않고 누가 정치평론 전문가인지 모르는 경우가 많다. 그렇다 보니 함량미달의 정치평론가들도 문제의식 없이 섭외하게 된다고 시사프로 연출 경력 15년의 PD L씨는 전한다. L씨는 "예를 들어 5·18 관련해 탈북자가 종편에 출연, 북한군을 거론해 문제가 된 사건도 연출진의 이념 때문이 아니라 전문성이 부족한 탓에 자격이 안 되는 인사를 출연시킨 결과로 보인다."고 말했다. 탈북자로부터 "5·18 관련해 충격적인 얘기가 있다. 출연시켜 주면 폭로하겠다."는 제보를 받은 종편 제작진이 그 말에 솔깃해 발언 자격이 있는 정통한 소스인지 확인도 안하고 출연시켰을 가능성이 크다는 것이다. 시사프로를 제작한 경험이 일천한 아마추어 제작진이 빚은 참극이었을 것이란 얘기다. 또 연출진의 정치판 지식이 워낙 떨어지다 보니 정치평론가가 기본적인 팩트조차 틀린 말을 해도 여과가 안 된다는 지적도 나온다. L씨는 "결국 함량미달 정치평론가가 양산되는 건 함량이 안 되는 시사프로 연출자와 작가들 탓도 크다"며 "시사프로 작가와 연출자에게 충분한 기간과 제작환경을 마련해주고 투자해 시사프로 전문연출진이 많아지면 자연스럽게 출연하는 정치평론가들도 양질의 인물들이 나오게 될 것"이라고 지적했다.

　이와 함께 시사프로 숫자를 줄여야 한다고 그는 강조했다. 종편

마다 많게는 5개까지 운영하고 있는데 연출진과 정치평론가 모두 양질의 공급원이 절대 부족하다. 시사프로를 한두 개로 줄이고 전문화에 집중해야 한다. L씨는 "시사프로 경력 15년 경험에 비춰 볼 때 방송에 나올 만한 함량의 정치평론가는 열 손가락 안에 들어갈 만큼 적다"고 말했다. 결국 종편은 '종편'답게 시사프로 과잉편성을 줄이고 다른 분야 프로제작에 힘써야 하며, 그럴 때 정치평론 저질화 문제도 가라앉을 것이란 지적이다.

정치권도 책임이 있다. 대선기간은 물론 최근까지도 종편은 진보성향의 정치평론가들을 섭외하기 힘들었다. 이들 대부분이 "종편은 안나간다"고 거절했기 때문이다. 민주당이 종편 출연을 거부한 것이 야권, 나아가 진보진영 전체가 종편 출연을 꺼리는 결과를 빚은 것이라고 할 수 있다. 그렇다 보니 우파 계열에서 정치평론가라고 할 수 없는 함량미달 논객들만 일방적으로 종편에 출연하게 된 것이다. 결국 여당이건 야당이건 자신의 입맛에 맞지 않는 방송매체라도 열린 마음으로 출연해 적극적으로 상대를 설득하려는 자세가 필요하다. 출연을 했는데도 왜곡된 편집이나 발언 기회를 불공정하게 주었을 경우엔 항의를 통해 바로잡거나 싸우면 된다. 그럴 경우 비난은 방송매체로 갈 것이다. 정치권이 반대파와의 대화(방송 출연)를 통해 타협을 이뤄낸다는 민주주의 정치의 기본에 충실할 때 제대로 된 시사프로, 제대로 된 정치평론가가 나올 것이다.

7장
전업 정치평론가와 방송 정치평론의 과제

윤범기(MBN)

1. 직업으로서의 정치평론가

　　하나의 유령이 대한민국을 배회하고 있다. 정치평론가라는 유령이다. 한때 종합편성채널(이하 '종편') 방송가에선 "정치평론가가 이런 시국에 월 2천만원 못 벌면 바보"라는 말이 돌기도 했다. 물론 18대 대선을 앞두고 정치평론 프로그램이 폭증한 한시적 현상이었다. 대선 이후 정치평론가의 출연은 많이 줄어들었지만 여전히 재보궐 선거를 포함한 선거철은 꾸준히 돌아오고 방송작가들은 정치평론가에게 섭외전화를 걸고 있다.

　　"지금은 정치평론가 전성시대"부터 "선거 때만 반짝하는 평생 비정규직"까지 정치평론가를 바라보는 세간의 시선은 복잡하다.[1] 하지만 하나는 분명하다. 정치평론가라는 새로운 직업군이 등장했다는 사실이다. 과거의 정치평론은 주로 정치학 등 사회과학을 전공한 직업을 가진 교수가 주도했다. 가끔 소설가나 시인 등도 시국에 관한 칼럼을 개제하며 정치평론을 했다. 전통적 지식인들인 이들에게 정치평론이란 어디까지나 부업이지 본업이 아니었다.

1) 정치학자들의 퇴조와 논설위원의 득세

하지만 어느 순간 이런 직업으로서의 교수(정치학자)들의 칼럼이 신문 지상에서 사라지기 시작했다. 정치학 교수들에게 한국정치는 관심의 대상에서 멀어졌다. 일부 '폴리페서'들의 과잉 정치화가 가져온 반작용 때문인지, 한국 학계의 뿌리 깊은 대미 식민성 때문인지 논하는 것은 이 글의 주제에서 벗어난다. 혹은 학술적인 글쓰기에만 익숙해진 교수들의 글이 대중적 글쓰기를 바라는 신문 편집자들에게서 환영받지 못하기 때문일지도 모르겠다. 어쨌든 '정치평론가'로서의 교수들은 하나 둘 상아탑에 틀어박혀 지면에서 사라지고 있다.

그 자리를 메운 것이 저널리스트들, 이른바 논설위원의 정치평론이다. 중앙일보의 김진, 박보균, 문화일보의 윤창중, 조선일보의 문갑식, 한겨레의 성한용 기자 등 자기 이름을 걸고 정치평론을 하는 저널

---

1   백철. "지금은 정치평론가 전성시대."《주간경향》, 2012.10.17.

리스트들이 등장하기 시작했다. 최근 글로서의 정치평론은 이런 신문쟁이들이 주도하고 있다고 해도 과언이 아니다. 하지만 이런 신문의 정치평론가들은 당파성이나 플랫폼 측면에서 자기 매체를 벗어나지 못한다는 한계가 있다. 더구나 종편의 등장과 함께 글이 아닌 말을 통한 정치평론이 시작되면서 새로운 직업군이 필요해졌다.

2) 고성국은 얼마나 벌까?

최초로 부업이 아닌 주업으로 정치평론을 하는 1세대 정치평론가를 꼽자면 먼저 고성국 박사를 들 수 있다. 《시사인》 보도에 따르면 고성국은 지난해 8월부터 11월까지 각종 지상파와 종편, 라디오 시사 프로그램 등에 100회 이상 출연하며 이철희 두문정치전략연구소장과 함께 가장 많은 출연횟수를 기록했다.[2] 정치평론 프로그램이 급감한 대선 이후에도 고성국의 주가는 꺾이지 않았다. 2013년 10월 현재 MBN의 와이드뉴스 프로그램인 '시사스페셜' 고정 앵커로 발탁되며 평일 오후 5시부터 6시까지 뉴스를 진행 중이다.

그렇다면 고성국의 출연료는 얼마나 될까? 일반적인 정치평론가의 출연료는 약 20~40분 정도의 정치대담에 10만 원에서 20만 원 선을 받는 것으로 알려지고 있다.[3] 고성국 정도의 스타급(?) 정치평론가

---

2   차형석·임지영. "정치평론가, 누가 제일 잘 나갔지?" 《시사인》, 2012.12.14.
3   김윤종·전주영. "정치평론가 전성시대 누가 제일 잘 나가나." 《동아일보》, 2012.12.12.

는 매회 30만 원 이상을 받는다고 한다. 출연자가 아닌 앵커로서의 수입은 그 이상이다. 종편 4사와 YTN, 뉴스Y 등 보도프로그램의 섭외 경쟁이 치열해지며 매일 3, 4회의 겹치기 출연이 일수였던 점을 고려하면 월 수천만 원 수입을 훌쩍 넘었을 것으로 추정할 수 있다.

물론 대선이 끝나면서 정치평론의 수요가 줄어들어 많은 정치평론가들이 밥벌이를 못하게 되기도 했지만, 고성국 박사, 신율 명지대 교수, 이철희 두문정치전략연구소장 등은 각각 MBN(뉴스 공감)과 TV조선(대선열차), jtbc(썰전) 등에서 자신의 이름을 건 프로그램의 고정 앵커 혹은 출연자로 발탁되어 안정적인 수익을 얻고 있다. 비록 기자와 아나운서 같은 정규직 방송인은 아니지만 새로운 형태의 '고액 비정규직' 직장인으로 자리매김한 것이다.

3) '정치낭인'에서 '스타평론가'로 인생역전

그렇다면 정치평론가들은 어느 별에서 왔을까? 하늘에서 갑자기 떨어진 직업은 없다. 신율(명지대 정외과)이나 김민전(경희대 교양학부)처럼 대학에 교수직을 가지고 왕성한 정치평론 활동을 해온 경우를 제외하면 대부분의 정치평론가들은 특별한 직업 없이 정치권 주변을 떠돌던 이른바 '정치낭인'인 경우가 많았다.

고려대 정치외교학과를 나온 고성국 역시 학창시절엔 운동권이었다. 1986년 다산, 보임사건이란 시국사건으로 옥살이까지 했던 그는 1988년 노태우 대통령 취임에 맞춰 시행된 특별사면으로 풀려났다.[4] 이후 진보 성향의 학술, 정당운동 등을 하던 고성국은 1988년 말 전국언론노동조합 결성 시 지원활동을 하며 알게 된 PD, 기자들의 도움으로 간간이 방송활동을 하게 되었다고 한다.

당시 아직 박사학위도 없던 고성국이 방송계에서 자신을 소개하기 위해 내놓은 직함이 '정치평론가'였다. 최초로 전업 정치평론가 명함을 사용한 것이다. 1992년엔 CBS라디오의 〈시사자키〉 프로그램을 진행했고, 90년대 중반엔 KBS 〈추적 60분〉을 진행하는 등 시대를 앞서간 전성기를 누리기도 했다.

하지만 고성국의 방송 인생이 순탄하기만 했던 것은 아니다. 다른 방송인들이 기계적인 중립을 중시한 것과 달리 고성국은 당파성을 넘나들었다. 〈시사자키〉를 진행할 때는 당시 여당이던 민자당에 비판적인 발언을 했다는 이유로 방송에서 하차했고, 1997년 5월에는 KBS 노동조합이 "고성국은 김현철의 인맥"이라고 비판해 스스로 진행자에서 물러나는 홍역도 치렀다. 지난 18대 대선 때는 박근혜 대통령 후보의 승리를 단언하는 발언으로 '친박 평론가'라는 오명(?)을 얻기도 했다.

순전히 방송만 한 것도 아니었다. 당파성이 뚜렷한 정치, 학술 활동에도 참여했다. 한때 대학가 PD계열 운동권의 현대사 학습교재였던 〈청년을 위한 한국 현대사〉 등의 공저자로 참여하기도 했고, "문민정부의 개혁에 관심을 가지고" 이른바 '김현철 사단'에 참여하기도 했던 것으로 보인다. 김대중, 이회창 캠프의 후배들에게 정치적인 조언을 하

---

4   백철. "지금은 정치평론가 전성시대." 《주간경향》, 2012.10.17.

다 총풍사건에 연루된 것으로 검찰의 수사결과에 오르내리는 등 우여 곡절도 겪었다.

이후 고성국은 문민정부 이후 제주도에서 3년간의 휴식기를 가지기도 했지만, 민주당계 이수인 의원의 권유로 다시 서울로 올라와 2005년쯤부터 방송을 재개하게 된다. 결국 고성국의 인생은 운동권으로 시작해 정치권 언저리를 배회한 정치낭인으로서 방송활동을 해온 것으로 요약할 수 있다. 그 와중에 틈틈이 국내 대학원(고려대 정외과)을 진학해 박사 학위도 취득했다. 정치평론가 고성국 박사가 탄생한 것이다.

고성국 이외에도 스타급 정치평론가 중에는 정치권 유경험자가 유독 많다. 앞에서 인용한 시사인 보도에 따르면 이철희 두문정치전략연구소장은 민주당 김한길 의원의 보좌진으로 일한 바 있고, 민주당 부설 민주정책연구원 부원장을 역임했다. 이들과 함께 또 다른 스타 정치평론가인 황태순 위즈덤센터 수석연구원은 노태우 정부 때 '황태자'로 불린 박철언 전 의원의 참모 출신으로 옛 민주당 김중권 전 상임고문의 특보로도 활동한 바 있다.

박상병 박사는 한국정당정치연구소·한국정치연구회에서 주로 활동했고, 유창선 박사는 민주당 이부영 전 의원의 보좌관을 지냈다. 역시 국회의원 참모 출신인 박상헌 공간과미디어연구소장은 안상영 전 부산시장의 특보를 오래 했으며 한때 부산에서 한나라당 후보로 국회의원에 출마하려고 했다. 지난 11월 26일 박근혜 후보 단독 토론에 패널로 출연한 홍성걸 국민대 교수는 주로 보수 견해를 대변하곤 하는데, 한나라당 부설 여의도연구소 출신이다.[5]

4) 국내박사, 퇴직 언론인, 여론조사 전문가 등 활약

이렇게 정치권 주변을 떠돌던 정치낭인 출신이 일군의 정치평론가 그룹을 형성하고 있다면 학자 출신 정치평론가도 존재한다. 학자 출신 정치평론가들의 특이점은 기존 학계의 비주류로 분류되는 국내 박사와 지방소재 비명문대 교수, 여성 정치학자 등의 활약이 두드러진다는 점이다.

고성국 역시 고려대 정외과를 졸업한 국내박사이고 김만흠 한국 정치아카데미 원장 또한 서울대 정치학과에서 학부, 석사, 박사를 마친 국내 박사 출신이다. 고성국과 함께 1세대 정치평론가로 왕성한 활동을 하고 있는 신율 명지대 교수의 경우도 학계의 평가는 박한 편이었다. 지난 대선에서 새로 방송에 출연하기 시작한 정치학자 출신 정치평론가들은 대개 인천대, 인하대, 동아대 등 지방에 소재한 대학의 정외과 교수들인 경우가 많았다. 도대체 서울대, 연고대 등 명문대 정외과 교수들은 어디서 무얼하고 있는지 궁금할 정도였다.

여성 정치평론가들의 등장도 두드러졌다. 김민전 경희대 교수, 정연정 배제대 교수 등 여성정치학자들이 지난 대선 때 정치평론가로 활약했으며 김행 등 여론조사 전문가, 정미홍 전 KBS 아나운서 등 여성 방송인도 한때 정치평론가로 방송에 출연했다. SBS 부장 출신 정군기 정치평론가와 같은 퇴직언론인도 정치평론가 대열에 합류하기 시

---

5   차형석·임지영. "정치평론가, 누가 제일 잘 나갔지?"《시사인》, 2012.12.14.

작했다.

5) 30대 전업 정치평론가마저 등장

고성국, 신율 등을 1세대, 그 이후 등장한 정치평론가 그룹을 2세대라 한다면 지난 대선 때 종편 방송을 통해 등장한 3세대 정치평론가들도 있다. 이들의 특징은 교수, 정당인, 언론인 등 별도의 직업적 배경 없이 30대의 젊은 나이에 바로 정치평론가 대열에 합류했다는 것이다. 채널A, MBN 등에서 정치평론가로 활약한 최요한, 〈tvN 끝장토론〉 출연 이후 청년논객으로 유명세를 얻어 채널A에도 출연한 윤주진, MBN과 채널A에서 진보성향 청년논객으로 출연한 김선진 등을 들 수 있다.

물론 이런 신세대 정치평론가들의 등장은 18대 대선을 앞두고 지나치게 정치평론 프로그램이 범람하며 나타난 정치평론가 섭외난의 부산물인 측면도 있다. 하지만 이를 통해 새로운 직업으로서 정치평론가에 도전하는 청년들이 생겨나기 시작했다는 흐름을 읽을 수 있을 것으로 보인다. 또 이런 신세대 정치평론가들과 정치평론가 지망생에 대한 체계적인 교육이 시급하다는 점을 시사하는 대목이기도 하다.

2. MBN으로부터의 감염(contagion from MBN)

그렇다면 이렇게 방송에서의 정치평론이 활성화된 이유는 무엇일까? 사람들은 막연히 종편의 등장을 그 원인으로 꼽고 있다. 물론 맞는 말이다. 그렇다면 종편들은 왜 정치평론 위주의 방송이 된 것일까? 애초 공중파 모델을 따라 높은 시청률을 기대할 수 있는 선정적인 예능과 드라마 위주로 발전할 것으로 예상됐던 종편이 정치평론 방송으로 자리매김한 이유가 무엇인지는 잘 설명되지 않고 있다.

따라서 '종편의 정치평론화'를 이해하기 위해서는 이런 정치평론 위주의 방송을 이미 보도채널 시절부터 하고 있던 MBN의 경험에 주목할 필요가 있다. 한마디로 종편에서 정치평론이 활성화된 것은 사실 MBN의 방송 모델을 TV조선, 채널A, jtbc 등 타 종편들이 적극 차용했기 때문으로 이해할 수 있기 때문이다. 이는 마치 정당의 발전사에서 유럽의 우파정당들이 좌파정당의 대중정당 모델을 적극 차용하며 나타난 '좌파로부터의 감염'(contagion from left) 현상과 비슷하다 할 것이다. 그래서 이를 'MBN으로부터의 감염'(contagion from MBN)이라 부를 수 있을 것이다.

1) 종합뉴스와 공중파의 한계

그렇다면 MBN은 왜 보도채널 시절부터 정치평론 방송을 하고 있었던 것일까? 이는 최근 한국 방송 뉴스에 나타나는 두 가지 경향을 알아야 이해할 수 있다. 한국의 방송 뉴스는 크게 두 가지의 서로 다른 방향으로 발전하고 있다. 바로 종편과 보도채널로 대표되는 '와이드뉴스' 형식과 KBS, MBC, SBS로 대표되는 '종합뉴스' 형식이다. 같은 방송뉴스지만 이 두 방식은 전혀 다른 형태의 방송제작 환경과 진행방식을 필요로 한다.

우리가 흔히 알고 있는 방송뉴스의 전형은 물론 공중파 방송국의 '종합뉴스'다. KBS의 '9시 뉴스', 'MBC 뉴스데스크', SBS의 '뉴스8' 등이 이런 종합뉴스의 전형이라 할 수 있다. 이런 종합뉴스는 대략 30꼭지 정도의 리포트와 방송 시간 조절을 위해 추가되는 2, 3개의 단신으로 구성된다. 기자 1명이 한 꼭지의 리포트를 담당하고 앵커는 2문장 정도의 앵커멘트로 기사를 소개하는 식의 구성이다. 정해진 큐시트에 따라 기자의 리포트를 앵커가 쭉 소개하고 나면 뉴스가 끝난다. 이것이 그동안 한국의 시청자들에게 익숙한 뉴스 포맷이었다.

이런 공중파의 종합뉴스 포맷에서는 정치평론이 낄 자리가 많지 않았다. 대개 1분 30초 정도로 제작되는 정치 뉴스의 경우 가끔 전문가의 멘트가 필요할 경우 정치학 교수들의 인터뷰가 10초 내외로 삽입되곤 했다. 정치평론가로 왕성한 활약을 하는 신율 명지대 교수가 이런 방송뉴스용 멘트를 잘 해주는 걸로 유명했지만, 이런 뉴스를 정치평론이라 할 수는 없었다. 따라서 방송의 정치뉴스는 주요 정치인들의 행보를 소개하는 동정보도 위주로 흐르기 일쑤였다.

이런 정치뉴스의 한계를 보완하기 위해 공중파 방송국에서는 'MBC 100분토론', 'KBS 심야토론', 'SBS 시시비비' 등의 토론 프로그램을 운영하기도 했다. 하지만 이런 식의 토론프로그램은 그 수도 적을뿐더러 편성도 시청률을 고려해 심야 시간대에 이루어졌고 다양한 주제를 소화하느라 본격적인 정치평론을 다루는 기회도 희소했다. 자연히 이런 공중파 토론프로그램에 출연할 수 있는 패널은 주요 정치인이나 정치평론을 부업으로 하는 유명대학 교수에 국한됐고, 따라서 다양한 정치평론가들의 생태계를 활성화시키기에는 한계가 분명했다.

2) MBN의 '와이드뉴스' 형식 도입

1995년 한국에서 케이블 방송이 출범할 당시 대표적인 보도채널로 등장한 YTN은 이런 공중파의 종합뉴스 형식을 채택했다. 통신사인 연합뉴스의 자회사로 출범한 YTN은 방송 유경험자인 전직 KBS 기자들을 대거 영입해 뉴스를 제작했고 자연히 종합뉴스 형식을 차용했다. 공중파의 9시뉴스를 24시간 내내 언제나 볼 수 있다는 것이 YTN뉴스의 특징이었던 것이다.

하지만 2000년대 후반부터 YTN을 추격하며 보도채널로 급성장한 MBN은 YTN과 다른 길을 갔다. 공중파의 종합뉴스 형식보다는 미국 CNN의 '와이드뉴스' 형식을 채택한 것이다. 전 세계를 대상으로 생방송을 진행하는 CNN의 경우 이렇다 할 '리포트'라고 할 만한 것이 없다. 뉴스의 상황이 종료된 저녁 시간대에 차분하게 그날의 뉴스를 정리해주는 개념으로 제작되는 종합뉴스와 달리, CNN은 계속 변하는 전 세계의 상황을 전해야 하기 때문에 완성도 있는 리포트를 만들기보다 계속 현장을 연결하는 생중계 위주의 방송을 할 수밖에 없는 것이다.

MBN은 증권방송에서 보도채널로 채널 성격을 전환한 2000년대 후반부터 본격적인 CNN 스타일의 '와이드뉴스' 형식을 채용했다. 특히 시청자들의 채널이 공중파로 넘어가기 전 케이블 시청률이 가장 잘 나오는 오전과 오후 시간대 뉴스를 전화 연결과 전문가 출연 위주의 대담 방식으로 꾸려갔다. 또 증권방송에서 시작했음에도 불구하고 MBN에선 정치 이슈를 다루는 경우가 많았다. 복잡하고 소위 '그림이 안 되는' 경제 이슈보다 정치 이슈가 케이블 시청자들의 관심을 끌 수 있었기 때문이다.

또 MBN이 대담 위주의 와이드뉴스를 채택한 이유는 절대적인 기자 수 부족 때문이기도 했다. 필자가 입사했던 2007년 말 MBN의 취재기자 수는 80여 명에 불과했다. KBS 480명(지방주재기자 포함), MBC 300명, SBS와 YTN 200명 수준과 비교할 때 절대적인 기자 수가 부족했던 것이다. 완성도 높은 리포트 위주의 종합뉴스로 타 방송사와 정면승부를 벌이기에는 턱없이 부족한 숫자였다. 따라서 적은 수의 기자에 의존하기보다 전화연결과 전문가와의 대담 등으로 주요 관심사를 길게 끌고 갈 수 있는 와이드뉴스가 생존 전략으로 제시된 것이다.

이런 경향은 종편으로 전환되는 2011년 말까지 점차 강해졌고 여전히 종합뉴스 형식을 고수하는 YTN과의 시청률 격차도 급격히 줄어들었다. 당시 YTN이 케이블 100개 채널 중 안정적으로 1~5위 안에 들었다면 MBN은 5~8위 정도의 시청률을 기록하다 종편 전환 직전에는 MBN 시청률이 YTN을 앞서는 경우도 종종 나타나며 이변을 일으켰다. 종편 전환 직후 시청률이 급락하는 위기를 맞기도 했지만,

2012년 총선과 대선을 앞두고는 다시 시청률이 상승해 지금은 종편들의 시청률이 YTN을 무난하게 앞서는 상황이다.

3) 와이드뉴스의 숨은 권력자 방송작가

MBN에서 와이드뉴스 형식이 정착하며 뉴스진행에도 새로운 변화가 생겨났다. 종합뉴스에서는 기자가 뉴스 제작의 핵심이다. 기자의 리포트 위주로 뉴스가 구성되고 전문가의 출연은 매우 제한적인 경우에 한정됐다. 하지만 와이드뉴스에선 한 시간에 4, 5명의 전문가가 출연해서 현안을 논의한다. 따라서 그 출연자를 결정하고 섭외하는 업무의 중요성이 매우 커졌다.

기존의 종합뉴스에선 출연자 섭외의 필요성이 있으면 기자가 그 역할을 했지만, 와이드뉴스에선 그 역할을 방송작가가 한다. 대개 20~30대 여성의 계약직 직원인 방송작가는 처음엔 단순히 뉴스PD와 앵커의 업무를 보조하고 질문지를 작성하는 역할이었지만, 점차 와이드뉴스의 출연자를 결정하고 뉴스 콘텐츠를 제작하는 핵심 인력으로 떠오르게 되었다.

방송작가들은 미리 PD 및 앵커와의 회의를 통해 어떤 평론가를 섭외할 것인지 논의하고 지난 출연자의 퍼포먼스와 시청률에 미친 영향 등에 대한 의견을 개진한다. 또 앵커가 정치평론가에게 던질 질문의 초안을 작성하고 정치평론가가 방송국에 도착하면 로비에서 맞이하고 분장실로 안내한 후 스튜디오까지 에스코트한다. 대담 내용을 생방송으로 확인하고 대담이 끝난 정치평론가가 스튜디오에서 나와 가장 먼저 만나는 사람도 방송작가다.

정치평론가들의 섭외도 이 방송작가들 사이의 입소문이나 평가에 좌우되는 경우가 많아졌다. 방송작가의 수첩이나 스마트폰에는 수많은 정치평론가의 연락처가 저장되어 있으며 여야 정치성향과 방송적합도에 대한 평가까지 기록된 경우가 많다. 정치평론가와 방송작가의 관계는 그야말로 악어와 악어새의 관계라 할 수 있다. 이에 따라 방송가에 새로 얼굴을 알리려 할 때는 방송작가들에게 종종 밥을 사며 좋은 관계를 유지하는 정치평론가들도 늘고 있는 실정이다.

4) MBN 출신 인재들의 타종편 진출

결국 MBN이 본의 아닌 사정으로 와이드뉴스 형식을 채택한 것이 방송의 정치평론을 활성화시키는 마중물이 되었다고 할 수 있다. 거기에 MBN에서 국내 최초로 시도된 와이드뉴스에 적합하게 훈련된 방송 인력들이 대거 채널A, TV조선, jtbc 등 타 종편으로 이직한 것은 18대 대선을 앞두고 와이드뉴스 형식이 종편들에 정착되는 계기가 되었다고 할 것이다.

MBN 출신으로 방송의 정치평론 확산에 기여한 대표적인 인물은 바로 채널A '박종진의 쾌도난마'를 진행하는 박종진 앵커이다. 고려대 영문과를 졸업한 박종진 앵커는 불교방송 PD를 거쳐 1995년 MBN 개국과 함께 방송기자로서의 경력을 시작했다. 이후 국회 반장과 청와대 출입기자 등 정치 분야 출입처에 특화된 경력을 쌓아왔으며 뉴스 앵커로서도 일찌감치 두각을 드러냈다.

박종진 앵커가 특히 두각을 드러낸 분야는 출연자와의 대담이었다. 박 앵커 특유의 구수한 입담과 친화력, 유머감각, 애드립 등으로 출연자들과 만담 형식의 대담을 진행해 시청자들의 좋은 반응을 얻었으며 독보적인 와이드뉴스의 앵커상을 확립했다. 그는 이미 쓰여진 앵커멘트를 앵무새처럼 따라 읽는 데만 치중했던 공중파 종합뉴스의 앵커와는 전혀 다른 종류의 앵커였다. 더구나 자신의 출입처 경력을 살려 정치인이나 정치평론가와 정치 이슈를 소재로 대담하는 것을 즐겼다.

박 앵커는 2008년 18대 총선을 앞두고 돌연 사표를 제출, 한나라당 국회의원 후보로 서울 관악구에 공천신청을 했으나 낙천된 후 공정택 서울시교육감 후보 대변인, KTV 앵커 등을 거쳐 다시 MBN에 재입사하는 우여곡절을 겪었다. 그 후 종합편성채널 개국 직전 채널A로 전격 이직해 '박종진의 쾌도난마'라는 간판급 시사대담 프로그램을 맡게 된다. 이때 MBN 시절부터 호흡을 맞춰 온 고참 방송작가인 최경우 작가도 함께 채널A로 이직해 지금까지 '쾌도난마'를 함께하고 있다.

MBN에서 채널A로 이직한 또 한명의 간판급 진행자는 '이언경의 직언직설'을 진행하는 이언경 앵커이다. 본래 원주KBS에서 방송 경력을 시작한 이언경 아나운서는 프리랜서 아나운서로 MBN에 입사한 후 케이블에서 가장 시청률이 잘 나오는 오후 3~5시의 와이드뉴스인 '뉴스M'의 MC로 오랜 기간 활약했다. 이언경 앵커 역시 특유의 순발력과 침착함, 애드립 등으로 와이드뉴스 여성 진행자로서 독보적인 역량을 인정받아 종편 출범과 함께 TV조선, 채널A, jtbc 3사의 러브콜을 동시에 받았으며, 채널A로 이직한 후에는 아나운서 팀장으로 정규직 채용돼 와이드뉴스와 종합뉴스를 오가며 활약하고 있다.

또한 채널A로 옮긴 천상철, jtbc로 옮긴 유상욱, 오대영 기자, TV조선으로 옮긴 엄성섭 기자 등 MBN에서 다년간 와이드뉴스 진행 경험을 쌓은 기자들이 타 종편으로 옮겨갔다. 이에 따라 18대 대선을 앞두고 정치평론이 한창일 때는 종편 4사에서 MBN 출신이 동시에 앵커로 출연하는 기현상을 빚기도 했다. 공중파나 YTN 정규직 기자 출신은 타 종편에 이직한 사례가 적었고, 조중동의 신문기자 출신을 바로 종편에서 앵커로 쓰기엔 숙련도가 떨어졌기 때문으로 풀이된다.

이와 함께 뉴스PD, 방송작가 등 와이드뉴스에 필요한 방송 인력도 대거 MBN에서 타 종편으로 옮겨가 방송을 통한 정치평론을 가능케 하는 인프라 구축에 기여했다. 이 과정에서 계약직으로 저임금에 시달렸던 방송전문 직종들의 처우가 경쟁적인 채용 을 통해 일정 부분 개선된 것도 종편 출범의 긍정적인 효과라고 할 것이다.

3. 18대 대선과 북한변수

1) 1차 TV토론과 이정희 효과

2012년 12월 4일 열린 18대 대선의 1차 TV토론은 정치평론이 종편 3사로 확대되는 결정적 계기였다. 당시는 종편이 출범한지 1년이다 된 시점이었지만 종편의 미래는 여전히 불투명했다. 초창기 0%대의 '굴욕 시청률'로 부진을 면치 못하던 TV조선이나 채널A는 아직 명확한 방송 노선을 정하지 못하고 내심 방송 철수까지 고려하고 있던 상황이었다.

jtbc는 과거 예능과 드라마의 강자로 유명했던 TBC의 역사를 계승해 예능과 드라마 분야에 많은 투자를 하고 있었지만, '아내의 자격', '무자식 상팔자' 등 몇 편의 히트 드라마를 냈을 뿐 투자 대비 수익을 거두지 못하고 있었다. MBN은 낮 시간대 보도채널 식의 와이드뉴스, 저녁 시간은 '황금알', '나는 자연인이다' 등 상대적으로 제작비가 적고 시청률이 잘 나오는 토크쇼와 다큐 프로그램 편성으로 버티고 있었다.

1차 TV토론은 잘 알려진 것처럼 제3의 후보였던 이정희 후보의 활약(?)이 두드러진 토론이었다. 이 후보는 "박근혜 후보를 떨어뜨리기 위해 나왔다"며 독설과 네거티브 공세로 시종일관 토론을 주도했다. 이에 먼저 적극적으로 반응한 것이 채널A였다. 채널A는 MBN 출신의 두 간판 앵커인 박종진과 이언경을 투입해 TV토론이 끝난 직후 10시부터 새벽 1시까지 3시간 연장 특보를 편성했다. 정치평론가와 앵커들의 대담으로 TV토론 내용을 분석하는 이 특보가 무려 3%대의 시청률을 기록한 것이다.

이는 동아일보와 역사적으로 오랜 라이벌 관계인 TV조선을 자극했다. '한반도' 등 100억 대의 드라마를 만들고도 0.5%의 시청률도 나오지 않던 TV조선은 1차 TV토론 다음날 정치평론가들을 섭외해 뉴스 특보를 시작했고 이 역시 2~3%의 높은 시청률을 기록한 것이다.

그날부터 대선이 끝나는 12월 19일까지 약 보름간은 그야말로 '정치평론가의 전성시대'라고 할 만큼 방송에서의 정치평론이 범람한 시기였다. MBN, 채널A, TV조선 3사가 모두 경쟁적으로 정치평론가 섭외에 들어갔고 정치평론 방송은 1~2%의 안정적인 시청률을 기록하며 하나의 새로운 방송 장르로 자리 잡았다. 이와 더불어 '폐지설'까지 나돌던 종편 4사도 일반 보도채널인 YTN의 시청률을 앞서며 안정적인 정착기에 접어들게 된다.

2) 이정희가 종편 살렸다?

그렇다면 이 기간 정치평론 방송이 종편을 중심으로 활성화된 이유는 무엇일까? 먼저 '이정희 효과'를 들 수 있다. 이정희 후보의 박근혜 후보를 향한 독설은 무엇보다 50, 60대 보수 성향의 노년층 시청자를 자극했다. 당시 보도국에 걸려온 시청자들의 항의 전화 등을 종합해보면 노년층 시청자들은 이정희 후보의 독설에 자신들이 직접 비난받은 듯한 모욕감과 박근혜 후보를 지켜야 한다는 동정심을 느낀 것으로 보인다. 이는 평소 보수 성향 방송으로 알려진 종편의 시청자들을 더욱 결집하게 하는 계기가 된 것으로 추정된다.

또 한 가지 이유는 KBS, MBC, SBS와 YTN 등 기존 방송이 경직된 편성체제를 유지해 이런 시청자들의 수요를 충분히 흡수하지 못했다는 것이다. 실제로 많은 시청자들은 TV토론은 공중파를 통해 시청했지만, TV토론이 끝난 후 정규방송으로 전환한 공중파에서 정치평론 특보를 진행 중이던 종편으로 채널을 돌렸다. 매 시간 다양한 분야의 리포트를 소화해야 하는 종합뉴스 형식을 고수한 YTN과 막대한 비용을 들여 사전제작 드라마, 예능, 다큐 등을 내보내야 하는 공중파에선 대선을 앞둔 시청자들의 수요에 탄력적으로 반응하기 어려웠다. 결국 가장 진보적인 이정희 후보의 독설이 보수 성향 방송사인 종편들을 살리는 아이러니가 연출된 것이다.

3) 북한 이슈의 돌출

뜨거웠던 18대 대선이 끝나고 방송 정치평론 대담 수요는 크게 감소했다. 대선 이틀 후부터 정치평론가들이 출연하는 프로그램의 시청률이 떨어지자 MBN에선 한때 정치평론가 출연 금지령이 떨어지기도 했다. 그 대신 박근혜 당선인과 박정희 전 대통령과 관계있는 출연자들이 한동안 와이드뉴스의 단골손님으로 등장했다. 그리고 한미독수리 훈련과 개성공단 사태가 터지면서는 본격적인 북한 핵과 미사일 위기 상황이 조성되며 정치평론가와 함께 북한 전문가들이 종편의 단골 출연자로 등장하기 시작했다.

이 시기에는 경남대 정외과의 김근식 교수와 북한대학원의 양무진 교수 등 북한정치를 전공한 정치학자들이 정치평론 대담의 출연자로 활약했으나 부작용도 많았다. 종편 4사와 보도채널들이 무분별하게 특보 경쟁을 벌이며 얼마 안되는 북한전문가 섭외난이 벌어지자 제대로 실력이 검증되지 않은 출연자들이 방송에 무분별하게 등장하는 사태도 벌어졌다. 북한 선제공격론이나 한국의 핵보유를 주장하는 전직 군인들(그러면서 전시작전통제권 전환은 반대하는), 또 군이나 안보문제에 식견이 있다고 보기 힘든 일반인 탈북자들, 심지어 거리에서 폭력시위를 일삼던 전직 북파공작원들과 땅굴전문가까지 무차별적으로 종편에 출연하며 대북 적개심을 고취하고 안보 위기상황을 고조시키는 사태가 벌어졌다.

그리고 출연자의 성향이 보수, 반북 일변도로 흐른 것도 이 시기 북한 관련 정치평론의 문제였다. 이런 일방통행 여론에 제동을 걸어야 할 진보 성향의 북한학자나 김대중, 노무현 정부에서 통일정책을 담당했던 전 통일부 관계자 등은 대학 총장 업무 등을 이유로 종편 출연을 기피하는 경우가 많아 더욱더 여론의 균형을 잡기 어려웠다. 그나마 김근식 경남대 교수와 정동영 전 통일부 장관 등이 용기 있게 여러 종편에 적극 출연해 반론을 펼치고 균형 있는 대북정책을 주문한 것은 평가할 만한 일이었다.

4. 정치평론의 예능화

18대 대선을 둘러싸고 또 하나 특기할 점은 종편을 중심으로 정치평론의 예능화가 급속도로 진행됐다는 점이다. 종편 4사의 시청률 경쟁이 치열해지면서 차별화되고 시청자에게 친화적인 정치평론의 필요성이 대두됐고, 각 방송사들은 경쟁적으로 연성화된 정치평론 프로그램을 내놓기 시작했다. 각 방송사의 대표적인 예능 정치평론 프로그램들을 소개하면 다음과 같다.

1) MBN의 '대선 황금알' 특집

MBN은 정치대담을 뉴스에 처음 집중 도입한 방송사로 18대 대선이 치러지던 2012년 12월 19일 대선 특집방송에서 새로운 예능 정치평론 포맷을 선보였다. 종편 MBN의 간판 토크쇼 예능 프로그램인 '황금알'의 형식을 정치평론에 차용해 무려 20명의 정치평론가들이 함께 출연해 개표 과정을 중계하는 시도를 한 것이다. 이 '대선 황금알' 특집은 나름 신선한 시도로 개표 당일의 시청률 향상에도 도움이 되었지만 대선이 끝난 후 몇 가지 편파성(?) 논란을 낳기도 했다.

먼저 대선 당일 예상외로 투표율이 치솟으면서 대부분의 정치평론가들이 문재인 후보의 우세를 점쳤지만, 결국 출구조사 결과가 박근혜 후보가 당선된 것으로 나오면서 참가한 정치평론가들의 신뢰도에 적지 않은 상처를 입혔다. 당시 정치평론가들은 높은 투표율이 야당 후보에게 유리할 것이라는 정치권의 상식(?)에 기초한 예측을 한 것이지만 결과적으로 예측이 틀리면서 편파성 논란을 불러온 것이다.

특히 당일 프로그램에 참가한 평론가 다수가 다소 진보성향에 치우친 점도 방송 중에 보수 성향 출연자들로부터 직접 지적을 받기도 했다. 필자가 당일 섭외를 책임졌던 작가에게 확인해본 바로는 대선 당일 보수 성향 평론가들이 조중동 종편에서 집중적인 섭외가 들어와서 도저히 같은 시간에 출연시킬 수가 없었다는 것이다. 이렇게 '대선 황금알' 특집은 절반의 성공이자 실패로 기록된 채 일회성 방송으로 끝나게 되었다.

2) 채널A '박종진의 쾌도난마'

위에서 언급한 대로 '박종진의 쾌도난마'는 박종진 앵커 특유의 입담에 의존하는 채널A의 간판 대담 프로그램이다. 특히 정치평론가 이봉주나 연세대 심리학과 교수 황상민, 팝아티스트 낸시 랭, 영화배우 김부선 등 걸쭉한 입담을 자랑하는 패널들을 고정 출연시키며 예능 정치평론 프로그램의 선두에 섰다고 할 수 있다.

하지만 앵커의 개인기에 지나치게 의존하다보니 과도한 애드립으로 인한 방송사고도 잦았고 가수 장윤정 씨 가족들의 일방적인 주장을 여과 없이 방송하는 등 무리한 시도로 잦은 논란을 빚기도 했다. 또 2013년 민주당 전당대회 특집 방송에서는 김한길 후보의 부인인 배우 최명길 씨에 대한 이야기로 토론의 상당부분을 할애하는 등 너무 지나치게 흥미위주로 진행돼 정치평론의 본령을 벗어났다는 지적을 받기도 했다.

3) jtbc '썰전'

jtbc가 공중파 출연이 금지됐던 예능인 김구라를 영입해 야심차게 추진한 '썰전'은 예능형 정치평론으로 대박(?)을 터뜨린 케이스다. 김구라가 정통 정치평론가인 이철희 두문정치연구소장과 '아나운서 비하 논란'으로 정치권에서 퇴출된 강용석 전 의원과 함께 벌이는 3자 토크는 정치평론의 새로운 장을 열었다고 해도 과언이 아닐 정도로 큰 인기를 얻고 있다. '썰전'은 거의 팟캐스트 '나꼼수'의 인기를 이어

간다고 해도 과언이 아닐 정도의 문화현상으로 자리 잡았다.

'썰전'이 다른 종편의 정치평론과 비교할 때 가장 큰 차이점은 시청자에게 친숙한 김구라의 탁월한 진행 능력과 함께 녹화방송으로 진행된다는 점이다. 대부분 생방송으로 진행되는 여타 정치평론과 달리 '썰전'은 녹화방송이므로 출연자들의 발언을 사전에 편집해 방송사고의 위험을 제거하고 제작진이 원하는 적절한 수위의 방송을 만들 수 있었다. 또 출연자들의 발언에 다양한 자막과 CG를 삽입해 시청자들의 이해를 도운 점도 큰 흥행요인이라 할 수 있다.

하지만 출연자가 김구라, 이철희, 강용석 3명으로 한정돼 다양한 의견이 반영되지 않는 점, 또 녹화방송의 특성상 방송이 나갈 때의 최신 이슈를 반영하지 못하는 점은 시사성을 최고의 덕목으로 하는 정치평론 프로그램으로서 치명적인 한계인 셈이다. 예능형 정치평론의 새 장을 열고 있는 '썰전'이 이런 단점을 어떻게 보완해 나갈지도 지켜볼 대목이다.

4) TV조선 '돌아온 저격수다'

TV조선은 타 종편에 비해 상대적으로 예능형 정치평론보다 기존 조선일보 독자이자 TV조선 시청 계층인 보수적인 시청자들에게 초점을 맞추고 있는 것으로 보인다. TV조선이 2013년 선보인 '돌아온 저격수다'는 본래 팟캐스트 '나는 꼼수다'에 대항해서 만들어졌던 보수 성향 팟캐스트 '나는 저격수다'를 방송으로 옮겨온 것이다. 출연진도 변희재, 신해식 등 보수성향이 강한 정치평론가들을 고정패널로 내세워 예능성 보다는 보수성을 강조하고 있다. 하지만 정통 보수논객(?)이라는 당파성을 강조하다보니 예능성과 재미는 다소 반감되는 것으로 보인다.

5. 방송 정치평론가의 자질

마지막으로 이런 방송 정치평론의 전성기를 맞아 방송에 진출하려는 정치평론가들이 갖춰야 할 자질에 대해 알아보겠다. 앞에서 설명한 것처럼 정치평론가를 양성하는 체계적인 코스가 부재한 상태에서 정치평론가 지망생(?)들은 이런 자질을 개인적으로 습득할 수밖에 없다. 앞으로는 정치학과 등 관련 전공 학과에서 이런 정치평론가를 직업적으로 양성하는 수업이나 교육과정을 마련할 필요성도 있음을 지적해두고 싶다.

1) 예능감

앞에서 살펴본 것처럼 종편 방송사들이 경쟁적으로 예능형 정치평론 프로그램을 선보이면서 '예능감'이 정치평론가에게 필수적인 자질로 떠오르고 있다. 하지만 정치평론가에게 예능감은 양날의 칼이라고 할 수 있다. 시청자들의 눈높이에서 어려운 정치적 사안을 유머로 풀어냄으로써 보다 쉽게 전달할 수 있도록 하는 장점이 있는 반면, 사안의 복잡한 본질을 깊이 파헤치기보다 흥미위주로 이해하게 만드는 부작용이 있는 것이다. 특히 우리나라처럼 정치적 갈등이 첨예하고 이 슈의 민감성이 큰 상황에서 섣부른 희화화는 시청자들의 불쾌감을 불러오고 반대 진영의 정치적 반발을 초래하는 경우가 많다. 따라서 정치평론가의 예능감은 고도의 균형 감각이 있어야만 한다.

2) 정책감

지난 대선은 대한민국 정치사상 처음으로 '경제민주화'와 '복지'가 화두가 될 것으로 기대했던 선거였다. 하지만 주요 후보들의 공약이 비슷하게 중도로 수렴하면서 결국 정책 담론이 실종되고 '정수장학회', 'NLL 발언 논란', '야권단일화' 등 극단적인 정치 이슈가 공론장을 압도하고 말았다. 물론 이런 현상의 1차적인 책임은 논란을 주도한 정치권에 있다고 할 것이다. 하지만 이를 시청자들에게 전달한 언론과 정치평론가들도 일정한 책임이 없다고 할 수 없다.

따라서 경제민주화와 복지공약 등 정책 이슈가 쟁점이 되었을 경우 정치평론가들이 이를 얼마나 잘 소화할 수 있는지가 관건이다. 대부분 정치평론가들은 정치권의 논란이 된 정치 현안에는 강하지만, 경제정책이나 복지공약이 쟁점이 된 경우에는 수박 겉핥기식의 원론적인 해설에 그치거나 관련 분야의 교수 등 별도의 전문가에게 의존하는 경우가 많았다.

결국 정치평론가들이 정책감까지 갖춤으로서 정치평론이 정치와 정책을 넘나들 필요가 있다. 그래야 기존의 정치평론이 업그레이드된 새로운 지평으로 나아갈 수 있을 것이다. 이는 국민들에 대한 정치교육 효과도 거둬 한국의 민주주의를 한차원 성숙시키는 계기가 될 수도 있다.

3) 균형감

정치권의 갈등이 극단으로 치달을수록 정치평론가들의 균형감은 더욱더 요구된다. 이미 방송작가들은 주요 정치평론가들의 성향을 진보, 보수 혹은 여권, 야권 성향으로 분류하고 출연자를 섭외할 때 이를 고려하고 있다. 물론 정치평론가도 민주국가의 시민인 만큼 정치적 성향이 없을 수 없다. 또 정치평론의 특성상 밋밋한 기계적 균형보다는 어느 정도 분명하게 옳고 그름에 대한 자신의 입장을 드러낼 필요도 있다.

하지만 충분한 균형감과 반론을 수용하는 태도가 없는 지나친 당파성은 정치평론가에게 독약이 될 수 있다. 지난 대선에서 일부 정치평론가들이 지나친 당파성을 드러내고 그 결과 대선 이후 정치권으로 영입된 것은 정치평론가를 정치권에 줄을 서는 또 하나의 예비 정치인 그룹으로 전락시킬 위험성을 보여줬다. 윤창중 전 청와대 대변인의 낙마 사건은 그런 정치평론가의 추락을 상징한 사건이다. 정치인을 흔히 교도소 담장 위를 걷는 직업이라고 한다. 정치평론가 역시 당파성과 균형감이라는 담장 위에서 끊임없이 균형을 잡아야만 추락을 면할 수 있을 것이다.

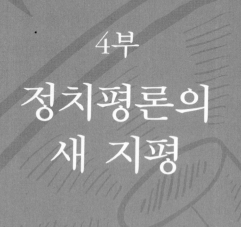

4부

정치평론의
새 지평

8장
정치평론 실전연습*

김학노(영남대학교)

　나는 재직 중인 영남대학교에서 10년 동안 '정치평론연습'이란 이름의 과목을 담당해왔다. '정치평론연습'은 학생들이 정치현상에 대해 말하기와 글쓰기를 연습하는 수업이다. 거의 매주 글쓰기 과제를 수행하고 이를 바탕으로 수업시간에 발표와 토론을 진행한다. 정치 일반과 정치적 사안들에 대해 자신의 견해를 세우고 이를 말과 글로 잘 표현하도록 하는 것이 수업의 목적이다. 정치가나 정치평론가를 양성하는 코스의 성격을 갖고 있다. 일종의 정치평론 실전연습인 셈이다.

　이 글은 정치평론연습 수업을 돌이켜 보고 스스로 점검하는 한

---

*　이 글은 한국정치평론학회가 발행하는 『정치와 평론』 제13호에 게재된 글입니다.

편, 정치학을 공부하는 선후배 동료들과 함께 수업의 경험을 나누고 함께 생각해보는 데 목적이 있다. 먼저 이 수업을 어떤 계기로 만들었는지 간단히 언급하고, 주로 어떤 활동을 하며 어떻게 운영해왔는지 돌이켜본다. 궁극적으로 이 글이 정치평론 관련 교육의 활성화에 기여하고, 정치평론 교과목이 정치학의 주요 분야로 자리 잡기를 기대한다.

1. 수업소개

1) 개설동기

이 수업은 2004년 1학기에 처음 개설했다. 처음에는 3학점 6시간 실습과목으로 시작해서, 이론 및 실습 과목 3학점 4시간(2시간 이론, 2시간 실습), 실습과목 2학점 4시간, 이론과목 3학점 3시간, 이론과목 2학점 2시간 등으로 변해왔다. 강의 형태의 잦은 변화는 주로 절대평가와 상대평가의 장단점에서 비롯했다. 처음 몇 년 동안은 학과 홈페이지에 정치평론연습 게시판을 개설해서 그 곳에서 수업을 진행했다. 수업을 듣지 않는 학생들도 온라인에서 참관하고 원할 경우 참여할 수 있게 하기 위해서였다. 학과 홈페이지 서버가 다운된 이후 자료를 복구할 수 없어서 2008년부터 〈다음〉에 '정치평론연습'이라는 카페를 개설해서 수업을 운영하고 있다(http://cafe.daum.net/politicalcriticism).

수업을 처음 개설할 무렵 정치외교학과가 속한 건물에 20여 대의 컴퓨터를 구비한 방이 새로 생겼는데, 이것이 수업을 개설한 중요한 계기가 되었다. 좋은 시설을 갖추고 도난을 우려해서 문을 잠가놓고 있는 현실이 못마땅해서, 학생들을 위해 좋은 시설을 활용할 방안이 무엇일까 고민한 결과 이 수업을 구상했다. 환경의 요인 이외에 다음 세 가지 의도가 정치평론연습 수업을 구상하는 데 작용했다.

첫째, 학생들에게 글쓰기 연습을 시키고 싶었다. 여러 수업에서 학생들에게 글쓰기 교육이 필요하다고 느꼈기 때문이다. 가령 '국제정치론' 수업에서 『백범일지』를 읽고 국제정치 시각에서 분석하는 글을 과제로 냈었는데, 학생들이 글쓰기의 기본이 많이 부실하다는 사실을 발견했다. 문단 나누기, 초점 맞추기, 두괄식 등 아쉬운 점이 많았다.

글쓰기의 중요성은 별도의 논의를 필요로 하지 않겠지만, 나는 학창시절에 글쓰기 교육이 특별히 중요하다고 생각하게 된 경험이 있다. 우리 세대의 다른 사람들도 비슷하겠지만, 나는 대학시절에 글쓰기 교육을 제대로 받은 적이 없다. 리포트나 과제물에 의미 있는 코멘트를 받아본 적도 없다. 대학원에서 석사 논문을 쓸 때 지도교수가 내 글을 여러 차례 수정을 해주었는데, 그때마다 글을 다시 고쳐 쓰기가 너무 힘들면서도 내 글이 눈에 띄게 좋아지는 것을 알 수 있었다. 글쓰기에 한번 눈을 뜬 이후에 나의 글은 이전과 크게 달라져 있었다. 하지만 규모가 큰 강의에서 학생들의 글을 꼼꼼히 검토하는 것은 너무 힘들다. 따라서 글쓰기 연습을 위주로 하는 소규모 강의를 생각해냈다.

둘째, 정치평론이 정치학을 전공하는 학생들에게 글쓰기 연습을 시키는 데 적합한 분야라고 생각했다. 정치학을 전공하는 학생들이 글쓰기를 한다면 정치 문제에 관해서 연습하는 게 당연하다. 문학도들은 문학평론, 미술학도들은 미술평론, 영화학도들은 영화평론을 배우거나 연습한다. 정치학도들도 정치학의 특성을 살려서 정치에 관한 평론을 연습할 필요가 있다.

이는 정치학의 특성화이기도 하고 정치학의 실용교육화이기도 하다. 정치외교학과를 졸업한 학생들이 사회에 진출하면서 취업하기에 적합한 영역이 많지 않다. 정계나 국제기구로 직접 진출하기가 쉽지 않은 현실에서 나는 학생들에게 언론(방송 및 신문) 분야를 구체적 목표로 삼고 준비하도록 권장했다. 학생들의 진로를 고민하다 보니 크게 두 가지 길이 있는 것 같았다. 하나는 고시나 공무원 시험, 교원임용고시처럼 특정 과목들이 정해져 있는 시험이다. 이 시험들은 합격하면 안정된 직장이 보장되지만 불합격할 경우 다른 과목시험으로 옮기기가 어렵다. 다른 하나는 영어와 상식을 위주로 선발하는 시험이다. 여기에는 언론사와 일반 기업들이 해당한다. 학생들의 취업을 고민하다가 영어와 상식을 위주로 하는 진로를 권장하게 되었고, 글쓰기와 말하기가 상당히 중요하다고 생각했다. 수시로 '기자반'이나 '기자 아카데미'를 운영하고 관련 동아리를 지도하기도 했다. 모두 정치학을 취업과 연관시키려는 노력들인데, 정치평론연습도 같은 의도를 가지고 시작했다.

셋째, 정치지도자 교육을 위해서 정치평론 과목이 필요하다고 생각했다. 나는 평소에 정치외교학과의 학생들을 정치 및 외교 지도자로 육성하는 교육이 과연 있는지 의문을 가졌다. 영남대학교에 온지 얼마 지나지 않아서 학과 교수들과 논의해서 우리 학과의 교육목표를 (1) 민주시민 교육, (2) 정치·사회지도자 교육, (3) 글로벌 리더 양성으로 새롭게 정했다. 리더십 교육을 특성화해서 학과의 교과목도 대폭 개편했다.

그런데 학과 학생 중 정치가가 되고자 하는 학생이 너무 적었다. 졸업생들이 지방자치 선거로 진출할 만도 한데, 예상 밖으로 학생들은 정치지도자가 되겠다는 꿈을 키우지 못하고 있었다. 곧 학생들이 현명하다는 사실을 깨달았다. 정치지도자가 되기 위해서 경제력이나 사회 경력 혹은 소위 '빽'이 필요한 것이다. 대부분의 학생들은 가난하고 연줄도 없다. 정치외교학과를 졸업하고 지방자치의회 의원이 되는 게 아니라 거꾸로 지방의회 의원으로 활동 중인 나이 지긋한 분들이 정치외교학과에 들어와서 학위를 취득하는 것이 현실이다.

돈과 권력, 혹은 연줄이 없는 학생들 중 정치지도자가 되고자 하는 학생들은 어디서부터 시작해야 하는지 고민을 했고, 그 해답으로 정치평론 과목을 생각하게 됐다. 정치평론연습은 학생들이 정치와 사회의 주요 이슈들에 대해서 자신의 생각을 정립하고 말과 글을 잘하는 연습을 한다. 돈과 권력이 없는 학생들이 기댈 곳은 오직 자기 실력뿐이다. 시험을 통해 지도자의 길로 갈 수 있는 학생들은 그렇게 하면 되지만, 공부를 특별히 잘 하지 못하는 경우에는 어떻게 하면 되는가? 이런 고민이 정치평론연습 수업으로 이어졌다. 돈과 권력, 시험 능력 대신에 말과 글을 통해서도 정치지도자가 될 수 있다는 본보기를 만들고 싶었다. 그래서 수업의 목표를 "학생들이 (1) 정치에 대하여 스스로의 생각을 정립할 수 있고, (2) 자신의 생각을 말과 글로 잘 표현하며, (3) 나아가 상호간에 대화와 토론을 통하여 합의를 구축해나가는 리더십을 갖추도록 하는" 것으로 삼았다.

2) 진행방식

이 수업에서 나는 강의를 하지 않으려고 애쓴다. 처음 수업을 개설했을 때 무엇을 어떻게 진행해야 할지 난감했고 강의를 할만한 지식도 없었다. 무엇보다도 내가 떠들기보다는 학생들이 말을 많이 하였으면 하는 바램이 강했다. 그 동안 약간의 강의를 시도한 적도 있었지만, 늘 불만족스러운 결과만 나왔다. 강의를 위해서 내가 공부를 하고 준비를 하면 할수록 수업이 재미가 덜해지고 학생들도 흥미가 떨어져 보였다. 다만 왈쩌(Michael Walzer 2002)의 책 『The Company of Critics: Social Criticism and Political Commitment in the Twentieth Century』에서 2판 서문(Preface to the Second Edition)을 부분적으로 강독하고 시험을 봤다. 한편으로 영어 교육을 하고 동시에 좋은 평론가의 덕성이 무엇인지에 대해서 함께 토론하고 생각해보는 시간으로 활용했다. 어떤 학기에는 수업 시간이 아까워서 이 부분을 생략하기도 한다.

때때로 김대영(2002)의 『공론화와 정치평론』을 읽었고, 학생들로 하여금 여러 권의 『정치와 평론』을 읽고 발표하게 한 적도 있다. 김대영의 책은 정치평론에 관한 거의 유일한 입문서라고 생각했는데, 정치평론의 전략에 대해서 같이 토론하는 데 특히 유익했다. 〈정치평론학회〉의 학술지인 『정치와 평론』은 정치평론에 대해서 어떤 논의들이 있으며 어떤 논문들이 발표되고 있는지 검토하기 위해서 읽었다. 학생들이 발표를 할 때 아웃라인(outline)을 작성하게 함으로써 글의 중심 논지를 파악하는 능력을 키우도록 유도했다.

이처럼 다 함께 같은 글을 읽거나 학생들이 특정 글을 읽고 요약해서 발표하는 작업은 점점 안 하게 된다. 자칫 딱딱한 수업으로 변할 수 있기 때문이고, 무언가 진리가 거기 있으며 그것을 습득하면 된다는 식의 접근을 하게 되기 때문이다. 차라리 아무런 교재 없이 학생들 스스로의 생각만 가지고 평론을 직접 쓰는 게 낫다는 생각을 굳히고 있다. 강의와 마찬가지로 정치평론에 대한 이론 서적들을 읽는 것이 학생들에게 재미를 불러오지도 않고 도움도 되지 않는다는 생각을 많이 하고 있다.

수업의 주제를 미리 정해서 들어가는 경우도 있지만 학생들이 제안하는 경우도 있다. 대체로 한 학기 동안 할 활동을 어느 정도 미리 윤곽을 정해 놓지만, 대단히 융통성 있게 진행하려고 노력한다. 구체적인 주제와 다음 주 활동 계획이 미정인 상태로 수업에 들어가는 경우가 많다. 특히 우리 사회는 그때그때 중요한 사안들이 생기는 경우가 아주 많다. 다음 수업의 주제를 미리 정해 놓은 경우에도 새로운 사건이나 큰 이슈가 생긴 경우에는 시의성을 생각해서 먼저 다룬다.

이는 처음 강의를 개설했을 때에 비하면 큰 변화다. 처음 강의를 개설했을 때에는 무엇을 어떻게 해야 할지 몰라서 많은 것들을 준비해서 들어갔다. 지난 10년 동안 가끔씩 이런 시도(준비)를 한 적이 꽤 있다. 나 자신이 불안하기 때문이다. 그런데 막상 나의 지난 경험을 돌이켜보면 많이 준비하면 할수록 강의를 많이 하게 되고 학생들의 자발적이고 창의적인 사고나 제안은 그만큼 줄어든다. 수업의 재미도 없어진다. 수업 시작 전에 대략적인 구상을 하고 있어야겠지만, 구체적인 흐름을 학생들에게 맡기는 것이 더 즐거운 수업을 만든다.

요즘에는 학기 초에 학생들이 다루기를 원하는 주제나 하고 싶은 활동을 제안하도록 한다. 학생들의 제안 중에 아주 흥미 있는 새로운 발상을 찾을 때가 자주 있다. 가령 2012년도에 수업을 시작할 때 언론정보학과의 한 학생이 이 수업을 영상 다큐멘터리로 제작하고 싶다는 제안을 했다. 토론 끝에 반대하는 학생이 있어서 성사되지는 못했지만, 이전까지 아무도 생각하지 못했던 새로운 발상이었고 호기심을 자극하는 아이디어였다. 학생들이 제안한 주제나 활동을 모두 채택하는 것은 아니다. 시간도 허락하지 않고 다수의 동의를 구하지 못하기도 한다. 하지만 좋은 제안이 있을 경우 대체로 그 제안이 가지고 있는 아이디어 자체의 힘으로 채택되는 편이다.

이 수업에서 가장 중점을 두는 부분은 토론이다. 개별 발표와 전체 토론, 그리고 모둠별 토론을 활용한다. 실습수업으로 분류되어서 수업시간이 많은 경우에는 수업 중에 평론을 찾거나 작성하기도 하지만, 대부분 시간이 부족하기 때문에 글쓰기 연습은 주로 과제로 제출한다. 학생들이 집에서 과제를 해오고 수업시간에는 과제물을 검토하는 데 많은 시간을 할애한다. 과제물을 검토하면서 가급적 학생들이 발표를 많이 하고 토론을 활발히 하도록 하는 게 나의 목표이자 바램이다.

전체 토론이 잘 안 될 경우 활발한 토론을 유도하기 위해 모둠별 토론 방식을 자주 활용한다. 30명 정도의 학생을 4-5개의 모둠으로 나누고, 각 모둠별로 먼저 토론을 하게 한다. 일정한 시간이 지나면 전체적으로 모여서 각 모둠에서 논의한 내용들을 발표한다. 전체 토론을 하면 열심히 말하는 학생과 그렇지 않은 학생이 나눠지는데, 모둠별 토론을 하면 한 집단에 5-6명밖에 없기 때문에 학생들이 모두 활발하게 토론에 임한다. 교실이 무척 소란스러워지고 여기저기서 웃고 떠드는 소리가 커진다. 평상시에 입을 열지 않던 학생들도 모둠 토론에서는 모두 입을 여는 모습을 볼 수 있다.

모둠별 토론의 결과를 전체적으로 모을 때에는 단순히 논의사항을 듣기도 하지만, 모둠별로 자기 모둠의 주장이 전체의 의견으로 채택되도록 경쟁하기도 한다. 자기 모둠의 논지를 발표하고 이에 대해 다른 모둠에서 비판하고, 서로 옹호와 비판을 반복하도록 한다. 이 과정에서 우수한 모둠이 자연스럽게 드러나는데, 대체로 각 모둠별 논리력의 차이가 반영되는 편이다.

〈다음〉에 '정치평론연습' 카페를 열고 수업을 하면서부터는 학생들이 서로 소통하는 방식으로 댓글을 많이 사용한다. 처음에는 모든 학생이 코멘트를 달도록 하기 위해서 댓글 방식을 활용했다. 어느 한 학생의 글을 읽고 서로 코멘트를 하는 시간에 열심히 말하는 학생만 계속하고 말하지 않는 학생은 계속 안 하는 현상이 나타났기 때문이다. 말로 코멘트를 안 하던 학생도 댓글로 하게 하면 꽤 열심히 한다. 코멘트를 달 때만 아니라 최고의 과제를 선정하는 경우에도 댓글을 통해 한 표씩 행사하도록 한다.

말을 잘 안 하는 학생도 쉽게 참여하는 것이 댓글의 중요한 장점이다. 또 모든 학생들이 댓글을 달다 보면 새롭고 기발한 생각을 하는 학생들을 발견할 수 있다. 교수인 내가 혼자서 코멘트를 한다면 도저히 생각하지 못했을 아이디어들을 학생들이 교환하는 경우가 많다. 이는 학생들이 교수로부터가 아니라 서로에게서 더 많은 것을 배울 수 있음을 보여준다. 댓글의 또 다른 장점은 수업 시간 이외에도 항상 열려 있다는 점이다. 수업에서 토론했던 논점에 대해서 수업 시간 이후에, 또는 다음 수업을 위해 과제를 수행하면서 수업 시간이 되기 이전에도, 학생들이 서로 열심히 댓글을 달아서 코멘트를 해주고 토론하는 경우가 종종 있다. 사이버 공간이 갖는 장점이다.

댓글의 단점은 말을 잘 안 하는 학생이 더 안 하게 만들 수 있다는 점이다. 말로 코멘트를 안 하는 학생들이 있어서 댓글로 코멘트를 하게 했는데, 때로는 댓글을 쓰는 것이 말하는 것을 방해하기도 한다. 댓글을 달면 되기 때문에 굳이 말로 논평하지 않는 것이다. 이런 현상을 처음 발견했을 때에는 상당히 난감했다. 활발한 토론 대신 침묵이 흐를 경우 댓글을 달게 하는 것이 당장은 편한 방식이지만, 때로는 그것이 학생들의 입을 더욱 닫게 만들기도 하는 것이다.

댓글도 토론의 일부다. 말이나 댓글을 통한 토론이 얼마나 활발한지는 수업 시간에 따라 다르다. 이 글을 쓰고 있는 2013년 1학기에 정치평론연습 수업을 주간과 야간에 따라 개설해서 하고 있는데, 야간 게시판이 항상 댓글이 많이 달리고 그만큼 시끄러웠다. 온라인에서의 차이가 오프라인(수업시간)에서도 그대로 나타났다. 주간 수업 시간에 이러한 차이를 몇 차례 직접 언급하자 점차 몇몇 학생들이 열심히 댓글을 달기 시작했다. 대체로 활발하게 토론하는 학생이 몇 명 있으면 그 수업시간에는 전체적으로 활발한 토론을 하게 된다. 마찬가지로 열심히 다른 친구들의 글을 읽고 댓글을 달아서 코멘트를 해주는 학생이 몇 명 있으면 그 수업시간에는 활발한 댓글 문화가 발전하는 경향이 있다.

2. 주요활동

그 동안 이 수업에서 수행한 연습은 다양하다. 어떤 활동은 '정치'나 '평론'과 직접적인 연관성이 적어 보일 수도 있지만, 전체적으로 정치평론과 연관되어 있다고 생각한다. 주요 활동을 소개한다.

1) 좋은 글 고르기와 쓰기

글쓰기 연습을 시작하기 전에 좋은 평론 찾기를 한다. 최근 1-2주 사이에 다양한 매체에 실린 글들 중에서 각자 가장 좋다고 생각하는 평론을 선정하고 그 선정 이유를 밝히게 한다. 수업의 전체 인원이 적을 경우에는 전체적으로 함께 모든 학생들이 선정한 글들을 읽고 말이나 댓글로 좋은 글이라고 공감하거나 반대하는 이유를 제시한다. 수업의 인원이 많은 경우 대여섯 개의 모둠으로 나누어서 각 모둠별로 가장 좋은 평론을 선정하게 한다. 즉 조별로 각자 가장 좋은 평론이라고 선정한 것들을 돌려보고 토론을 거쳐서 그 조에서 가장 우수한 평론을 선정한다. 이후 각 모둠에서 선정한 우수평론들을 전체적으로 공유하고 그 중에서 어떤 것이 가장 좋은지, 어떤 것은 왜 안 좋은지 전체 토론을 통해 정한다. 이 때 각 모둠은 자기 모둠의 우수평론이 최우수평론으로 선정되도록 적극 노력해야 한다. 토론에서 최우수 평론이 자연스럽게 도출되기도 하지만, 최종적으로 투표를 통해서 선정하는 경우도 많다. 투표는 말로 할 수도 있고 댓글의 형태로 할 수도 있다. 이와 같은 연습을 나쁜 평론 찾기에서 반복할 수 있다.

총선이 있을 때에는 좋은 평론과 나쁜 평론 선정하는 작업을 정당별로 나누어서 실시했다. 가령 학생들을 4개의 기존 주요 정당으로 나누고 자기 정당의 입장에서 '당파적 보편성'을 가장 잘 살린 좋은 평론과 나쁜 평론을 선정하는 작업이다. 이를 바탕으로 학생들 스스로 정당별로 한 개의 평론을 작성하는 연습을 했다.

이런 연습은 자연스럽게 좋은 글이란 무엇인가라는 질문으로 연결된다. 좋은 글, 좋은 평론은 무엇을 기준으로 판단할 수 있을까? 학생들은 이미 자신이 가장 좋은 평론이라고 선정한 글에 대해서 왜 그렇게 판단하는지 이유를 제시했기 때문에 좋은 글의 평가기준에 대해서 나름대로 할 말들이 있다. 따라서 좋은 평론 고르기 연습은 좋은 글의 기준을 수립하는 토론으로 연결되기 쉽다. 때로는 글쓰기 평가기준으로 아래 〈참고 1〉을 제시하기도 하는데, 이 경우에도 학생들이 자신의 의견을 말하게 한다.

〈참고 1〉 좋은 글의 기준

제목	제목이 눈길을 끌고 글의 내용을 함축적으로 표현하는가?
두괄식과 문단 나누기	글의 내용을 첫 문단에서 분명하게 알 수 있는가? 문단 나누기가 잘 되어 있는가? 한 문단에 한 가지의 주제만 있고, 같은 주제의 이야기가 여러 문단에 흩어져 있지 않은가? 문단들 사이의 연관성이 논리적이고 유기적인가?
문제제기	자기주장이 뚜렷한가? 독창성이 뚜렷한가? 시의 적절한가?

내용	일관된 초점을 유지하는가?
	논리적 정합성을 유지하는가?
	분석적인가?
	새로운 내용이 있는가?
	창의적 사고나 근거가 있는가?
	충분한 근거가 있는가?
공론화 지향	세력화를 지양하고 공론화를 지향하는가?
	토론과 소통, 매개 역할에 기여하는가?
	보편성과 당파성을 잘 조화시키고 있는가?

좋은 글의 기준과 관련하여 특히 '중립성 대 당파성' 중 어느 것이 바람직한지 논의하기도 한다. 이 주제는 왈쩌가 얘기한 '비판적 거리 두기(critical distance)'의 문제와 연관된다. 비판적 거리 두기가 짧아야 하는지 멀어야 하는지의 문제다. 이 주제를 특별히 강조하는 이유는 학생들로 하여금 우리의 글쓰기가 당파성에서 벗어나기가 어려우며 당파성에서 벗어나는 것이 반드시 좋은 것만은 아니라는 점을 생각하게 하고 싶어서이다. 이 주제를 가지고 토론을 한 다음 평론을 쓰기도 한다. 예를 들면, "(1) 중립적이고 객관적, 보편적인 평론이 좋다. (2) 당파성을 갖는 평론을 써야 한다. (1)과 (2) 중에서 어떤 입장을 옹호합니까? 각자 하나를 선택하고, 그 근거나 이유, 주장을 적어보세요."라는 과제를 내서 학생들이 이 문제에 대해 자신의 주장을 전개하게끔 한다.

본격적인 글쓰기 연습에 들어가서 글쓰기의 '요령'을 체계적으로 가르치지는 않는다. 다만 두괄식과 문단 나누기가 중요하다는 점을 강조한다. 그러다 보니 학생들이 글쓰기 방식에 대해서 궁금해 하기도 하고, 나도 가끔은 좀더 체계적인 훈련이 필요할 것 같은 부담을 갖기도 했다. 하지만 몇 권의 글쓰기 책들을 검토했지만 특별히 이렇게 하면 좋겠다는 방식을 발견하지는 못했다. 다만 5-6년 전부터 5문단 글쓰기 연습을 시킨다.

〈참고 2〉 5문단 글쓰기(Outline)

(1) 첫 문단 : 전체 주장(결론)
 – 소 주장 1, 2, 3 간단하게 언급
(2) 둘째 문단 : 소 주장 1
 – 근거나 이유, 또는 사실관계, 사례, 설명 등(3가지)
(3) 셋째 문단 : 소 주장 2
 – 근거나 이유, 또는 사실관계, 사례, 설명 등(3가지)
(4) 넷째 문단 : 소 주장 3
 – 근거나 이유, 또는 사실관계, 사례, 설명 등(3가지)
(5) 마지막 문단 : 결론 (첫 문단과 사실상 같은 내용이지만, 다른 표현) 소 주장 1, 2, 3 간략하게 언급 (다른 표현으로)

5문단 글쓰기는 다소 기계적이다. 첫째 문단에는 전체 내용을 함축하는 자기 주장이 먼저 나와야 한다(두괄식). 둘째와 셋째 및 넷째 문단은 모두 첫째 문단에서 밝힌 전체 주장을 뒷받침하기 위해서 필요한 작은 주장들이다. 이들은 약간씩 다른 내용이지만 서로 유기적으로 연계되어야 한다. 각각의 문단에서 제시하는 소주장에 필요한 근거나 사례 또는 설명을 3가지 정도 포함하도록 한다. 이렇게 함으로써 각 문단은 하나의 내용으로만 구성되며, 문단과 문단 사이에 논리적 연계가 명확하고, 전체적인 윤곽이 논리적 정합성을 갖도록 한다. 마지막 문단에서는 새로운 얘기를 하지 않고 앞에서 한 얘기들을 다시 하되, 새로운 표현을 사용하도록 한다. 약간 고정된 틀을 강요하는 것 같지만, 두괄식, 문단 나누기, 분석적 사고하기 등에 두루 도움이 된다고 생각해서 이 방식을 많이 사용하고 있다.

5문단 아웃라인 작성 연습을 먼저 하고 그 아웃라인에 살을 붙여서 평론을 작성하는 연습을 한다. 우선은 아웃라인 작성하는 연습을 한다. 이 수업의 과제가 많은 편인데, 아웃라인만 작성하면 과제의 부담이 상대적으로 적으면서도 논리적 글쓰기 구상을 할 수 있는 장점이 있다. 뿐만 아니라 아웃라인 작성이 완성된 평론 작성보다 더 효과적인 연습일 때도 있다. 전체적으로 논리적 연관성을 높이는 데 완성된 평론보다 아웃라인을 분석하기가 훨씬 편하기 때문이다. 수업시간에 5문단 아웃라인만 가지고 논리적 정합성을 꼼꼼하게 따지다 보면 학생들의 논리적 분석력이 늘어남을 느낄 수 있다. 초점을 좁게 잡고 거기에서 벗어나지 않는 연습을 위해서도 아웃라인이 효과적이다. 학생들은 글의 초점을 좁게 잡고 거기에 국한해서 일관되게 쓰는 게 힘들다. 아웃라인이 초점을 좁게 유지하고 있는지 검토하면, 전체적 글쓰기에서 초점을 좁게 유지하기가 더 수월해진다.

2) 자기 이야기

이 수업에서 자주 다루는 주제의 하나는 자기 이야기다. 우선 자기소개서 작성 연습을 한다. 자기소개서는 학생들이 취업할 때 필요하기 때문에 이 수업이 취업에 직접적인 도움이 되도록 할 수 있다. 자기

소개서를 작성할 때 위의 5문단 글쓰기에 입각해서 아웃라인을 작성하도록 한다. 전체적인 글의 윤곽을 짜임새 있게 하기 위해서다.

자기소개서를 작성할 때 가장 강조하는 것은 그 글이 '눈길'을 끌어야 한다는 점이다. 거짓 없이 쓰는 것은 기본이다. 선발하는 입장에서는 수백, 수천 명의 지원자 중에서 몇 명 또는 몇 십 명만 간추리면 된다. 따라서 자기소개서가 처음부터 눈에 띄지 않고서는 심사자가 주의 깊게 읽지 않는다. 자신의 개성을 드러내는 아주 독특한 자기소개서가 필요한 이유다. 일단 완성된 자기소개서나 아웃라인은 학생들이 함께 읽고 코멘트를 해준다. (시간이 부족해서 생략하기도 한다). 학생들이 서로 코멘트를 해주는 것은 대단히 유익한 과정이다. 학기 초에 자기소개서를 작성할 경우 서로에 대해서 알게 되기도 하고 (그래서 친해질 수 있다), 선생이 생각하지 못한 기발한 아이디어들이 서로의 코멘트를 통해서 많이 나오기 때문이다.

어떤 학기에는 자기추천서를 작성하기도 했다. 자기추천서는 마치 교수가 자신(학생)을 위하여 추천서를 쓰는 것처럼 학생들이 교수의 입장에서 쓰는 것이다. 이 작업은 실질적인 필요성에서 비롯되었다. 여러 이유로 나한테 추천서를 써달라고 하는 학생들이 있는데, 어떤 학생들은 내가 세세히 잘 알지 못해서 구체적으로 쓰기가 어렵다. 따라서 자신이 직접 구체적인 사례들을 들어가면서 자신의 장점을 부각하는 추천서를 쓰게 했다. 학생들의 입장에서는 자신이 내세울 점을 강조할 수 있고 또는 자신이 내세울만한 경력이나 활동이 너무나 적다는 사실을 인지하고 좀 더 분발하는 계기가 될 수 있다. 자기소개서와 마찬가지로 자기추천서도 거짓 없이 쓰되 아주 독특해서 한눈에 띄게 써야 한다.

자기소개서와 비슷한 작업으로 사망기사(obituary) 쓰기 연습이 있다. 먼저 미국의 신문들에서 사망기사가 얼마나 중요한지, 어떤 방식으로 쓰는지에 대해서 설명을 한다. 우리의 신문에서는 보통 사람들의 사망기사는 짧은 부고로만 나와 있고 정작 사망한 사람 당사자에 대해서는 잘 알려주지 않는다. 최근 『행장』(유민호 2012)이라는 책이 나온 이후로 사망기사 대신에 행장이라는 용어를 사용하기도 한다. 행장 작성 연습은 우선 학생들이 재미있어 하고, 자기의 삶을 미리 앞서서 가상 경험해보는 의미가 있다. 자기소개서나 자기추천서는 과거의 일을 중심으로 해서 쓸 수밖에 없다. 반면에 행장은 자기가 언제쯤 죽을 것인지 가정하고 그때까지 자기가 이루고 싶은 자신의 모습을 상상하여 써보는 연습이다. 자신의 꿈을 다시 한 번 생각해보고 자신의 미래의 모습을 미리 돌아보게끔 하는 매력이 있다. 지금까지의 경험으로 볼 때, 학생들의 상상력과 창의력이 가장 활발하게 발휘되는 연습이다. 재미있는 행장 한편을 소개한다(〈참고 3〉).

〈참고 3〉

서울(京)의 용(龍)을 떠나 보내며

이경용

지난 금요일, 추적추적 비가 오는 밤. 우리는 한 친구를 떠나보냈다. 평생을 독신으로 살아온 터라 그의 마지막을 지켜준 사람은 혈육인 여동생을 포함한 가까운 일가친척, 그리고 몇몇 오랜 친구뿐이었다. 본인도 알고 있었다.

본인의 급한 성질 때문에 오래 살지 못할 것이라는 것을. 무척이나 산만하고 오지랖 넓어 어디 한군데 오래 진중히 붙어있지 못하는 성격 때문에 목숨도 오래 붙어있지 않을 것이라는 말을 농담처럼 하던 그였다. 그러나 이별은 생각보다 빨랐다. 그토록 사랑하던 모교인 영남대 개교 100주년 기념식에 결국 참석하지 못하고 홀연히 가버렸다. D-Day를 하루 앞둔 밤이었다. 그의 나이 57세.

나와 이경용의 인연은 유년시절로 거슬러 올라간다. 나는 태어나서 그렇게 독특한 캐릭터를 본적이 없었다. 젊은 이경용은 어떻게 보면 배짱 있는 사람이었다. 잘못된 것을 보고 그냥 지나치는 법이 없었기 때문이다. 반드시 한소리를 하든지 아니면 깽판을 쳐야 직성이 풀리는 성격 같았다. 대학교 2학년 겨울방학 때, 담배를 피우며 행패를 부리던 동네 양아치들을 테니스라켓으로 훈계(?)한 혐의로 서울북부지방검찰로부터 기소유예 처분을 받았다. 그때의 경험 때문이었을까. 그는 인권변호사에서 검사가 되기로 진로를 바꾸었고, 훗날 2030년 초선 국회의원 시절에는 "양아치 및 깽패 교화를 위한 치안보호특별법"을 만들었다.

이 법안은 자동차 및 오토바이 등 내연기관을 가진 수송차량에 대하여 구체적인 소음(데시벨)정도를 규제하고, 미성년자가 담배를 피거나 허가 없이 불법적으로 이륜자동차를 몰 경우 시민들에게 끼친 피해의 정도에 따라 사법권을 가진 공무원(경찰, 검사)의 재량대로 즉결처분(사살) 또는 "양아치 깽패 교화소"(국정원 산하의 특수국가기관)에 보내 1~2년가량 중노동과 언행순화교육을 받게 하는 것이 주된 목적이었다. 당시 진보 측에서는 "인권을 무시한 잔혹한 처사", "머리털 난 전두환", "삼청교육대 2탄", "back to the 민정당"이라며 강력히 반발하였다. 심지어 급진좌익들의 테러위협을 받기도 하였다. 하지만 그는 반대의원을 227번을 만나 설득하고 984통의 전화와 4012통의 문자를 발송한 끝에 압도적인 수치로 법안을 통과시켰다. 법안시행 이후 대도시의 유흥가 주변 또는 주택가에서 행패를 부리던 양아치, 깡패, 조폭들이 자취를 감춘 것을 우리는 기억한다.

이렇게 선이 분명하게 드러나는 그의 태도는 호불호가 명확하였기 때문에 그 자신을 대하는 대중이나 반대파 정치인들의 태도 또한 호불호가 극명하게 나뉠 수밖에 없었다. 이경용이 가장 존경하던 은사이자 멘토인 김학노 영남대 석좌교수는 이경용에게 이렇게 말하였다고 한다. "경용씨, 적을 만들지 마세요." 그가 모교 정외과 학생회장에 출마한다고 말씀드렸을 때 김 석좌교수가 그에게 해준 조언이라고 한다. 그는 "교수님께서 적을 만들지 말라고 했는데…왜 이렇게 적이 많지?"라고 한탄하면서도 실제로 그의 정치적 행보는 我뿐만 아니라 非我 또한 엄청나게 양산하고 있었다. 만약 그가 김 석좌교수의 충고를 따라 서로주체적인 통합을 하였더라면 암살테러라는 작금의 비극적인 죽음은 맞이하지 않았을 것이다. 하지만, 반대로 생각해보면, 그렇게 홀로주체적인 통합과 서로주체적인 분리로 적(非我)을 만들지 않았다면 지금의 뚝심 있는 정치인 이경용 또한 있었을지 의문이다. 호불호가 명확하고 소신을 굽히지 않은 태도와 언행 탓에 적이 많은 이경용을 보면서 아이러니하게 그가 가장 싫어하던 정치인 노무현이 오버랩 되는 것은 나만의 착시일까.

여하튼, 영남대를 졸업한 그는 해군 중위 제대 후, 최악의 성적으로 대학을 졸업한 탓에 그토록 이루고 싶어 하던 검사의 꿈을 접는 듯하였다. 그가 받은 졸업평점은 3.0을 넘지 못하였던 것으로 알고 있다. 하지만 놀랍게도 그는 당시 토익 990점 만점에 989점, LEET 전국 수석을 하며 모교 영남대 로스쿨에 입학한다. 이후 그는 검사로 임용되어 한동안 법조인의 길을 걷게 된다. 검사 재임시절 당시 그는 비리에 연루된 진보정권(여당)과 보수정당(야당)의 실세를 가리지 않고 줄줄이 구속하며 유명세에 오르게 되었다. 법무부 검찰국장 재직시절, 직접 실탄을 장전한 권총을 들고 양아치와 깡패 검거를 진두지휘한 유명한 일화는 지금도 법무부와 검찰 내부에서 회자되곤 한다. 검사 이경용을 모델로 모 방송국에서는 드라마 '알람시계'를 제작하여 흥행몰이를 했다. 알람시계처럼 정확하고 공정하게 검사직을 수행하며 사회적 알람 역할, 즉 사회를 각성시키는 검사라는 의미였다. 이후 '알람시계 검사 이경용'은 '정치인 이경용'으로 극적인 전환을 하게 되었다. 정치인 데뷔 이후의 업적은 굳이 일일이 열거하지 않아도 알 것이다. 앞서 언급하였던 양아치 및 깡패교화를 위한 치안보호특별법 이외에도 보수정치인의 이미지에 맞지 않은 많은 법안을 상정하여 우리 사회를 좀 더 따뜻하게 한 것은 부인할 수 없는 사실이다.

나는 그가 법무부 장관 청문회에서 했던 말이 지금도 잊히지 않는다. "나는 남들이 가진 3가지가 없습니다. 부인과 자식을 포함한 가족이 첫 번째고, 두 번째는 돈, 마지막으로 집조차 없습니다." 어처구니없는 소리로 들릴 수도 있겠지만, 실제로 그랬다. 지난 주 그가 떠난 뒤 지인들이 전하는 그의 통장 잔고는 500여만 원 남짓으로 소박한 장례를 치르기에 많지도 부족하지도 않은 금액이었고, 그가 사는 집은 장기전세아파트(SHIFT), 그가 타던 친환경 수소연료전지자동차는 리스(장기대여)한 것이었다. 독신이었던 그가 오로지 욕심냈던 것은 사회와 인류를 향한 크나큰 관심과 애정뿐이었다. 이런 이경용의 더 좋은 사회를 만들기 위한 노력과 그로 인한 실질적인 변화는 우리에게 남긴 크나큰 선물일 것이다. 나는 정치인의 의지와 노력이 사회를 바꿀 수 있다는 것을 믿었고, 이경용은 그것을 증명해주었다. 그는 정치도 할 수 있다

3) 문화평론

이 수업에서 정치평론 못지않게 꾸준히 실시하는 연습은 영화평론이나 문학평론(서평)과 같은 넓은 의미의 문화평론이다. 우리는 직접 정치현장에 있지 않을 때에도 마치 드라마를 보듯이 TV나 신문 등을 통해서 정치를 본다. 촛불집회와 같은 정치현장에 직접 참여했을 경우에도 여러 매체를 통해서 우리가 직접 체험하는 것 이상의 것을 보고 들으면서 정치를 경험한다. 이는 우리가 소설이나 영화를 보는 것과 비슷하다. 정치평론이 그 본질에 있어서 영화평론이나 문학평론과 다를 바가 없다고 생각하는 이유다.

영화평론은 처음 이 과목을 개설했을 때 무엇을 어떻게 해야 할지 몰라서 생각해낸 아이템이다. 일단 학생들로 하여금 같은 영화를 보고 평론을 쓰게 하고 싶었다. 맨 처음 같이 본 영화는 비전향 장기수들을 다룬 「선택」이었다. 이후 다양한 영화를 골라서 영화평론을 실시하고 있다. 「선택」 이외에도 「Goodbye Lenin」, 「송환」, 「미션」, 「모던 타임즈」, 「경계도시2」, 「빌리 엘리어트」, 「뱅뱅클럽」 등에 대한 평론연습을 했다.

학생들이 영화를 같이 보면서 공감하고 재미있어 하고, 또 두 시간 정도의 압축된 시간 속에 많은 얘기를 담고 있어서 영화는 평론연습을 하기에 적합하다. 같은 영화를 서로 다르게 인식하고 분석하는 점, 같은 영화를 보면서 서로 다른 곳을 보고 다른 감정을 느끼고 다른 평을 하는 점에서 학생들이 서로 배울 수 있는 기회가 된다.

영화평론 연습에서 가장 인상적인 글은 처음 이 수업을 열면서 첫 시간에 보았던 영화「선택」에 대한 서광호의 평론이다. 서광호의 아래 평론은 나로서는 굉장히 당혹스러운 것이었다(《참고 4》). 학생의 글로서 너무나 뛰어났기 때문이다. 표절을 의심하기까지 했지만 그의 글이 분명했다. 첫 번째 과제에서 서광호의 글을 접하면서 나는 정치평론연습 수업에 대해 더 많이 긴장하게 됐다. 학생들이 대단히 진지하며, 내가 평가하거나 이해할 수 없는 재능을 가지고 있다는 것을 깨달았기 때문이었다.

〈참고 4〉

우리는 전향한 사형수인가?

서광호

영화 '선택'은 비전향 장기수인 '김선명'이 선택한 양심과 사상을 통해 '자유'에 대한 근원적인 물음을 던져주고 있다. 이것은 곧 자유롭지 못한 사람들에 대한 꾸짖음이자 나무람이다. 영화가 상기시키는 건 단편적인 독재의 기억이 아니라 잿빛공간에서 느끼는 주인공의 처절한 자기물음과 탐구이고, 작가가 말하고 있는 건 자기를 파지 못 하는 사람들에 대한 질책이다. 영화의 대사와 영상을 보면 이것은 더욱 명확하다. "선택이란 하나를 버리는 것"에서 철학적인 자기탐구의 흔적이 묻어나고, "자유는 밖에만 있는 것이 아니다"에서는 '프로크루테스의 침대'에 몸을 맞추어 누워서 스스로를 재단해버리는 사람들에 대한 작가의 날 선 메시지가 담겨져 있다. 그리고 주인공의 내면에 주목한 줌인과 앙각앵글의 강압적인 시선, 부감앵글의 나약하고 왜소한 주인공의 상태를 묘사한 영상이 이를 거들고 있는 것이다. 교도소라는 잿빛의 처절한 공간 속의 철학적인 고뇌의 무게에 독재라는 혹독한 시대상황은 영화의 중심에서 한 발짝 물러나서 주인공의 양심을 시험하고 측정하는 하나의 바로미터로 제시되어 있었다. 0.7평의 독방은 분명 시대가 준 상황이지만 그가 진정 이겨야 할 것은 자신이었던 것이다.

영화가 쏘아 올린 메시지는 '파란색'이라는 기호로서 더욱 명확하게 나타난다. 영화에서 나타난 '파란색'은 강제성과 폭력성이고 고뇌이다. 자유에 대한 압력은 외부에서 뿐만 아니라 자기 안에도 존재한다는 걸 말하고 있다. '파란색'이 가지는 이런 의미는 이 영화를 '색'으로서 읽어내는 데 추호 부족함도 없게 한다. 영화의 기본적인 구조와 색의 대조와 대비로서 '파란색'의 상징 속에 숨겨진 이야기를 하나 되짚어 해석해 낼 수 있다. 필자는 무채색 대 유채색, 파랑 대 빨강, 두 가지 파랑 대 파랑, 파랑 대 하양 등으로 색을 대조·대비시켜 평을 전개하겠다.

무채색 대 유채색

무채색은 과거와 암울한 시대상황을, 유채색은 현재와 달라진 시대상황을 반영한다.

영화의 시작은 1973년 6월 대전, 광주, 전주, 대구 등지의 교도소에 중앙정보부의 지휘와 책임 아래 사상전향공작반이 설치되고 유신정권의 강제전향공작이 본격화된 시점이다. 그리고 다른 한편으로 전향을 거부하는 사람들을 재판 없이 계속 구금하기 위해 사회안전법을 만든 때이기도 하다. 이는 1960년 4·19 이후 장면정권 때 20년형으로 감형된 이들(간첩죄를 제외한 모든 무기수)이 1970년대 초반에 만기 출소하게 된다는 사실과 유신저항의 국민운동, 베트남전 종결, 긴급조치 9호와도 같은 선상에 놓여 있다. 바로 이러한 암울한 시대상황이 낡은 교도소의 '잿빛'으로 축소되어 있다. 그래서 영화의 씬 또한 대부분 '교도소'로 채워져 있다. 독방, 통로, 강당, 좁은 운동장, 롱샷으로 잡은 교도소, 사무실, 면회실. 영화 초반 이동 장면에서 주인공의 시선으로 보여주는 풍경과 회상장면, 그리고 후반부의 실제 다큐 영상을 제외한 거의 대부분이 교도소 안의 장면이다. 물론 영화의 소재가 장기수의 이야기이기 때문에 그럴 수밖에 없다고도 말할 수 있다. 하지만 중요한 건 표면적인 화면이 아니라 감독의 시선이다. 감독은 시대 상황을 무채색과 유채색의 대비로서 나타내고 있는 것이다. 이감 중의 풍경을 보면 알 수 있다. 이감 중의 풍경은 가을이다. 겨울이라는 혹독함을 예견하는 가을. 푸른 빛 바랜 가을의 풍경으로서 암울한 시대 상황과 주인공의 혹독함을 예견하고 있는 것이다. 영화 후반 화단의 모습과 달라진 교도소 환경은 달라진 시대의 상황, 즉 현재를 뜻한다. 여기에서 중요한 건 무채색과 유채색은 단지 환경 상황일 뿐이라는 점이다. 연필의 흑심을 감싸고 있는 나무와 같다. 연필에서 나무가 중요하기는 하나 보다 중요한 건 흑심이다. 흰 종이에 자신을 갈아내면서 메시지를 남기는 흑심에 그 뜻이 있는 것이다. 그가 바로 주인공 '김선명'이다.

파랑 대 빨강

파랑(죄수복)은 전향을 강요하는 남한 사회의 폭력이자 강제성이고, 빨강은 이런 폭력성을 옹호하는 논리로 대치시킨 단지 가상의 '적'일 뿐이다. 적어도 영화에서 빨강은 파랑 스스로의 야만성에 면죄부를 주는 구실을 할 뿐이다. 파랑의 자기방어 논리로 이용하는 빨강은 영화에 등장하지 않는다. 이것이 바로 빨강, 즉 남한 사회의 '빨갱이'에 대한 감독의 의문이자 해답이다. 남한 사회에서 작용하는 빨강은 그 실존도 형체도 모두 부풀려지고 있다는 고백이다. 영화 속에서 수없이 지칭되는 "빨갱이"이지만 색깔로서 빨강은 어디에도 없다. 이것이 바로 상징이자 메시지이다.

두 가지 파랑 대 파랑

파랑 대 파랑의 대비야말로 영화의 핵심적인 구조이다.

첫 번째 파랑 대 파랑은 비전향 장기수의 죄수복 파랑과 석방이라는 미끼를 물은 '떡봉이', 바로 매질하는 깡패가 입은 죄수복의 파랑이다. 영화의 단편적인 갈등 구조는 주체로서의 주인공(을 포함한 장기수)과 대상으로서의 양심의 자유(석방은 아니다)이다. 거기에 반 주체로서 강제적인 전향제도가 등장한다. 허나 이는 말 그대로 단편적인 구조이다. 왜냐하면 주인공이 대상(양심의 자유)을 실현함에 있어 외부의 강제력과 폭력성이 작용하기도 하지만, 앞에서도 언급했듯이 진정으로 이겨내야 할 대상은 자기 자신이다. 바로 자신이 주체이자 반주체인 것이다. 같은 파란색의 죄수복을 입은 깡패들의 몽둥이는 자신의 고뇌의 방망이다. 첫 번째 파랑 대 파랑은 바로 철학적

고뇌가 담겨져 있는 자아 대 자아의 싸움이다. "선택이 하나를 버리는 것"이라는 주인공의 말은 잔인한 경험과 외롭고도 깊은 사색이 낳았다고 볼 수 있다.

두 번째 파랑 대 파랑은 교도소 안에서의 죄수복과 출감 후의 죄수복이다. 주인공이 끝내 전향하지 않고 출옥하여 어머니를 만나는 장면(실제 다큐)에서 마치 해피엔딩으로 느껴질 수 있으나 단호히 말하자면 절대 그렇지 않다는 것이다. 바로 출소하는 장면에서 입고 있는 파란 죄수복이 그것을 증명한다. 파랑으로 대표되는 전향의 강제성이 아직 사라지지 않았다는 점, 다시말해 '양심의 자유'에 대한 사회적 인식은 무채색의 세상이나 유채색의 세상에서나, 과거와 현재, 독재와 지금의 정부와 크게 달라지지 않았다는 점이다. "빨갱이"가 아직도 중심 담론에 위치해 있는 정치현실과 국가보안법, 보호감찰법, 준법서약제도와 같은 제도가 아직도 시들지 않고 활개치고 있는 것이 엄연한 현실이다. 45년 만에 허락한 어머니와의 만남은 고작 20분 남짓이고 다른 가족들이 더 이상의 대면을 꺼려하여 어머니의 죽음조차 알리지 않은 상황 자체가 이를 증명한다. 정치뿐 아니라 일반 현실 속에서 "빨갱이"라는 낙인은 다른 가족들에게 연좌제처럼 어두운 그림자를 드리우고 있으며 아직도 이러한 인식의 구조는 크게 달라지지 않았다는 점이다. 결국 안에서든 밖에서든 양심의 자유는 항상 위협받고, 감시당하며, 강요된다는 점이다. 이를 돌려 생각하면 '선택', 즉 자유는 시간이나 공간 속에서 주어지는 것이 아니라 머리와 가슴으로 쟁취하며 간직하는 것이다. 그래서 '자유'에 대한 근원적인 질문은 영화 속의 양심수에게만 해당되는 것이 아니라 이 시대를 사는 현실 속의 우리 모두에게 해당되는 것이다. 영화 후반 실제 모자상봉 영상이 흑백으로 처리된 것은 사라지지 않는 현실의 흑백논리 속에서 '석방된 양심수와 우리 모두가 자유로운가?'라는 반문을 감독의 영화적 감성으로 표현한 것이다.

파랑 대 하양

파랑 모포와 죄수복의 색은 앞에서 언급한 강제성과 다름 아니고 하양은 모포에 바느질 된 실과 '김선명'과 '중앙정부부' 직원의 머리에 세월이 남기고 간 흔적이다. 하양은 앞에서 언급한 파랑의 부정적 의미를 관통하고 덮어버리고 싶은 감독의 염원이다. 하얀색 하면 연상되는 순수와 순결의 이미지는 바로 영화에서 '양심의 자유'로 환유(換喩)된다. 영화 초반 모포를 걷는 장면이 반복된다. 이 때 제일 마지막 장면에서 모포에 흰색 실이 바느질 된 흔적이 남아있다. 이는 파랑의 천에 순결로 상징되는 양심의 자유를 심고자 하는 의지의 상징이다. 그리고 실로 목을 메기도 한다. 이는 순결한 죽음이다. '양심의 자유'에 대한 순교이다. 그리고 영화 속에서 교도소를 덮는 하얀 눈이 내린다. 겨울은 혹독하지만 눈은 순수하다. 겨울에 내리는 하얀 눈. 이들 (비전향 장기수)이 메마른 땅을 적시는 자유의 단비가 되기를 바라는 희망이요, 화해를 원하는 감독의 시선이다. 이는 '김선명'과 '중앙정보부 직원'이 영화 후반에 사무실에서 가족이야기를 나누는 장면에서 조금 더 구체화된다. 두 사람은 죄수복과 양복의 차이로 비유되는 두 사람의 입장 차이도, 가족얘기와 세월 앞에서 희석되어 버린다. 하얗게 세어진 두 사람의 머리는 세월이 내려준 하나의 성수와도 같은 것이다.

이제 '우리는 진정한 사형수인가?'라는 질문에 답해보자.

영화에서 비전향이 '양심의 자유'를 지키기 위한 한 인간의 끊임없는 자기 싸움이라면 자신과 현실에 침묵하는 우리는 분명 전향한 사람들이 아닌가 묻고 싶다. 깊은 사색을 통해 우리는 자기를 들여다보고 팔 줄 아는가? 그렇지 못하기에 자존심이 없고, 그리하여 자유정신이 없는 것은 아닌가? 자유에 대한 결핍을 인식하지 못한 채 정치라면 구차한 외교로 나라의 명맥을 유지하는 일로 알고, 삶이라면 그저 목숨이 끊어지지 않는 것쯤으로 아는 건 아닌가. 직업 하면 입에 풀칠이 목적이고, 사업 하면 당장 내일 보수가 돌아오기를 바라는 마음이 곧 전향이다.

골드스미스는 "침묵은 동의를 뜻한다."라고 하였고, 마틴 루터 킹도 "악에 대하여 항의를 하지 않고 이를 받아들이는 사람은 실제로 악에 협조하고 있는 것이다."라고 했다. 에드먼드 버크 또한 "악의 승리를 위해 필요한 것은 오직 선량한 사람들이 아무 것도 하지 않는 것뿐이다." 하지 않았던가. 사회에 대한 침묵은 바로 생에 대한 어떠한 희망도 노력도 필요 없는 사형수와 뭐가 다른가!

영화평론과 마찬가지로 서평연습도 매 학기 실시하는 편이다. 학생들이 전문 서적이 아닌 소설이나 역사책 또는 만화책을 읽게 하려는 의도도 있다. 서평을 할 책은 학생들이 자유롭게 정하되 영남대학교 법정관 420호와 419호에 있는 책들로 한정한다. 기왕에 이곳에 모아놓은 책들을 적극 활용하기 위함이고, 또 그 방에 있는 책들이 모두 양질의 도서들이라고 생각해서다. 학생들은 주로 소설책을 많이 선정하는 경향이 있다. 나는 소설을 선택하는 게 매우 고무적이라고 생각한다.

이 방들에 대한 얘기를 잠깐 해야겠다. 법정관 420호는 10여 년 전부터 '정치외교학과 자료실'로 사용하고 있다. 이 자료실은 전공 관련 책이 아니라 다양한 교양 책들을 모아 놓은 곳이다. 만화책에서부터 시작해서 삼국지를 비롯한 다양한 소설책, 역사 및 철학 책, 기타 다양한 인문사회 교양 책들을 준비했다. 처음에 이 방을 만들 때의 목적은 학생들로 하여금 취업준비와는 거리가 있는 폭넓은 교양 책들을 읽게 하고 싶은 것이었다. 언젠가 우연한 계기에 이런 취지를 알게 된 최재천 국회의원이 트럭 한 대 분량의 책을 보내왔다. 비슷한 시기에 영남대 사학과 출신으로 현재 대학로에서 「이음」이라는 책방을 운영하고 있는 조진석(「나와 우리」 사무국장)씨도 같은 취지로 엄청난 양의 책을 보내왔다. 419호에 자료실을 확대했다.

서평연습에서 강조하는 것은 두 가지다. 하나는 책의 내용을 요약하지 말라는 것이다. 이 점은 영화평론에서도 마찬가지다. 영화나 소설(책)의 내용을 이미 다른 사람들이 다 알고 있다고 가정하라고 요구한다. 평론을 전개하면서 군데군데 필요한 경우 책의 내용을 언급할 필요가 있지만, 자칫 단순한 소개나 요약이 되지 않도록 주의를 기울이게 한다. 다른 하나는 책을 쓴 저자의 얘기를 하는 게 아니라 평론을 쓰는 자신의 얘기를 하라는 점이다. 서평연습에서 자주 빠질 수 있는 함정은 책의 내용을 자기 나름대로 평하면서 자꾸 저자의 시각과 입장에서 이해하는 것이다. 그럴 경우 서평이 책의 소개에서 벗어나기 어렵다. 그래서 자기 자신이 하고 싶은 이야기를 먼저 정하고 책의 내용을 조금씩 부분적으로 이용하면서 자신의 메시지를 전하라고 주문한다. 쉽지 않은 작업이다. 서평을 과제로 한 다음 학생들이 서로의 서평에 대해서 코멘트를 해주는데 그 과정에서 평론한 사람 자신의 이야기가 빠졌다는 논평이 자주 나온다.

시평연습도 시작했다. 책이 아니라 시 한편을 대상으로 평론을 작성하는 연습은 2012년에 처음 실시했다. 시평을 하게 된 계기는 서평연습을 하면서 학생들이 책의 내용을 자꾸 요약하기 때문이었다. 책의 내용을 요약하지 말라고 강조해도 처음 서평을 쓰는 학생들로서는 쉽지가 않은 일이다. 어떻게 하면 요약에서 벗어나서 자기 자신의 얘기를 하게 할 수 있을까 고민하다가 시를 생각하게 됐다. 시는 요약하려고 해봐야 할 수가 없다. 또 해석도 다양하게 할 수 있다. 그래서 자신이 좋아하는 시를 한 편 정하고 그 원문을 적은 다음에 5문단으로 평론을 작성하게끔 해보았다.

과제를 내면서 과연 학생들이 잘 할 수 있을까, 너무 무리한 과제가 아닐까 걱정을 했는데 기우였음이 드러났다. 많은 학생들이 이 과제의 취지를 잘 이해하고 소화해냈다. 아직 한 차례밖에 시도하지 않아서 경험이 많지는 않지만, 책의 소개에 그치지 않는 글쓰기를 위해서 시평연습이 괜찮은 시도인 것 같다. 앞으로 더 자주 사용할 계획이다. 시평론의 한 사례를 아래에 소개한다(《참고 5》). 댓글도 덧붙였다. 댓글을 보면 학생들이 다양한 생각을 하고 있음을 알 수 있다.

〈참고 5〉

2001년 4월 10일, 인천

신현수

2001년 4월 10일, 인천

2001년 4월 10일 인천은 지옥이었다.

2001년 4월 10일 인천 대우자동차 앞은 지옥이었다.

2001년 4월 10일 인천 대우자동차 앞에 모인 우리 노동자들에게

인권? 그 말은 웃기는 짜장이었다.

2001년 4월 10일 인천 대우자동차 앞에 모인 우리 노동자들에게

신자유주의? 그 말은 너무 고상한 단어였다.

2001년 4월 10일 인천 대우자동차 앞에서는

신자유주의 다 좋으니 목숨만 살려 달라,

인권 따위 그런 거 다신 말도 안 꺼낼 테니 목숨만 살려 달라,

아, 공장으로 안 돌아가도 좋으니 제발 목숨만 살려 달라,

무얼 잘못했는지도 모른 채

목숨만 살려달라고 빌고 또 빌었지만,

그들은 우리를 방패로 찍고 구둣발로 짓밟았으며

몽둥이로 사정없이 내리쳤다.

그래서 머리통이 깨지고

얼굴에서 온몸에서 피가 철철 흐르고

갈비뼈가 부러지고 팔이 꺾이고

카메라에 피가 튀었다.

그 날 2001년 4월10일, 인천 대우자동차 앞에서 우리 노동자들은

지은 죄도 없이

왜 아스팔트 위에 내동댕이쳐져야 하는지

왜 구둣발로 짓밟혀야 하는지

아무리 곰곰이 생각해봐도 알 수 없었지만,

망한 회사를 왜 우리 노동자만 책임져야 하는지

왜 우리만 집도 뺏기고 직장도 잃어야 하는지

아무리 곰곰이 생각해봐도 알 수 없었지만,

노조의 출입을 허가한 법원의 결정문을 들고

노조 사무실로 들어가려는 게 그렇게 죽을죄인지

아무리 곰곰이 생각해 봐도 알 수 없었지만,

그 날, 2001년 4월 10일, 인천 대우자동차 앞에서 우리들은

일단 맞아 죽지 않고 살아남는 게 중요한 일이었다.

2001년 4월 10일 인천, 그곳은 지옥이었으므로.

시평론

임주석

이 시의 저자 신현수 선생님은 내 모교 선배이자 모교 국어교사였다. 신현수 선생님의 시에는 다른 시들에서 흔히 볼 수 있는 미사여구가 없다. 대신에 신현수 선생님의 시에는 우리 사회의 고통 받는 이웃들에 대한 연민과 연대 의식이 담겨있다. 이런 시는 읽는 이를 각성하게 한다. 나는 읽는 이를 각성 하게 만드는 힘이 좋은 시의 덕목 중 하나라고 생각한다. '2001년 4월 10일,

인천'이란 시는 제목 그대로 2001년 4월 10일 인천의 모습을 다룬다. 2001년 4월 10일 인천에서는 도대체 무슨 일이 있었던 것인가?

나는 그때를 어렴풋이 기억한다. 내가 사는 동네에는 대우자동차 공장이 있다. 그래서인지 어렸을 때 친구들 아버지 중에 대우자동차에 다니시는 분들을 어렵지 않게 볼 수 있었다. 그리고 무슨 영문인지 당최 알 수 없었지만 대우자동차 아저씨들이 확성기를 들고 시위를 하는 모습도 여러 번 본 적이 있다. 성인이 되어서야 그때 대우자동차에서 무슨 일이 있었던 것인지 대충이나마 알게 되었다. 2001년을 즈음해서 대우자동차가 부도가 났다. 그리고 사측은 노동자들을 대거 해고해버린 것이다. 이에 노동자들은 시위를 벌이기 시작했고, 정부는 이를 강경 진압했다. 이것이 이 시의 대략적인 배경이다.

안타까운 일이다. 정말로 노동자들에게는 인권이 없었다. 그런데 이것이 비단 2001년 4월 10일 인천에서만 일어난 일인가? 아니다. 이와 같은 일은 쌍용자동차에서, 한진중공업에서 똑같이 일어났다. 사측은 자신들이 경영을 잘못해서 일어난 일에 대해서 책임지지 않는다. 오히려 잘 먹고 잘 산다. 그 짐은 고스란히 노동자들에게 전가된다. 죽도록 일한 죄(?)밖에 없는 노동자들은 하루아침에 실업자로 전락한다. 이렇게 실업자가 된 노동자들을 국가는 방치한다. 정치권도, 언론도 이에 무관심하다. 결국 노동자들은 저항을 하지만 국가는 폭력으로 대응한다. 이 시에서는 그러한 현실을 '지옥'이라는 표현을 써가며 매우 적나라하게 보여주고 있다. 이런 불합리한 현실에 대해 저자는 '아무리 곰곰이 생각해봐도 알 수 없었지만'이라는 말을 반복하며 이해할 수 없음을 드러내고 있다. 또한 '우리 노동자들', '우리들은'이라는 시어를 통해 그들과의 연대의식을 드러내고 있다.

"2001년 4월 10일 인천 대우자동차 앞에 모인 우리 노동자들에게 인권?

그 말은 웃기는 짜장이었다. 2001년 4월 10일 인천 대우자동차 앞에 모인 우리 노동자들에게 신자유주의? 그 말은 너무 고상한 단어였다." 정말 기가 막힌 표현이다. 대우자동차 노동자들에게 인권이니 신자유주의니 하는 말들은 그야말로 웃기는 짜장이었고, 고상한 단어에 불과했다. 이것은 지금도 마찬가지다. 쌍용자동차 해고 노동자들과 그 가족들, 그리고 벼랑 끝에 몰린 이 땅의 수많은 노동자, 소상공인, 서민들에게 요즘 한창 나오는 경제민주화니, 복지니, 국민통합이니 하는 단어들 역시 웃기는 짜장이고 고상한 단어에 불과하지 않겠는가? 10여년이 지난 지금도 국가가, 그리고 정치가 어려운 사람들의 삶에 도움을 주지 못하고, 오히려 그들을 더욱 더 벼랑 끝으로 내모는 현실이 그저 안타까울 따름이다.

초등학생 시절 아침 등굣길마다 봤던, 대우자동차 잠바를 입고 자전거를 타고 출근을 하던 아저씨들. 나는 커서 저 아저씨들처럼 되겠다고 마음먹었던 기억이 난다. 그런 추억이 있는 나에게 '2001년 4월 10일, 인천'이란 시는 너무나도 가슴 아픈 시다. 대우자동차 노동자들은 내 친구들의 아버지이자, 형이었다. 그리고 오늘날까지 조금도 달라지지 않은 현실에 또 한 번 가슴 아팠다. 이런 사건들을 적극적으로 대중에게 알려야 할 의무가 있는 언론은 무관심하거나, 마치 노동자들이 문제라는 투로 기사와 사설을 쓴다. 이런 사건들을 적극적으로 해결해야 할 의무가 있는 정치권은 이율배반적인 태도로 노동자들을 기만한다. 그런 상황에서 신현수 선생님의 이 시는 더욱 가치가 있다. 아무도 주목하지 않는, 고통 받는 이웃들에게로 주의를 환기시키기 때문이다. 그리하여 읽는 이를 각성하게 한다.

댓글

- 좀 더 큰 목소리로 발표했으면 좋겠어요^^

- 자신이 겪은 배경을 토대로 적어서 그런지 쉽게 잘 읽어졌습니다. 노동에 대한 아픔과 우리나라의 노동에 대한 문제점을 시와 더불어 지적하여 더욱 와 닿았습니다.

- 배경이 많이 쓰여서 아쉽네요. 어떻게 해결됐으면 좋겠다는 말이 나왔으면 더 좋았을 것 같습니다.

- 평을 두괄식으로 하는 것이 좋을 듯하다. 사건 위주의 설명뿐인 것 같다. 다른 시에서의 은유가 고작 미사여구로 표현된다는 점이 인상 깊다.

- 낭독이 좋아서 마치 그 곳에 있는 것만 같은 느낌으로 시에 집중할 수 있었다. 평론은 시에 대한 리뷰 느낌이 강하다. 처음에는 시가 나오게 된 배경을 설명하고 뒤로 갈수록 시의 구절에 대한 설명이 이어진다. 마지막 문단이 가장 좋다. 현대 시대의 노동문제에 대한 문제점과 그에 대한 고민이 담겨 있었다면 아주 좋은 평론이 되었을 것 같다.

- 초등학생 때부터 현대자동차 아저씨들의 빨간 옷을 많이 보고 자란 저와 비슷하네요. 그러나 피가 튀는 지옥의 장면을 본 적은 없는 저로서는 충격적인 내용이네요. 한진중공업과 쌍용 사태 이전에 저런 일이 있었다니 정말 인권이란 웃기는 짜장이라고 생각합니다. 읽은 이를 각성하게 한다 … 라, 이 글을 읽고 각성하는 사람들은 이미 각성된 사람이 아닐까 생각합니다. 또는 각성을 해도 영향력을 미치지 못하는 사람이라고 생각합니다. 경제민주화와 국민통합을 주장하는 그분들이 각성해야 할 것 같네요. 잘 읽었습니다.

- 시의 내용을 자신의 경험을 바탕으로 전개하면서 흥미를 유발하였지만 시 자체의 제한적 내용만을 가지고 서술한 것 같아 아쉽습니다.

- 말하고자 하는 바가 신현수 선생님의 시가 가치가 있다는 것인지 대우자 동차 노동자들의 아픔인지 명확하게 구분이 가지 않네요.

- 시의 내용을 적절히 언급하면서 자신의 논지를 전개했네요. 현재의 문제 와 연결시킨 것도 좋고^^

- 어두운 사회상을 잘 끄집어낸 것 같습니다. 다만 평론의 내용이 곧 시의 내용인 것 같아서 아쉽습니다.

- 시를 적절히 인용하면서 자신의 경험에 비추어 글을 쓴 것이 인상적이다. 네 번째 문단에서 ["2001년 4월 10일~ 단어였다." 정말 기가 막힌 표현 이다.] 이 부분은 그 다음 문장에서 같은 내용을 반복하고 있기 때문에 빼도 무관할 것 같다.

- 현실과 자기 경험과 시를 자연스럽게 연결시켜 평론한 점 좋았습니다. 그 러나 글이 결론이 없는 미완의 느낌이 납니다.

- 자신의 경험과 시의 내용이 잘 연관되어 있어 흥미롭게 읽었습니다. 상황 에 대한 나열, 설명이 주가 된 점은 아쉽습니다.

- 글 속에 글쓴이의 진심이 보였고 그 진심이 이 시와 글쓴이의 많은 연관 성으로 신뢰성을 형성하고 있는 것 같아 좋았습니다.

- 시의 배경과 평론의 내용, 그리고 작성하신 분의 개인적 평가를 좀 더 유 기적으로 배열해주셨으면 좋겠습니다. 전체적인 글의 방향은 아주 공감 이 잘 됩니다.

- 시와 함께 직접 본 것을 바탕으로 우리나라 노동 현실에 대해서 지적한 의도는 좋았고 많은 생각이 들게 했지만 너무 거기에 대한 설명에만 치중

한 것 같다.

- 시 낭송에 있어 너무 무미건조한 느낌을 받았습니다. 해석 위주가 조금 더 많은 듯한 느낌을 받았습니다.

- 글 전체를 받들어 주는 첫 번째 문단에서 국어선생님의 시에 대한 이야기를 쓰는 것은 그 뒤로 나온 이야기들을 받쳐줄 만한, 적절한 내용이 되지 못한 것 같습니다.

- 잘 읽었습니다. 시의 내용이 잘 와 닿네요.. 글쓴이가 초등학교 시절 등굣길에 보았던 아저씨들이라는 표현을 쓴 데서 여운이 깊이 남습니다.

- 노동자의 아픔을 잘 표현했다. 노동자의 아픔, 그 결과가 있었으면 좋겠다.

- 자신이 겪은 일과 연결해서 이야기하는 부분이 글에 좀 더 집중 할 수 있게 하는 것 같아 좋았습니다.

- 자신의 배경을 잘 연관 지어서 설명한 글 같아 읽기 편했습니다.

4) 정치 및 사회평론

수업에서 다양한 정치·사회 이슈에 대한 평론도 연습한다. 먼저, 토론을 통해 가장 중요한 이슈가 무엇인지 선정하는 연습을 한다. 평론 전에 무엇을 평할 지 선정하는 작업이 대단히 중요하다. 주요 이슈 정하기는 주로 학기 초에 수행한다. 학생들이 중요하다고 생각하는 이슈를 생각나는 대로 모아보고, 왜 그 이슈들이 중요하고 우리의 평론 대상이 되어야 하는지 다 함께 토론한다. 토론의 결과 (때로는 다수결로)

중요한 이슈를 선정해서 평론 연습을 한다. 모둠별로 가장 중요한 이슈를 선정하고 자기 모둠에서 선택한 이슈가 최종적으로 뽑히도록 모둠별 토론을 벌이기도 한다. 혹은 "현재 우리 사회에서 가장 중요한 이슈가 무엇이라고 생각하는지 주요 이슈를 선정하고 그 선정 이유 3개를 적으세요."와 같은 과제를 내기도 한다.

　　우리 사회는 대단히 역동적이다. 중요한 이슈들이 갑자기 생기는 경우가 많다. 중요한 이슈가 새로 나와서 다른 작업을 하다가도 그 이슈에 관해 평론연습을 할 때가 있다. 노무현 대통령 탄핵 같은 경우가 대표적 예다. 이런 이슈들에 대해서 학생들의 관심이 대단히 높기 때문에 평론연습이나 토론이 자연히 활발하게 이루어진다. 평론의 대상이 되는 이슈들이 우리 사회에서 반드시 현재 중요한 이슈로 떠오른 것들만은 아니다. 어떤 학기에는 무엇이 중요한 이슈인지 집단토론을 한 결과 '낙태'가 가장 중요한 이슈로 선정되었다. 이에 따라 낙태에 관한 찬성과 반대 평론을 작성하고 상대방의 주장을 반박하는 연습을 하기도 했다. 그 동안 대통령 탄핵, 이념, 근대성과 시간, 양심적 병역 거부, 미군기지 이전, 사형제 존폐 여부, 군 대체복무, 인터넷 통제 문제('미네르바 사건') 등을 주요 이슈로 다루었다.

　　학생들이 중요하다고 생각하는 이슈에 내가 공감하기 어려운 경우가 가끔 있다. 가령 학생들의 열띤 토론 끝에 가장 중요한 이슈로 선정된 '담뱃값 인상' 문제가 있다. 나는 다른 수업에서는 사형제도 존폐와 같은 보다 비중 있는 이슈를 선택했음을 알림으로써 학생들이 좀 더 의미 있는 주제를 선택하도록 종용했다. 나의 노골적인 개입에도 불구하고 학생들은 담뱃값 인상을 가장 중요한 문제로 선택했다. 이후 전개된 토론에서 나는 내 생각이 잘못됐을 수 있다는 생각을 했다. 학생들의 토론이 너무나 진지했고, 다른 거창한 주제를 논한 수업에 비해서 훨씬 피부에 와 닿는 얘기들을 나누었기 때문이다.

학생들과 나의 온도 차이는 다른 곳에서도 나타난다. 최근 자신의 부인이 운영하는 편의점 일을 도와주는 전직 대법관에 대한 토론이 있었다. 학생 중에는 대법관 출신이 편의점 일을 돕는 것이 서민적이라고 할 수 있지만, 그 부인이 편의점을 운영한다면 결국은 아르바이트생들을 착취하는 부유한 사람들에 속한다는 견해도 만만치 않았다. 우리 학교의 많은 학생들이 아르바이트를 하면서 편의점 주인들과 고용주 대 "알바"생의 관계로 만나면서 적대관계의 최전선에서 맞서고 있기 때문에 이런 견해를 가지고 있었다. 나로서는 예상하지 못한 일이고 마침 『한겨레』에 실린 정영무의 평론이 편의점 업주의 비극적 삶을 언급한 것이 있어서 이 평론을 소개한 바 있다. 〈참고 6〉의 댓글을 보면 이 문제에 대해서 학생들의 생각이 어떠한지 대략 알 수 있다. 우리가 관념적으로 생각하는 것과 학생들이 몸으로 살고 있는 세계 사이의 괴리를 볼 수 있는 사례다.

〈참고 6〉

어느 비국민의 삶

정영무

김능환 중앙선거관리위원장이 퇴임하고 부인의 편의점에서 일한다고 화제가 됐다. 김 위원장에겐 아름다운 뒷모습이지만 편의점의 실상은 험난하다.

24시간 돌아가는 편의점은 삶의 최전선에 가깝다. 편의점 아르바이트 노동자의 절반 이상이 최저임금도 받지 못하고 예사로 초과근무수당을 떼인다고 한다. 계산이 틀리면 책임져야 하고, 밥 먹을 시간은 물론 잠시 쉴 틈도 갖기 힘들다.

편의점을 운영하는 업주라고 나을 게 없다. 현대판 노예계약이라고 할 정도의 가맹점 본사 입맛에 맞는 계약조건으로 나가떨어지기 일쑤다. 그제 서울 종로구의 한 편의점 앞에서는 숨진 편의점 업주를 추모하는 기자회견이 열렸다. 경남 거제에서 편의점을 운영하던 임 아무개 씨는 1년을 겨우 넘기고 올해 초 자신의 가게에서 31살의 생을 마감했다. 시민단체와 청년유니온 등은 임씨를 전태일 열사에 비유하며 "이 청년도 온몸으로 전국 수십만 가맹점주들의 삶과 고통을 고발한 것"이라고 말했다.

임씨는 편의점 아르바이트 경험을 살려 2011년 말 편의점을 냈다. 한 달에 몇 백만 원을 보장한다는 본사 직원의 말에 솔깃해 집을 담보로 돈을 빌려 상품구입비와 가맹비 등 창업자금을 댔다. 그러나 몇달 지나지 않아 희망은 불안으로 바뀌었다. 본사가 장담했던 유동인구도 순이익도 없었다. 밤늦게는 거의 손님이 들지 않았다. 하지만 24시간 운용이 계약상 강제조항이었다. 인건비를 줄이려 오후 5시부터 다음날 오전 8시까지 하루 15시간을 일했지만 점점 악화돼 갔다.

일 매출 송금제는 그를 사채로 내몰았다. 매일 매출만큼 본사에 현금을 보내지 않으면 미수금에 대한 이자를 내야 한다. 하지만 선택의 여지가 없었다. 5년 계약기간을 채우지 않고 그만두면 위약금 5000만원과 창업비용 등을 모두 날리게 되기 때문이다. 본사는 적자영업마저도 용인하지 않았다. 재고 손실이 발생했다는 이유로 계약해지 예고통보를 받기에 이르렀다.

편의점 업주들은 24시간 영업을 해야 하고 해지 위약금을 크게 물어야 하는 불공정 계약을 강요받고 있다. 그럼에도 달리 생계수단이 없어 울며 겨자 먹기로 창업에 나선다. 초기 투자비가 적게 들고 기술이 필요 없어 직장을 떠난 베이비붐 세대에다 취직을 못한 젊은 세대까지 뛰어들고 있다. 그 바람에 가맹점 수가 계속 늘어나 본사는 이익이 눈덩이처럼 불어나지만 자영업자에게는 무덤이 되고 있다.

불공정 계약을 바로잡아야 할 곳은 공정거래위원회다. 공정거래위원회는 지금까지 몇 차례 실태조사에 나섰지만 연중무휴 24시간 영업, 중도해지 위약금 조항 등에 대해 유효하다며 뜨뜻미지근한 자세를 취하고 있다. 경쟁촉진도 중요하지만 중소기업과 자영업자를 보호하는 게 본연의 임무라는 점을 생각하면 지나치게 소극적이다. 그러는 사이 임씨가 남의 일 같지 않다며 막다른 골목으로 내몰리는 자영업자 대열은 불어나고 있다.

비정규직을 전전하다가 자영업에 뛰어든 임씨에게 세상의 벽은 너무 높았다. 비정규직이란 크레바스는 한번 빠지면 헤어 나오기가 어렵다. 프랜차이즈 대기업과의 거래는 덫이 됐다. 임씨가 직장에서 해고되지 않았더라면, 재기와 재취업의 사회안전망이 받쳐줬더라면, 편의점에서 성실히 일한 만큼 보상을 받았다면 비극은 없었을 것이다. 그 어디에도 임씨 편은 없었고 그는 비국민이었다.

그렇기에 설사 경제민주화 구호가 쑥 들어갔다고 해도 세상이 조금은 달라져야 했다. 소신 없는 해바라기 경제부총리에 백억 대 재산을 가진 김앤장 출신의 공정거래위원장 체제가 들어서면 한 가닥 남아 있던 희망마저 사라질까 봐 두렵다.

(출처 : http://www.hani.co.kr/arti/opinion/column/578691.html)

〈댓글〉

- 첫 번째 문단에서 어제 평론의 진정성을 볼 수 있어서 좋았습니다. 그런데 내용을 보니 안타까운 마음이 많이 드네요. 비정규직부터 본사와 가맹점간의 불합리한 계약까지 청년실업으로 허덕이는 우리들에게 미래의 어두운 내면을 또 한 번 보여준 사설이 아닌가 싶습니다.

- 어제 발표에서는 제가 바라보았던 관점에서 나아가 다양한 의견들을 들음으로써 시야를 넓힐 수 있었던 좋은 기회였습니다. 보통 소비자 입장에서 생각하는 '편의점 운영'이라 함은 어느 정도 운영 여건이 되는 '사장님'으로 생각했는데, 기사를 보니 돈을 벌고자 시작했던 창업이 본사와의 '노예계약'이 되어 스스로 삶을 포기로 이끌게 된 점에서 매우 안타깝게 생각합니다. 우리나라 공정거래위원회가 약자를 보호할 수 있도록 바로잡아주었으면 좋겠네요.

- 편의점 점주를 하고 있는 친구가 있어서 이 기사의 내용이 더욱 와 닿았습니다. 편의점 시급이 낮지만, 그 시급을 올려 줄 수 없는 점주… 그리고 뒤에서 점주의 숨통을 죄는 본사… 이 문제의 해결을 국가가 해주었으면 좋겠지만.. 자유시장경제의 논리가 참 안타깝습니다.

- 편의점 아르바이트생만 적절한 최저임금을 못 받고 일을 하는 줄 알았는데 편의점을 운영하는 업주도 고통이 있는지 잘 몰랐습니다.. 본사의 불공정한 계약이 참 안타깝습니다. 공정거래위원회에서 투명하고 공정하게 이를 해결해주었으면 좋겠습니다..

- 편의점 아르바이트 시급은 짜다며 친구와 이야기한 기억이 납니다. 모든 일에는 속사정이 있고 야누스적인 면이 있다는 것을 알게 되었습니다. 여

러 글을 읽는다는 것은 마치 누군가 '여기도 있어요'라며 어깨를 두드리는 것 같습니다. 한 곳만 바라보는 단편적인 시각이 얼마나 편협한 것인지 깨닫게 됩니다.

- 수업 시간에 "편의점 점주는 소시민이 아니라.."고 발언했던 저에게 다시 생각하게 만드는 칼럼입니다. 저도 시장원리를 추구하는 바이지만 그 속의 어두운 면을 바로 알게 되는 하나의 칼럼이었고요. 모든 일에는 양면성이 존재하므로 판단하기에 앞서 한 번 더 고려해봐야 한다는 제 소신을 상기 시키는 계기도 되었습니다.

- 칼럼을 다 읽고 나니 비국민이라는 단어가 비수로 꽂힙니다. 국민 100% 통합 사회, 국민 행복의 시대를 실현하겠다는 대통령에게 과연 국민의 범주는 어디까지인지 생각하게 합니다. 대기업의 CEO와 노동자 모두가 대통령에게 똑같은 국민이라면 노동자들이 이 사회의 구조 속에서 더 이상 희생당하지 않도록 사회의 룰을 바꾸기 위해 노력해야 할 것입니다.

- 편의점 점주는 자본 시장의 피해자이기도 하면서 착취자이기도 합니다. 저는 다른 방향으로 댓글을 쓰겠습니다. 편의점 점장이 되려는 것 자체가 위험한 생각이지 않을까요? 한국 편의점 시장은 이미 포화상태입니다. 게다가 편의점 본사는 가맹계약을 최대한 많이 따내는 게 일입니다. 그런 점을 알고 가맹계약을 맺기 전 유동인구 파악이라든지 본인이 철저하게 준비하지 못한 것도 과라고 생각합니다. 자살한 편의점 점주는 피해자이자 불쌍한 사람인 것은 의심의 여지가 없습니다만… 저는 이 사례를 시장의 잔혹함으로 생각하기 보다는 사적인 비극으로 보고 싶습니다. 물론 편의점 본사는 가해자임에 의심의 여지가 없습니다.

* 편의점이 비교적 관리가 쉽고 창업비용도 처음에는 외상 결제가 가능

하다 보니 편의점 창업하긴 쉽지만 그 이후가 어렵습니다. 이러한 사정을 잘 모르는 사람들을 대상으로 대기업의 철면피 영업이 계속 되는 것은 심각한 문제입니다. 저는 이것이 개인의 무지보다는 구조자체에 문제가 크다고 생각합니다. 우리도 언제나 대기업의 피해자가 될 수 있고 알게 모르게 우리 수중에서 대기업의 배를 불리는 데 들어가는 돈은 상당합니다. 편의점뿐만 아니라 분야를 불문하고 대기업 브랜드 하나쯤은 간판에 달아줘야 장사가 되는 세상입니다. 또한 브랜드만 찾아 헤매는 소비행태도 한 몫 하는 것입니다. 과연 이것이 개인의 무지와 선택이 불러온 비극일까요? 너 아니어도 할 사람은 많다며 배짱을 부리며 노예계약을 강요하는 기업의 철면피가 문제일까요? 다행히도 최근 공정거래위원회가 조사에 나서 편의점 가맹점주들을 보호하는 방안을 마련할 계획이라고 합니다. 그럼 아르바이트 비도 상승하지 않을까요?

* 댓글 감사합니다. 자신의 유리한 위치를 이용해 대기업이 '을'을 착취하는 구조에 문제가 있다는 말씀에 전적으로 공감합니다. 이런 것은 국가가 개입해서 바로잡아야 할 사항이라 생각합니다. 하지만 전 개인도 책임이 있다고 생각합니다. 장사는 아무나 하는 게 아닙니다. 그 머리 좋은 삼성 퇴직자들도 부지기수로 망합니다. 작은 편의점이라도 점주가 되는 것입니다. 편의점을 열기 전 자신이 매출 전망이라든지 장래 어떻게 될 것인지를 꼼꼼하게 따졌어야지, 자신과 입장이 다른 본사 말만 들은 것은 잘못이라고 생각합니다. 죽은 사람 관에서 끄집어내 갈구는 것 같아 마음이 무겁습니다만, 저는 이 사건이 구조적인 모순(물론 문제가 있습니다.)보다는 개인의 판단미스로 인한 비극으로

보입니다.

- 자본주의 체제 하의 국가의 역할이 무엇인지, 궁극적으로 국가는 무엇을 해야 하는가에 대한 문제의식을 갖게 해주는 칼럼인 것 같습니다.

- 이 칼럼은 비단 편의점에만 국한해서 볼 문제가 아닙니다. 우리가 주변에서 흔히 볼 수 있는 파x바게x, BBX(닭집), 던X 도너X, 베스X라빈X 등 프렌차이즈 지점들 모두 상황은 같습니다. 물론 화장품이나 그 외 기타 등등 전부 마찬가지입니다. 대한민국뿐만이 아니라 자본주의 사회가 심화된 국가에서 대기업의 횡포가 어떤지 진지하게 생각해 볼 필요성이 느껴지는 글입니다.

- 편의점업주=노동착취자, 아르바이트생=노동착취대상 이라는 선입견을 가지고 있었는데 그 선입견이 이 정보를 통해 깨졌습니다.

- 요즘 대기업이 서민들의 질타아래 골목상권을 보호한다고 여기저기서 가게들을 정리하고 하지만 그 자리를 또 다른 것(윗글에서 편의점 등)으로 대체되어 그리 달라진 것 같지 않아 한편으로는 허울뿐인 퇴장이라고 생각됩니다. 정말 그 불공정 계약의 근본부터 뿌리 뽑고 대기업들의 의식부터 먼저 많이 바뀌어야 된다고 생각합니다.

- 자본주의 체제의 사회 구조적 문제를 잘 보여주는 사례라고 생각됩니다. 거대 자본의 논리에 의해 소자본가와 노동자들이 착취 아닌 착취를 당하고 있네요. 특히, 비정규직 문제는, 미래의 세대들에게는 현재 우리가 느끼고 있는 과거시대 신분제도(양반, 평민, 쌍놈)의 불합리성처럼 여겨질 수도 있다는 생각을 해봅니다. 그럼에도 서로 상생, 발전, 공존하는 합리적 자본주의의 밝은 앞날을 기대합니다.

주요 이슈를 선정한 후 그 이슈에 대해서 찬반 입장을 나누어서 각자의 입장에서 찬성이나 반대 평론을 작성하고 상대방의 주장을 반박하는 연습도 한다. 정치적 입장에서 반론 작성을 하는 연습은 이 수업에서 상당히 비중을 두는 연습이다. 수업에서 자주 사용하는 방식으로 (1) 자신이 상대편 후보를 지지한다고 가정한 다음 그를 지지하는 최고의 평론을 먼저 선정하고 (선정의 이유와 함께), (2) 그 최고의 평론을 무너뜨릴 수 있는 반론을 평론 형식으로 작성한다. 첫 번째 작업을 할 때 두 번째 작업에 대해서 학생들에게 먼저 알려주지 않는다. 그 이유는 첫 번째 작업이 방해 받지 않도록, 즉 진정으로 상대편의 입장에서 가장 훌륭한 평론을 선정하기 위해서이다. 이 연습의 핵심은 반론을 작성할 경우 가장 뛰어난 상대를 대상으로 삼는 것이다. 가장 훌륭한 상대는 공격하기가 어렵다. 그만큼 그런 상대를 성공적으로 공격함으로써 나의 글(입장)이 강력해질 수가 있다.

예를 들면, 선거와 관련해서 인물에 대한 지지 및 반대 평론을 연습하기도 한다. 2011년 서울시장 선거 때 〈참고 7〉과 같은 과제를 제출해서 학생들이 자기의 반대편에서 가장 우수한 평론을 선정하게 했다. 그런 다음에 그 평론 중에서 최고의 평론을 선정하고, 그것에 대한 반론을 펴는 연습을 했다. 즉 남학생은 나경원을 지지하는 입장에서 가장 훌륭한 평론을 선정하고 여학생은 박원순을 지지하는 입장에서 가장 훌륭한 평론을 선정했다. 그런 다음 남학생은 박원순을 지지하는 입장에서 나경원을 지지하는 가장 훌륭한 평론에 대한 반론을 쓰고, 여학생은 나경원을 지지하는 입장에서 박원순을 지지하는 가장 훌륭한 평론에 대한 반대 평론을 작성했다. 상대방의 평론 중 가장 우수한 평론을 선정하고, 그것에 관해서 반론을 작성하는 연습은 이 수업에서 단골 메뉴에 속한다(《참고 8》). 반론 작성은 정치적 이슈에만 국한될 필요는 없지만, 아무래도 정치 및 사회 관련 평론 연습에서 많이 하게 된다.

〈참고 7〉

이번에는 남학생과 여학생으로 나누어서 토론을 합시다. 남학생은 나경원을 지지한다고 가정하고, 여학생은 박원순을 지지한다고 가정합시다. 각자 자기와 반대되는 입장의 평론 중 가장 훌륭한 글을 하나씩 선정해서 올려주세요. 즉, 남학생은 나경원을 비판하거나 박원순을 지지하는 평론 중 가장 훌륭한 것을, 여학생은 박원순을 비판하거나 나경원을 지지하는 평론 중에서 가장 훌륭한 글을 선정해서 올려주세요.

〈참고 8〉

최근 노무현 사건과 관련해서 수업시간에 선정한 상대편 최고 평론에 대한 반론 작성 연습입니다. 자신이 친노 입장이라고 가정하고, 반노의 가장 우수한 평론으로 선정된 198번에 대해 반론을 작성합니다. 반론 작성 시 (1) 비판과 (2) 대안제시 양 측면을 모두 고려하기 바랍니다. 비판에 있어서는 상대방 주장의 핵심을 대상으로 하고, 근거가 취약한 부분을 찾아내어 공략하거나, 상대방이 전제로 하고 있는 가정을 찾아내서 비판하는 것도 효과적인 방법이에요. 참고하기 바랍니다.

인물평론도 이 수업의 중요한 메뉴다. 반드시 정치인일 필요는 없

지만 가급적 사회적으로 유명하거나 이슈가 되는 인물에 대한 평론 연습을 한다. 특정 정치인에 대해 학생들 모두가 평론 연습도 하고, 각자 다른 인물들을 선정해서 하기도 한다. 김종필, 노무현, 박근혜, 안철수 등 다양한 인물들이 그 동안 평론 연습의 대상이 되었다. 어떤 학기에는 특정 인물을 정하지 않고 학생들 스스로 자유롭게 선정해서 좋아하거나 싫어하는 인물을 골라서 평론연습을 실시한다. 시간을 절약하기 위해서 인물평론과 서평을 함께 합치는 방식도 있다. 특정 인물에 대한 평전을 읽고 그 책을 중심으로 서평을 쓰는 것이다. 그러다 보면 자연스럽게 인물평론이 섞이게 된다.

가끔 선거에 관한 평론이나 기획을 하는 연습을 한다. 총선이나 대선 또는 보궐선거나 지방자치 선거가 있는 경우가 상당히 많다. 선거에 대해서 우선 할 수 있는 평론연습은 선거 관련 평론 중 좋은 평론이나 나쁜 평론을 선정하는 연습이다. 이 경우 편을 갈라서 연습을 하곤 했다. 예를 들면 2012년 대선에서 두 가지 연습이 가능했다. 하나는 문재인과 안철수의 단일화와 관련해서 지지하는 후보에 따라 편을 가르고, 자기의 편이 이기도록 즉 자신이 지지하는 후보를 중심으로 단일화가 이루어지도록 하는 데 있어서 가장 좋은 평론을 선정하는 연습이다. 학생들 각자가 먼저 최고의 평론을 선정한 다음에 토론을 통해서 전체적으로 최고의 평론을 선정한다. 또 하나는 야권 후보의 단일화 이후 문재인과 박근혜 중에서 자신이 지지하는 후보를 중심으로 비슷한 연습을 할 수 있다. 큰 선거가 있는 경우 이와 비슷한 연습을 다양하게 할 수 있다.

선거 캠프를 구성해서 학생들 스스로 특정 정당의 선거 기획을 하는 연습도 가능하다. 선거 캠프를 구성하자는 아이디어는 이 수업의 첫 학기에 교환학생으로 온 친구가 제안한 것이다. 그때는 3학점 6시간 수업을 했는데 1주일에 3시간짜리 수업을 두 차례 수행했다. 수업을 처음 개설한지라 어떻게 운영해야 좋을지 몰랐고 매 수업 때마다 무엇을 어떻게 할지 고민도 많이 하고 수업 준비를 위해 많이 읽기도 했다. 나의 그런 모습을 안쓰럽게 본 교환학생이 학생들이 평론을 하고 싶은 주제를 스스로 제안하자는 의견을 냈다. 너무나 반가운 제안이었다. 학생들의 의견을 수렴한 결과 당시 진행되고 있던 선거를 놓고 가상의 캠프를 차리는 연습을 하게 되었다. 구체적으로 대구 수성구를 정하고 그 지역구에 나온 4개 당의 후보자를 위해서 운동하는 4개의 캠프를 차렸다. 이후 각종 선거 전략, 상대 당에 대한 공격 평론 및 우리 편 지지 평론 작성 등 다양한 실전연습을 했다.

홍보 기획안을 작성하는 연습도 선거철에 할 수 있다. 2-3개의 정당으로 나누어서 홍보를 기획하는 연습을 했다. 이런 연습의 특징은 학생들이 활발하게 토론에 참여한다는 점이다. 의견을 나누고 대화를 하는 가운데 아이디어가 향상하는 것을 학생들이 스스로 체험할 수 있는 좋은 기회다.

선거와 관련해서 '프레임' 정하기 연습도 한다. 선거에서 프레임이 얼마나 중요하고 어떤 의미를 가지고 있는지 학생들이 먼저 이해하도록 설명을 하고, 학생들 스스로 특정 정당들로 나누어서 프레임을 만드는 연습이다. 가령 2012년 대선 때 지지 정당 별로 팀을 나누어서 선거 프레임을 만드는 연습을 했다. 문재인 캠프에서는 "〈국민 연고〉 문재인"이, 박근혜 캠프에서는 "〈국민의 가장〉 박근혜"가 최종 선정됐다. 학생들이 저마다 다양한 프레임을 제안하고 모둠별로 토론을 거친 후 각 캠프에서 최고의 프레임을 선정했다. 전체 유권자의 사고를 특정한 방향으로 형성하는 프레임을 만들어보자는 원래 취지가 다소 퇴색하고 선거 구호를 만드는 연습이 된 측면이 있지만, 활발한 토론을 할 수 있었다.

자신이 지지하는 후보에 대한 지지 연설 연습도 한다. 연설문 작성은 2012년에 처음 시도했다. 연설문 작성은 학기 초에 학생 제안 중 하나였는데 함께 토론한 결과 하고 싶다는 의견이 많았다. 시간 관계상 연설 연습은 많이 하지 못했고 연설문도 아웃라인만 작성했다. 특정 후보에 대해서 자신이 지지하는 이유를 몇 가지만 간단히 생각하고 정리해서 그를 바탕으로 연설을 해보는 연습이다. 연설 후 질의응답과 토론을 병행했다.

5) 평론지 제작

특정 주제에 대해 평론지를 제작하는 연습도 한다. 평론지 제작은 학생들이 모둠을 짜서 일종의 잡지를 기획하고 만들어보는 연습이다. 2010년에 처음 시작해서 2013년까지 총 4회에 걸쳐서 실시했다. 여건에 따라서 성과가 다르게 나왔지만 앞으로도 꼭 지속하고 싶은 작업이다. 이 작업은 모둠별로 주제를 정하고 주제에 따라 누가 무엇을 어떻게 준비해서 쓸 것인지 정한다. 모둠 성원들 사이의 소통과 협력이 중요하고, 모둠의 활동에 따라서 좋은 결과를 낼 수도 있고 불만족스러운 결과를 낼 수도 있다.

평론지가 좋은 결과를 내는 데 가장 중요한 것은 모둠 성원들의 협력이다. 수업 시간에 평론지를 기획하기 위해 시간을 많이 내기 어려우므로 수업시간 외에 성원들 사이에 만나고 소통하고 의견을 모으는 것이 필요하다. 특히 하나의 평론지가 특색이 있기 위해서 성원들이 하나의 주제나 시각에 합의하고 그것을 유지하는 평론을 작성해야 한다. 이 연습을 할 때마다 내가 강조하는 것도 이 점이다. 평론지를 점수로 평가하는 경우 모둠별 공동 점수와 개별 점수를 따로 책정한다. 공동 점수는 평론지가 전체적으로 얼마만큼 창의적이고 초점을 잘 맞추고 있는지를 기준으로 평가한다.

2010년에는 두 개의 평론지가 작성됐다. 하나는 「천마프리즘」이라는 제목으로 학교 구석구석을 학생들 나름의 시각을 가지고 살펴보는 작업을 했다('천마'는 영남대학을 지칭한다). 또 하나는 「청소년 탐구생활」이라는 제목으로 청소년과 지역(대구-경북)에 초점을 맞추어서 평론들을 작성했다. 학생들이 표지를 디자인하는 등 열심히 참여해서 스스로의 만족도가 높았다.

2011년도에는 세 팀이 평론지를 작성했다. 모두 '청춘'이라는 단어를 넣어서 「청춘의 눈」, 「청춘의 덫」, 「청춘의 거울」이라는 제목의 평론지를 만들었다. 표지 디자인과 목차, 글의 초점 등을 학생들이 스스로 협의해서 정했고, 평론 작성을 위한 취재와 글쓰기 및 수정 등 모두 스스로 했다. 각기 특색 있는 평론지다. 젊은이들이 빠지기 쉬운 '고정관념'에 초점을 맞춘 평론지도 있고, 주로 영화평론을 통해 청춘을 이야기하는 평론지도 있다.

2012년도에는 네 팀이 평론지를 작성했다. 전년도들에 비해서

이 해의 평론지들은 완성도가 좀 부족한 편이다. 원인은 학생들이 아니라 나에게 있다. 대선도 있었고 연설문 작성과 시평연습을 새로 실시하기도 해서 다른 때보다 조금은 분주한 학기였다. 모둠으로 평론지를 작성하는 연습을 학기말에 와서야 시작을 했다. 시간이 부족한 탓에 소통과 협력을 위한 기회와 노력이 적었고 그것이 결과물에도 반영됐다. 그럼에도 아래에 인용한 이재율의 글처럼 특색 있는 평론을 찾아볼 수 있었다(《참고 10》).

2013년도에는 주간과 야간 수업에서 각각 세 팀이 평론지를 작성했다. 그 전 해에 시간이 부족해서 만족도가 낮았던 점을 감안하여, 이 해에는 중간고사 기간부터 평론지를 기획하게끔 했다. 아래에서 보겠지만 "주제어로 한국사회 읽기"를 처음 실시하면서 이를 평론지로 묶도록 처음으로 시도했다. 일찍 시작했지만 수업 시간 밖에서 학생들이 지속적으로 협력하는 것은 여간 어려운 일이 아니었다(요즘 학생들은 나의 학창시절에 비해서 엄청나게 바쁜 생활을 보낸다!). 결국 학기말에 모둠별로 기획과 편집 등을 위해 수업시간을 할애했다. 결과는 대만족이다. 아래에서 상술한다.

평론지를 완성할 때면 모두 다 식당에서 밥을 같이 먹는 것이 관례가 됐다. 평론지 작성 연습을 시작한 2010년 이전에도 이 수업에서는 밥을 같이 먹는 경우가 많다. 그만큼 친밀도가 높은 편이라고 생각한다. 요즘에는 학기 말에 식당에서 평론지를 돌려보면서 발표를 하고 코멘트를 하는 시간을 갖는다. 식당이 어수선하거나 불편할 경우가 있지만 그래도 한 학기 동안 수고한 학생들과의 '작별의식'인 셈이다.

6) 주제어로 사회 읽기

　　주제어로 우리 사회 읽기는 2013년에 처음 시도한 연습이다. 이 연습은 열 개의 주제어로 중국 사회를 읽은 위화(2012)의 책에서 힌트를 얻었다. 우리말로 『사람의 목소리는 빛보다 멀리 간다』라는 제목으로 출판된 책에서 위화는 열 개의 주제어로 중국사회를 읽고 있다. '인민', '영수', '독서', '글쓰기', '루쉰', '차이', '혁명', '풀뿌리', '산채', '홀유'가 열 개의 단어다. 이 책에서 위화는 자신의 경험을 얘기하면서 중국사회의 어제와 오늘을 오가며 특정 주제어로 자기 사회를 읽고 있다. 각 주제어마다 대략 30-40쪽 정도 분량의 글이다.

　　이 책을 읽으면서 나라면 과연 위화처럼 풍부하고 예리하게 열 개의 주제어로 한국사회를 논할 수 있을까 하는 생각을 많이 했다. 위화의 글은 소설도 아니고 전형적인 평론도 아니지만 그 어느 글보다 중국사회에 대해서 잘 알게 만들고 깊은 공감을 불러일으켰다. 그 동안 A4용지 2장 정도를 평론의 분량으로 생각해왔고 조금은 분석적이고 딱딱한 글을 평론의 전형으로 생각했는데, 위화의 글은 전혀 새로운 형식의 평론으로 읽혔다. 이런 생각에 위화가 한 것 같은 시도를 우리 수업 시간에 도입하고 싶은 욕심이 생겼다.

　　망설임 끝에 주제어로 한국사회 읽기 과제를 수업시간에 가져왔다. 별도로 시간을 내기 어렵기 때문에 모둠별 평론지를 전형적인 평론 대신 주제어 읽기로 제작하도록 유도했다. 이전의 평론지 제작과 다른 점은 크게 두 가지다. 하나는 반드시 평론 형식일 필요가 없다는 것이다. 학생들은 실제 사실을 바탕으로 평론을 작성해도 되고 다양한 형식을 사용하여 픽션을 더한 가상의 이야기를 만들어도 된다. 다만 가상의 이야기일 경우에도 한국사회에 대해 적절한 개연성을 가지고 현실적이라는 공감을 얻을 수 있어야 한다. 또 하나는 원고의 분량이다. 이전에 비해 분량이 3-4배 많아졌다. 학생들에게는 이 부분이 직접 피부에 와 닿는 '고통'이다. 긴 글을 쓰는 데 익숙하지 않기 때문이다. 나는 처음에 A4 10장씩 쓰라고 주문했다가 나중에 5-6장으로 타협하는 모양새를 갖췄다. 학생들은 부담이 줄어든 것에 기뻐했다.

결과는 애초에 내가 가졌던 기대를 훨씬 뛰어넘는 것이었다. 과제를 내주면서 나는 내심 학생들이 과연 이렇게 '긴' 글을 '잘' 쓸 수 있을까 하는 의구심이 많았다. 또 학생들이 한국사회를 읽어내는 핵심 주제어를 잡을 수 있을지도 걱정했다. 하지만 학생들은 나의 염려를 보기 좋게 날려버렸다. 한국사회 읽기를 위해 모둠별로 주제어를 정하고 편집을 어떻게 할지 처음 기획하는 단계에서부터 학생들은 대단한 창의력을 보였다. 학기 중간과 기말 무렵에 각각 1시간씩 모둠별 시간을 가졌는데, 처음부터 눈에 띄는 토의 광경이 나타났다.

가령 주간 수업의 세 모둠 중 두 곳에서 '껍데기'와 "One Standard Korea"라는 주제어가 나왔다. '껍데기' 팀은 우리 사회가 겉모습을 중시하는 점에 초점을 두고, "One Standard Korea"는 모든지 한 가지 기준만을 가지고 사람을 평가하는 점에 초점을 맞추기로 했다. 후자는 나중에 '돈 Standard Korea'로 초점을 더 좁혔다. 야간 수업에서는 셋 중 두 모둠이 '아싸(아웃싸이더)'와 '막장'이라는 뛰어난 주제어를 생각해냈다. '아싸' 팀은 소수자의 입장에서 한국사회를 바라보고, '막장' 팀은 우리 사회의 현실이 실제 막장드라마 같다는 점을 보여준다.

이런 발상이 곧바로 나온 것은 아니다. 모둠 성원들이 자유롭게 주제어들을 쏟아내고 거기에 대해 각자 의견을 말하고 서로 듣고 논평하는 과정에서 모두가 만족할만한 주제어가 등장했다. 서로 대화하는 과정에서 자신의 생각이 집단적으로 발전한다는 점을 생생하게 느낀 소중한 체험이었다. 게다가 마구 웃고 떠들면서 서로 대화하는 것이 매우 즐겁고 재미있기까지 하다. 서로의 말에 귀를 기울이고 기발한 발상을 한 친구에게 모두가 감탄하고 아이디어 자체의 힘 덕분에 으쓱해 했다.

모둠 중에는 주제어를 정하지 못하거나 만족해하지 못하는 경우도 있었다. 야간의 한 팀은 '늪'이라는 주제어에 합의했다. "LTE" 광고에서 가져온 '늪'은 한국사회의 '빨리빨리' 문화를 상징하는 개념으로 착상이 돋보였다. 하지만 막상 '늪'으로 보여주려는 '빨리빨리' 문화는 '막장'이나 '아싸'에 비해 신선도가 떨어져 보였다. 주간의 한 팀은 첫 시간 내내 매우 열심히 얘기를 나눴으나 공통된 주제어에 합의하지 못했다. 많은 아이디어들이 나왔지만 모두의 시선을 휘어잡는 신선하고 창의적인 힘이 부족했다.

학생들은 다른 모둠에서 창의적인 발상이 나올 때마다 많은 자극을 받는 것 같았다. 모둠 간에 직접 가르치는 과정이 없었지만 '서로 배움'의 과정은 분명히 있었다. 자기 모둠에서도 최소한 이 정도의 창의적인 아이디어는 나와야 한다는 기대수준이 형성되었고, 스스로 그 기대수준을 충족하기 위해 노력하는 모습을 보였다. 주제어를 정하지 못했던 주간의 모둠은 최종적으로 '베짱이 찬가'라는 그야말로 독창적인 주제어를 가지고 왔다. 우리 사회가 너무 일만 하는 모습을 비판하고 어떻게 잘 놀 것인지에 초점을 맞췄다.

주제어를 정한 다음에 세부 기획을 하고 평론지를 제작하면서 초점과 시각이 정교해졌다. 가령 '아싸' 팀은 한 사람의 일대기를 통해 계층이 상승해도 여전히 소외되고 있는 모습을 그렸다. 청소년에서 대학생이 되고 졸업 후 비정규직 사원, 정규직 사원이 되고 고위직에 오르고 노인이 되어도 계속해서 소외된다는 것이 '아싸' 팀의 주장이다. 대학에 들어가면, 취직하면, 정규직이 되면, 고위직이 되면, 은퇴하면 나아지겠지 하는 생각이 허망할 뿐이며 대부분의 우리는 일생 동안 '아싸'에서 벗어나지 못한다는 것이다.

다양한 형식도 등장했다. 어떤 팀에서는 관찰자가 따로 있어서 전체적인 과정을 제3자의 입장에서 보는 시각을 곳곳에 배치했다. 소설, 시, 평론, 동호회 잡지, 동화, 만화 같은 다양한 형식을 개성 있게 활용했다. 특히 '베짱이 찬가' 팀은 만화를 적절히 이용해서 글보다 훨씬 뛰어난 효과를 보았다. 한 사람의 일대기, 가족의 하루 일과, 10대에서 6-70대까지 세대별 조망 등 모둠별로 특색 있는 렌즈를 사용하기도 했다.

7) 선배와의 대화

선배와의 대화는 2012년도에 처음 실시했다. 졸업생 및 졸업예정 학생들과 밥을 함께 하는 자리가 계기가 되었다. 이런 저런 얘기를 하다가 정치평론연습 수업 시간의 에피소드들이 우리의 안주감이 되었다. 주로 좋았던 얘기들이다. 그 자리에 있던 몇 친구들이 수업의 영향으로 평론을 신문 등에 실은 경험이 있었다. 갑자기 아이디어가 떠올라서 그 친구들한테 수업에 들어와서 한번 자신의 경험을 얘기해줄 수 있냐고 물었고, 그 친구들은 처음에는 자기가 과연 후배들에게 어떤 좋은 말을 해줄 수 있을까 망설였지만 종국에는 기꺼이 한 시간을 맡기로 했다.

전영진, 박진규, 구소라 이렇게 세 친구가 수업에서 발표를 했다. 수강학생들뿐만 아니라 자신의 경험담을 얘기해준 선배들도 무척 긴장했다. 떨리는 목소리로 그들은 자기가 우리 수업에서 어떤 것을 배웠고 그 이후 자신의 삶이 어떻게 변했는지 얘기를 해줬다. 또 후배들이 글을 잘 쓰기 위해서 또는 좋은 대학생활의 결실을 거두기 위해서 어떤 자세로 임해야 하는지 자기의 경험에 비추어 얘기했다. 2013년에는 박진규와 박유수가 학기 초에 발표를 했다. 그 전 해의 학생들이 선배들과의 대화가 가장 좋았는데 이를 학기 초에 하면 더 좋겠다는 의견을 제시했기 때문이다.

전영진은 처음에 맞춤법과 마침표도 몰랐었는데 어느덧 《한겨레》에 3차례나 칼럼을 실은 경험을 얘기해줬다. 왜 대학교에서 장애인을 보기 힘든지에 대해서 한 편, 통합진보당 사태에 충격을 받고 이 문제에 대해서 두 편의 글을 실었다. '기술전체주의 근본악 비판'을 주제로 《영대신문》에서 주관하는 '천마문화상'을 받기도 했다. 전영진은 처음에 자신의 글이 신문에 실렸을 때의 설렘과 신기함을 강조했는데, 이 점이 특히 학생들한테 많은 공감을 준다고 느낄 수 있었다. 현재 작가가 되기 위해 노력하고 있는 자신의 모습을 이야기 하면서 글쓰기는 자신의 이야기를 써야 하며 작가의 진정성이 있어야 하는데 진정성이 있으려면 자신이 직접 체험해야 좋은 글을 쓸 수 있다고 했다. 자신의 진심과 자기 생각, 그리고 자신의 고민과 자기 색깔이 있어야 자기 이야기가 되며, 자신의 진정성이 담긴 이야기는 그 글이 서툴더라도 사람들에게 감동을 줄 수 있다는 메시지를 전달했다.

구소라는 원래 영문과 학생인 자신이 이 수업을 들으면서 《한겨레》에 글을 싣고, 《뉴스민》에 여러 차례 칼럼을 싣게 된 과정을 소개했다. 좋은 글을 쓰려면 내용이 좋아야 하는데, 좋은 내용이 나오기 위해서는 자기 고민이 많아야 하고, 그 출발점은 일상의 사소한 일들에 대한 질문이라고 얘기했다. "왜 하이힐을 신는가?", "왜 비싼 커피를 마시러 학교 밖에까지 나가서 만나는가?"와 같은 사소한 일들에 대한 질문을 늘 하다 보면 좋은 글을 쓸 수 있는 고민과 내용이 생긴다는 것이다. 구소라는 자기가 쓴 칼럼들을 예로 들면서 이러한 질문들이 어떻게 평론으로 연결되었는지 설명했다. 예전에는 자신의 입장을 대변하기 위해서 글을 썼는데, 지금은 ① 사안의 문제점이나 쟁점을 먼저 파악하고, ② 구체적이고 종합적인 사실을 파악하고, ③ 사안의 전체적인 그림을 그리고 나서 자신이 주장할 방향을 결정한다고 했다.

박진규는 『영대신문』에 두 학기 동안 고정칼럼을 쓰게 된 경위와 쓰면서 겪었던 경험담을 얘기해줬다. 학교 신문에 막상 학교에 대한 얘기가 없어서 불만을 갖고 글을 쓰게 되었고, 자신만의 얘기를 하고 싶어서 여론과 반대되는 얘기를 많이 했다고 한다. 자신은 논설이 아니라 칼럼을 좋아하는데, 글이 짧고 이야기 거리가 많으며 토론이 되기 때문이라고 했다. 박진규는 좋은 글을 쓰기 위한 방법으로 ① 자기가 좋아하는 사람을 한 명 정해서 그 사람의 글을 계속 읽고 모방하기, ② 홈페이지에서 글쓰기, ③ 댓글이나 피드백을 받기 (내 글을 읽어주는 사람 갖기), ④ 컴퓨터가 아니라 손으로 글쓰기(연필이 아니라 펜으로), ⑤ 조심하거나 신중하게 쓰려고 애쓰지 말고 가급적 거만하게 쓰기 등을 주문했다.

박유수는 아직 졸업을 하지 않았는데 최재천 의원의 인턴보좌관을 1년 동안 경험한 일을 얘기해줬다. 박유수는 정치평론연습 수업 시간에 최재천·김태일(2010)의 『민주당이 나라를 망친다, 민주당이 나라를 살린다』에 관해서 서평을 썼다가 그것이 인연이 되어서 최재천 의원의 수행비서를 했다. 국회의원 인턴비서를 하면서 글쓰기가 가장 중요하며, 보도자료, 축사, 청문회 질의서, 자료 요약 등 다양한 글쓰기의 기회가 있다고 했다. 두 개의 보도자료(보도협조요청)를 보여주면서 문단 나누기와 헤드라인이 얼마나 중요한지 시각적으로 보여주었다. 보도자료가 좋아서 그대로 기사가 된 사례를 들면서, 글의 내용이 좋으면 별도의 로비나 홍보를 하지 않고도 널리 알릴 수 있음을 강조했다. 좋은 글을 쓰기 위해서 특히 〈참고 9〉의 요령을 강조했다.

〈참고 9〉

① 글은 항상 쉽게 쓰자. 어려운 단어는 쉬운 단어로 바꾸거나, 괄호를 사용해보자. 문장의 호흡을 짧게 시도해보는 것도 좋다.

② 중복 표현을 자제하자. 전치사, 조사, 접속사 등의 남발은 글을 지저분하게 만들거나 오히려 자연스럽게 흘러가는 것을 막는다.

③ 항상 사실관계에 기초한 자료 조사는 필수다.

④ 입으로 읽어 봤을 때 어색하지 않게 몇 번이고 수정해보자.

⑤ 문단을 나누자. 화려한 수사를 동원하는 것보다 문단을 나누는 것이 글을 훨씬 깔끔하고 멋지게 만들어준다. 문단을 잘 나누면 글을 읽는 사람도 쉽게 포인트를 찾을 수 있다. 한 문단에 한 가지의 포인트를 염두에 두고 글을 쓰면, 쉽게 글을 전개할 수도 있다.

⑥ 초안-수정안-제출안 과정을 거치자. 귀찮고, 힘들기도 하지만 보고 또 보는 것만이 오류를 줄일 수 있는 최고의 방법이다. 마지막에 다른 사람에게 부탁하여 오타를 다시 한 번 더 수정하는 것도 좋다. 자신의 글을 반복해서 보다 보면 글에 익숙해져서 오류나 오타를 발견하기가 힘들어진다.

이 수업을 거친 선배들의 강의를 함께 들으면서 나로서도 생각하지 못했던 것들을 깨닫고 배우는 계기가 되었다. 예를 들어, 좋은 글을 쓰기 위해 박유수가 제안한 내용 중 입으로 소리 내서 읽어보자는 것은 미처 생각해보지 못했다. 또, 학생들이 선생이 하는 얘기보다 선배들 얘기에 훨씬 주의를 기울이고 공감한다는 점을 알 수 있었다. 그들은 여전히 직업이 불확실하고 자신들과 거리가 멀지 않은 선배들을 훨씬 가깝게 느끼며 아마도 그렇기 때문에 같은 내용이라도 더 큰 공감과 더 큰 울림을 가지고 듣는 것 같았다. 이 점은 강의평가에서 학생들이 남긴 짧은 글에서도 나타났다. 해당 학기에 가장 좋았던 수업 내용이 바로 선배와의 대화였다는 점, 그리고 이 시간을 학기 말이 아니라 학기 초에 가졌으면 훨씬 더 좋은 효과가 있었을 것이라는 점을 강의평가를 통해 내게 알려주었다.

3. 배운점

이 글을 준비하면서 정치평론연습 수업을 돌아보니 학생들이 많은 열의를 가지고 참여했음을 새삼 느낄 수 있다. 어떤 학기에는 내가 좀 더 많은 열의를 가졌었고 어떤 학기에는 내가 조금 지쳐 있었는데, 그런 차이가 수업의 결과 학생들이 올려놓은 평론에서도 나타나는 것 같다. 내가 어떤 태도를 가지고 임하고 얼마만큼의 열의를 가지고 임했는지에 따라 학생들의 태도와 열의도 영향을 받았던 것 같다. 눈에 띄는 성과도 있었다. 일간지나 대중매체에 글을 기고하는 학생도 생겼다. 눈에 보이고 만져지는 성과는 자신과 후학들에게도 좋은 자극제가 된다.

학과 내에서 파급효과도 있었다. '정치평론연습'의 연장선에서 '정치토론연습'과 '정치논리와 수사'라는 과목을 새로 개설하고 운영한다. '정치토론연습'은 주로 말하는 수업이다. 정치평론연습 수업이 주로 글쓰기에 초점이 맞춰져 있는 점을 보완하여, 같은 학과의 구춘권 교수가 말하기에 초점을 맞춰서 2010년부터 '정치토론연습'을 운영하고 있다. '정치토론연습' 수업은 학생들이 중요한 이슈를 토론을 통해 함께 선정하고 다음 수업 시간에 각자 그 주제에 대해서 2쪽 분량의 글을 준비해온다. 이 글은 평론이라기보다는 일종의 기조연설이다. 이 글에는 해당 이슈에 대한 원인, 결과, 주요 사안, 진행 과정 등에 대한 조사를 바탕으로 학생 자신의 분석과 논평이 포함된다. 모든 학생들이 자신이 준비한 글을 2분 동안 발표한다. 발표를 통해 각자의 견해가 드러나면 자연스럽게 진영이 나뉘고 이후에는 자유토론을 진행한다. 토론을 하면서 합의를 도출하는 데 중점을 둔다. 이 수업이 생긴 이후 정치평론연습을 수강한 학생 중 상당수가 정치토론연습을 같이 듣는다. 비슷하면서 약간 차이가 있는 두 수업이 서로 보완이 되도록 노력하고 있다.

'정치논리와 수사'는 2009년 정병기 교수가 학과에 오면서 새로 개설했다. 정병기 교수는 우리 학교에 오기 전에 서울대학교에서 글쓰기 교실을 담당한 경험이 있다. 정교수의 경험과 장점을 살리면서 정치외교학의 특성에도 부합하기 위한 과목으로 새롭게 개설한 것이 '정치논리와 수사'라는 과목이다. 이 수업은 논문을 쓰는 데 초점을 둔다. 기초적인 논리학의 대강을 강의한 다음 학생들로 하여금 권력과 관련된 영화를 한 편 선정해서 보고 한 학기 동안 그 영화를 분석하는 논문을 쓰게 한다. 학생들은 논문에서 영화의 내용을 소개해서는 안 되며, 작가주의의 관점에서 영화 제작자의 의도가 무엇인지 분석해서도 안 된다. 영화를 마치 하나의 정치적 사건으로 보고 그 사건에서 특정 주제를 뽑아내고 자신의 논지를 세우고 관련 자료를 조사해서 논문을 완성하는 것이다. 중간고사 이후 논문을 발표하고 그 논문에 대한 질의응답 및 토론으로 수업을 진행한다.

그 동안 정치평론연습 수업을 진행해오면서 많은 교훈을 얻었다. 특히 두 가지를 강조한다. 먼저, 학생들과 서로 배우는 자세가 필요하다는 점이다. 선생이 학생들에게 일방적으로 가르치려고 하지 말아야 한다. 가르칠 내용을 미리 정해서 수업에 임하는 것도 종종 좋은 결과를 낳지 못한다. 대강의 방향을 생각해둬야겠지만 학생들과의 대화 속에서 방향이 바뀔 수 있는 여지를 충분히 준비해둬야 한다. 내가 가르치기보다는 학생들에게 배우려는 자세가 필요하다. 사실 정치평론과 관련하여 특별히 가르쳐야 할 기술이나 지식을 나도 갖고 있지 않다. 오히려 학생들이 나보다 더 뛰어난 생각을 할 때가 많고, 교수가 아니라 서로에게서 배우는 경우가 많다. 특별한 지식이 없어도 여러 사람이 얘기를 나누다 보면 각자의 생각이 발전하고 한 사람이 생각하지 못한 발상을 하게 된다. 이런 배움의 과정을 학생들이 경험하는 것이 필요하다.

　　다음으로, 학업 성적이 뛰어나지 않은 학생이라도 공부 이외의 다른 분야에서 또는 다른 방식으로 훌륭한 재능을 가지고 있다는 점이다. 이들의 잠재력을 개발하도록 애써야겠지만, 먼저 선생이 학생들을 믿는 자세가 필요하다. 내가 의심하거나 걱정했던 것보다 학생들은 훨씬 잘해냈다. 또 학생들이 스스로 그러한 재능을 가지고 있음을 경험하는 일이 필요하다. (선생의 격려가 필요한 부분이다). 이것은 이 수업의 처음부터 배운 점이다. 나의 다른 수업에서 크게 두각을 나타내지 못하던 평범한 친구들 중에서 대단히 뛰어난 평론을 작성하는 경우가 적지 않았다. 고민 끝에 내가 내린 결론은 정치평론이 '지적 능력'과는 다른 '감수성'을 필요로 한다는 점이다. 그것이 '미적 감수성,' '도덕적 감수성,' 또는 '공감할 수 있는 감수성'인지 정확히 모르겠지만, 분석력과 종합적 사고 이전에 감수성이 중요하다고 생각한다. 같은 영화를 보면서 다른 친구들은 전혀 보지 못하는 '색깔'을 중심으로 영화를 분석한 서광호의 경우 그것은 미적 감수성이 뛰어났기 때문이라고 결론을 내렸다. 감수성이 처음부터 두드러지지 않고 서서히 부각 되는 경

우도 있다. 2012년에 수업을 들은 이재율은 학기 중간쯤부터 재미있
는 비유를 써가며 친구들의 주목을 받았다. 학기가 끝날 즈음에 그가
쓴 다음의 글은 이러한 비유를 잘 보여준다(《참고 10》).

<참고 10>

YU에 온 두더지의 구멍파기연습

정치외교학과 이재율

두더지가 잘 컸다. 두더지가 YU에 오더니 잘 컸다. 이 두더지가 구멍파기
연습(2학점)을 듣더니 잘 컸다. 뜬금없이 왜 두더지인가? 땅만 파며 잘 살면
될 두더지가 왜 영남대학교에 왔나? 두더지가 웬 구멍파기연습을 수강하는
가? 내가 소개하고 싶은 이 두더지에 대한 이야기를 읽어본다면 의문은 사라
질 것이다. 기대해도 좋다.

땅 깊은 곳에서 자유롭게 구멍을 파며 사는 두더지가 있었다. 하지만 두더
지는 나이를 먹으며 학교를 가야 했다. 학교를 가니 이전처럼 자유롭게 구멍
을 파며 살 수 없었다. 모두 똑같은 책상에 앉아 똑같은 크기와 깊이의 구멍
을 파는 교육을 받아야 했다. 왜 똑같은 크기와 깊이의 구멍을 파는지는 알
려주지 않았다. 잘 파는 방법은커녕 재미있게 파는 방법도 가르쳐주지 않았
다. 그저 파놓은 구멍이 얼마나 알맞은 크기의 구멍인지, 깊이가 제대로 파였
는지 확인할 뿐이었다. 학교에 가야 했기에 두더지는 자유를 잃고 점점 기계
화되었다.

두더지가 학교에 가고 난지 몇 년 뒤, 나이를 좀 더 먹으니 왜 그렇게 같은
크기의 구멍을 파게 하는지 알 수 있었다. 두더지는 두더지게임기 속으로 들

어가야 할 운명이기 때문이었다. 두더지는 낙심하고 좌절했다. "고작 두더지 게임기 속 두더지 한 마리가 되기 위해 나는 태어난 것인가?" 두더지는 고뇌하고 고뇌했지만 다른 방법은 보이지 않았다. 두더지는 어쩔 수 없이 두더지기계 속 다른 두더지들처럼 평범한 두더지가 되기 위해 자신의 두더지기계를 만들기 시작했다. 하지만 학교에서는 같은 크기의 구멍을 파는 방법만 가르쳐 주어서 기계를 만드는데 실패를 거듭했다. 두더지는 일반적인 두더지도 되기 힘들다는 것을 느꼈다. 두더지는 더욱 낙심했다.

그러다 두더지는 성인이 되었다. YU에 입학하게 되었다. 성인이 되고 대학생이 된 두더지는 더 이상 구멍을 파지 않았다. 발톱은 무뎌져 날카로움을 잃은 지 오래였다. 세월이 흘러 구멍파기연습(2학점) 강의를 듣게 되었다. 듣고 싶어 들은 강의가 아니었지만 수업에 참여했다. 수업에 들어가니 교수 두더지가 구멍을 파는 방법을 가르쳐 주었다. 구멍을 기왕 팔 거면 구멍을 군데군데 이상하게 파지 말고 5개의 구멍으로 나눠 파라는 것이었다. 처음엔 어색했지만 연습하다 보니 익숙해졌다. 그리고 그 구멍에 머리부터 내밀라 했다. 구멍에 두괄식으로 몸을 배치해야 사람들이 주목한다는 것이었다. 또 머리를 내밀고 말을 길게 하지 말고 짧게 한마디하고 구멍에 숨으라고 했다. 마지막으로 가장 중요한 것을 가르쳐 주었다. 5개의 구멍에 어떻게 들락날락할 것인지 IN&OUT LINE을 정하는 것이었다. 수강하는 두더지에겐 파격적인 방식이었다. 한 학기 동안 두더지는 열심히 연습했고 결국 자신만의 두더지기계를 만드는 데 성공했다.

자유롭게 땅 파고 살던 두더지는 어쩔 수 없이 두더지 기계 속으로 들어가야 했다. 하지만 학교에서는 제대로 된 방법은 가르쳐주지 않고 엉뚱한 것만 가르쳤다. 두 번 낙심한 두더지는 YU에 입학하더니 구멍파기연습 수강을 통해 자신의 두더지기계를 만들었다. 두더지기계는 5개의 구멍으로 구성되었다. 그리고 짜여진 LINE 대로 머리부터 내미는 체계적인 기계였다. 골목에 배치된 기계는 인간들의 이목을 끌기 시작했다. 인간들은 망치를 들고 두더지를 치기 시작했다. 5개나 되는 구멍 속에서 헬멧을 쓰고 머리부터 내미는 두더지를 때리며 스트레스를 푼 인간들은 웃으며 떠났다. 하지만 두더지는 시간이 지날수록 노련함이 더해졌다. IN&OUT LINE 은 점점 맞히기 어려워졌다. 두더지의 짧은 문장과 빠른 숨기에 망치질을 실패한 인간들은 두더지를 한번 때려보려고 안간힘을 썼다. 시간이 지나면 지날수록 명물 두더지 기계가 되었다. 어느 날 두더지는 구멍에서 나와 한마디 했다. "두괄식 머리 내밀기와 5구멍, 짧은 문장, 그리고 IN&OUT LINE이라면 당신도 구멍파기의 고수가 될 수 있어요."

　수업의 경험을 바탕으로 두 가지 희망사항을 가지고 있다. 첫째, 정치평론 과목의 활성화와 제도화다. 우리나라뿐 아니라 다른 나라에서도 정치평론이 정치학의 주요 분야로 제도화되어 있지 않다. 문학도들이 문학평론을 공부하고 미술학도들이 미술평론을 배우고 실천하듯이 정치학도들이 정치평론을 배우고 익히는 과정을 제도화해야 한다. 실습뿐 아니라 이론 과목도 개발함으로써 정치학의 주요 분야의 하나로 정치평론이 자리매김하길 바란다.

둘째, 전국의 학생들이 정치평론을 실제 실습하고 뽐낼 수 있는 공간이 필요하다. 정치평론연습 수업에서 자신의 글을 주요 매체에 싣는 경험을 갖도록 독려한다. 자신의 글을 실어본 학생은 매체에 글을 싣는 것이 생각보다 대단한 일이 아님을 체험한다. 이 체험은 중요하다. 자신감의 원천이 되기 때문이다. 그리고 자신감은 대단히 중요하다. 자신감을 가질 때 학생들은 더 큰 일을 꿈꾸고, 할 수 있다고 생각하고, 실제로 하려고 도전한다. 대학생 평론대회를 개최하거나, 일간지 또는 인터넷 신문 등에서 정치평론가를 뽑는 일이 필요하다. 돈 없고 힘 없는 정치학도들이 정치가로 나아가는 '정치평론가'의 길을 만드는 일이기도 하다.

참고문헌

김대영. 2005. 『공론화와 정치평론』. 서울 : 책세상.

유민호. 2012. 『행장』. 서울 : 매디치미디어.

위화. 2012. 『사람의 목소리는 빛보다 멀리 간다』. 김태성 옮김, 파주 : 문학동
　　네.

최재천·김태일. 2010. 『민주당이 나라를 망친다, 민주당이 나라를 살린다』. 서
　　울 : 모티브북.

Michael Walzer. 2002. *The Company of Critics : Social Criticism and Political
Commitment in the Twentieth Century*, Basic Books.

9장
해외저널의 관찰을 통해서 본
정치평론의 방향

김민혁(서울대학교)

1. 머리말

필자는 정치학과에서 석사과정을 시작하던 스물다섯 살의 대학원생 시절부터 '정치평론'이라는 분야에 관심을 갖고 공부를 시작하였다. 그리고 정치평론 공부의 가장 중요한 방법은 국내외의 좋은 정치평론 저널들을 추천받아서 꾸준히 읽으면서 다양한 사례들을 접하고 비교하고 나름의 방식으로 정리해나가는 것이라는 생각에서 해외 정치평론 저널들을 꾸준히 관찰해왔다.

가장 먼저 읽기 시작한 해외 저널은 《이코노미스트》(The Economist)였다. 때마침 학과의 선배 동료들이 매주 1회씩 모임을 갖고 《이코노미스트》독회를 통해서 영어공부 겸 국제적인 시사이슈를 학습해보자는 제안이 있었다. 이후 선생님의 추천과 개인적인 탐색을 통해 필자의 관심사와 중요도에 부합하는 저널의 범위가 확장되어갔다. 최근에 주로 많이 보게 되는 저널을 다섯 개 정도 꼽자면 《디센트》(Dissent), 《이코노미스트》, 《프로젝트 신디케이트》(Project Syndicate), 《뉴욕타임즈 오피니언》(NYT opinion), 《뉴리퍼블릭》(The New Republic)이며, 적어도 일주일에 1회 이상은 저널의 웹사이트를 방문하거나 각 저널에서 제공하는 뉴스레터를 정리하는 식으로 꾸준히 업데이트 되는 글들을 확인하고 필요한 자료는 스크랩을 해서 읽는다.

영어로 된 정치평론 저널을 읽기 시작하고 습관화 하는 것은 쉽지 않다. 영어표현도 생소하고, 다루고 있는 정치적 상황과 맥락에 대한 이해도 부족하여 혼자 소화하기에는 버거울 수 있다. 따라서 주위에 마음이 맞는 동료들이 있다면 정기적으로 만나서 특정 이슈에 관한 해외 저널을 함께 읽고 토의하는 모임을 갖는 것이 좋은 방법 가운데 하나이다. 필자의 경우에도 대학원 동료들과 우연한 계기를 통해 해외 정치평론 저널을 읽고 토의하는 모임[1]을 결성하게 되면서 꾸준히 저널들을 읽게 되었고, 틈틈이 정치평론 저널을 읽고 토의하는 시간들을 통해서 정치세계에 대한 이해가 넓어지고 좋은 정치공동체를 만

---

1   이 모임의 명칭은 '서울대 정치평론 세미나'이다. 《뉴리퍼블릭》을 함께 읽는 모임
    으로 시작하여 《이코노미스트》, 《디센트》, 《프로젝트 신디케이트》 등 이 글에서
    소개하게 될 저널들을 함께 읽고 있다. 2010년도 가을에 첫 모임을 가졌고, 올
    해로 3년째 모임을 지속적으로(3주에 1번) 진행하고 있다.

들고 유지하기 위한 정치평론의 역할과 그 중요성을 자각하는 경험을 하게 되었다.

해외의 좋은 정치평론 저널들을 읽다보면 가장 먼저 드는 생각이 우리나라에서도 이와 같은 좋은 정치평론 저널을 만들고 싶다는 것이다. 본론에서도 소개하겠지만, 《이코노미스트》는 170년이 넘는 전통을 가지고 있고 《뉴리퍼블릭》도 올해로 100년에 가까운 전통을 이어온다. 이처럼 전통과 권위 있는 정치평론 저널은 소속된 정치공동체의 공론형성 과정에서 소중한 자산이 된다.

또한 필자가 느꼈던 흥미로운 경험이기도 하지만, 주요 외신기사들을 직접 읽다보면 국제적인 사건이나 이슈들이 나 자신의 삶의 영역 속에 침투하고 일상적인 고민의 범주와 함께 존재하게 된다는 느낌을 가지게 된다. 예컨대 《뉴욕타임즈》 칼럼을 읽고 있으면 전 세계의 지성인들과 실시간으로 의견을 함께 나누는 상상에 빠지는 순간들이 있다. 이러한 관점의 전환은 국제적 시야를 넓힐 뿐만 아니라 국내정치적 이슈들에 있어서도 보다 유연하고 다양한 시각을 가지는데 도움이 된다.

언어적 장벽이 문제가 된다면, 최근 들어서 외신기사를 스크랩하고 번역할 수 있는 능력을 갖춘 블로거들이 소셜 네트워크 서비스 등을 통해서 자발적으로 외신기사들을 보다 폭넓고 상세하게 소개하는 활동을 하고 있기 때문에 이러한 서비스를 활용하는 것도 좋은 방법이다.[2] 해외의 좋은 정치평론을 국내 독자들에게 지속적으로 소개하는 것은 우리나라의 정치평론 지평을 넓히고 긍정적으로 자극한다는 점에서 중요한 역할을 할 것으로 기대된다.

이 글에서는 필자가 그동안 해외 정치평론 저널들을 읽어오면서 느꼈던 감동, 좋은 정치평론 저널이 갖추고 있는 특징적인 모습들, 그리고 한국의 정치평론 발전을 위해서 받아들여야 할 교훈들을 중심으로 글을 전개하려고 한다.

2. 해외 정치평론 저널 소개

1) 정치평론 저널의 전형적 사례 : 《디센트》

해외 정치평론 저널의 대표적인 사례로 《디센트》지를 소개하는 데 있어서 《디센트》 편집장들과 후원자들이 둘러앉아서 한 명씩 이야기를 나누는 장면만큼 더 적절한 것은 없는 것 같다. 밑에서 인용하게 될 부분은 마이클 왈쩌(Michael Walzer, 《디센트》 前 공동편집장)가 《디센트》지의 역할과 사명에 관하여 진솔하게 성찰하는 부분이다. 영상을 직접 본다면 더욱 생생하게 분위기를 느낄 수 있겠지만, 모임에 참석한 사람들이 공유하고 있는 《디센트》에 대한 애정과 열정 같은 것들이

---

2 해외 주요외신을 한글로 번역해주는 온라인 서비스로 〈뉴스 페퍼민트〉, 〈외신 번역 프로젝트〉, 〈정치와 평론〉 등이 있다. ① 〈뉴스 페퍼민트〉 (http://newspeppermint.com, 검색어 : "뉴스 페퍼민트") ② 〈외신번역 프로젝트〉 (http://tellyoumore.tistory.com, 검색어 : "외신번역 프로젝트") ③ 〈정치와 평론〉 (http://polcommentary.org, 검색어 : "정치와 평론") (검색일 : 2013.8.1).

편안한 분위기 속에서 그 공간을 가득 채우고 있다. 그것을 한 단어로 묘사하자면 '공론장'이라고 말하고 싶다.

"우리의 《디센트》 매거진이 뜻하는 바는 무엇이고, 우리의 노력이 가지는 의미는 무엇일까요? 우리는 때때로 교착상태에 빠지게 되고 우울하며 스스로 무기력하게 느껴질 때도 있습니다. 정치평론 활동을 통해서 말이지요. 그러나 우리가 이 활동을 계속해야 하는 단 한 가지 이유가 있습니다. 그것은 바로 **정치세계라는 것이 정말 예측불가능하다는 사실** 때문입니다. 많은 소련전문가들이 있었지만 그 중 누구도 1989년의 소련붕괴를 예측한 사람은 없었습니다. 수많은 미국계 아랍인 중동전문가들이 있었지만 그 중 누구도 지난해 아랍에서 일어난 민주화 운동을 예측한 사람은 없었습니다. 우리는 그러한 예측불가능한 상황에 대비해야 합니다. 그리고 우리가 바로 그곳, 누구도 예측하지 못했던 그곳에 있기를 바랍니다. 과거에는 한때 흑인 아이가 백인 아이와 함께 둘러앉아 있을 수 있다는 것을 누구도 생각하지 못했던 시절이 있었습니다. 미국 남부의 그 당시 모습을 본다면 정말 절망적이었습니다. 그러나 서서히 변화가 일어났습니다. 비록 느린 속도였지만 결국 세상은 진보했습니다. **그러므로 우리는 변화가 일어나는 그곳에 있어야 합니다. 사람들이 스스로 변화할 수 있도록 돕고, 또한 우리가 처한 문제들에 대해서 지속적으로 논쟁해야 합니다.** 우리는 그러한 과정을 통해 바로 지금 여기에 왔습니다."[필자 강조].

-마이클 왈쩌와 《디센트》 편집장과 후원자들의 밤[3]

인용된 왈쩌의 발언 가운데 《디센트》의 사명에 관한 키워드는 "정치세계의 예측불가능성", "변화의 방향", "지속적인 논쟁" 이었다. 예측 불가능한 정치세계 속에서 어떠한 변화가 가능하고, 바람직하며, 또한 어떻게 달성될 수 있는지를 지속적으로 논쟁하는 공론장으로서의 사명이 바로 《디센트》에게 있다는 것으로 요약된다.

1954년에 첫 발간된 《디센트》는 계절마다 한 번씩 저널을 발간한다는 원칙에 충실하며 지난 60년간 공론장의 역할을 꾸준히 이행해왔다. 《디센트》의 창간목적은 소박했다. 초대 편집장 어빙 호위가 말했던 것처럼 단지 "계절마다 한 번씩 저널을 발간하여 민주적 사회주의(democratic socialism)에 관한 관념과 문제들에 대해 토의하는 포럼을 제공하자는 것"이었다(Howe 1958, 11).

《디센트》의 초대 편집장이던 호위가 1993년에 갑작스럽게 사망하자, 그의 제자이자 《디센트》지 초창기부터 기고가로 활동해왔던 왈쩌가 호위의 뒤를 이어서 공동 편집장을 맡게 된다. 그리고 왈쩌는 《디센트》〈2013년 봄호〉를 마지막으로 공동편집장에서 은퇴하게 되는데, 그가 공동편집장으로 있던 지난 20여년의 시간동안 《디센트》지는

---

3 위에서 소개한 〈디센트 후원모임〉 영상은 아래의 링크를 통해 볼 수 있다(https://www.youtube.com/watch?feature=player_embedded&v=pxE-lfrxMPY#at=439, 유투브(youtube.com) 검색어 : "An evening with Michael Walzer and Dissent magazine editors and supporters")(검색일 : 2013.8.1).

그의 탁월한 정치평론가이자 논쟁의 조직자, 뛰어난 소통가로서의 자질을 통해 뛰어난 정치평론 저널로서의 명성을 더욱 확고히 하게 된다.[4] 이러한 그의 모습을 잘 보여주는 일화가 있다.

"내가 왈쩌의 모습을 지켜보면서 정말 인상 깊었던 점이 네 가지 있었다. 그중에 첫 번째는 그의 **합리적 논변의 기술(the art of reasoned argument)에 대한 헌신**이었다. 편집장으로서 왈쩌는 《디센트》에 실리는 글들이 분명하고 강력한 논변을 전개하기를 원했다. (⋯) 한번은 이런 일이 있었다. 우리 저널에 오랫동안 글을 써왔던 필자 중 한명이 중동문제에 관련된 기사를 작성하였다. 그리고 우리 독자 중 한명이 그 기사를 읽고 굉장히 화를 내며 편집장에게 항의편지를 썼다. 왈쩌는 그 편지를 저널에 게재하기를 원했고, 그 기사의 필자에게 항의편지에 대한 답신을 써줄 것을 요청했다. 기사의 필자는 답신이 불필요하다고 답했다. 왜냐하면 그 편지의 필자는 이념적으로 급진적 좌파의 "비주류"(fringe)적인 입장을 대변하고 있기 때문이라는 것이었다. 왈쩌가 분노한 목소리로 이야기 하는 것을 들었던 것은 아마도 그때가 처음이자 마지막이었던 것 같다. 왈쩌는 그가 비주류의 입장을 대변하는지 아닌지는 중요한 문제가 아니라고 말했다. 중요한

---

4   마이클 왈쩌의 《디센트》지 공동편집장으로서의 모습에 대해 더 알고 싶다면 《디센트》지 2013년 봄호에 나온 「마이클 왈쩌를 추억하며」(On Michael Walzer) 특집코너에 실린 글들을 읽어볼 것을 추천한다.

것은 오직 그가 합리적인 논변을 펼치고 있는지의 여부이다. 그가 만약에 합리적 논변을 펼치고 있다면, 우리는 그에 대하여 합리적인 대답을 전달해야 한다고 말했다. 덧붙여 말하면, 왈쩌는 편지의 필자보다는 기사의 필자와 정치적 견해가 훨씬 가까웠다는 점을 강조할 필요가 있을 것 같다."(Morton 2013).

필자가 《디센트》를 읽으면서 때로는 재미있고 때로는 감동을 받았던 지점도 바로 이러한 부분이었다. 《디센트》라는 잡지 이름이 "다른 생각"을 의미하듯이, 이 정치평론 저널은 매번 발간되는 호마다 다양한 이슈들에 대한 생생한 논쟁이 전개되고 있었다. 그러한 논쟁은 성역이 없어서 때로는 편집장인 왈쩌의 견해마저도 비판되고 왈쩌가 그에 대한 대답을 제시하는 상황이 흔히 발생한다.[5]

합리적 논변의 과정, 그리고 다양한 의견들에 대한 존중이라는 원칙은 민주사회의 공론장이 지켜나가야 할 기본요건이 된다. 그리고 왈쩌에게 《디센트》지는 그가 대학원생이었던 시절부터 인연을 맺고 늘 참여하는 입장에서 그를 성장시켜준 소중한 공론장이라는 의미를 가지고 있었다. 왈쩌는 《디센트》와 자신의 인연에 대해 다음과 같이 회상한다.

---

[5] 최근의 사례를 들자면, 2013년 겨울호에서 '새로운 페미니즘'에 관한 이슈가 다루어졌고, 왈쩌의 정의이론이 페미니즘 이론의 관점에서 취약하다는 비판에 대한 왈쩌의 답변인 「페미니즘과 나」(Feminism and Me)라는 흥미로운 글이 게재되었다.

"저는 브랜다이즈 대학의 학부 4학년 시절 여름부터 《디센트》지의 기고자로 활동하기 시작하였습니다. (…) 그 이후로 저는 정기적으로 《디센트》지에 글을 기고하기 시작하였고, 지금까지 59년의 세월동안 제가 쓴 길고 짧은 수백편의 글들이 《디센트》에 실렸습니다. (…) 제가 《디센트》에 기고했던 많은 글들이 약간의 수정을 거쳐서 학술적인 저널에 게재되었고, 또한 반대로 학술적인 저널에 먼저 발표했던 글들이 약간의 수정을 거쳐서 《디센트》에 실리기도 하였습니다. (…) 만약에 이렇게 [학술적인 영역과 실천적인 영역 사이를] 자유롭게 오가며 나에게 흥미롭게 느껴졌던 질문들에 대해 학문세계 안과 밖에서 글 쓰고 말할 수 있는 자격(license)이 없었더라면, 아마도 저는 학생으로서도 교수로서도 살아남기 힘들었을 것 입니다."(Walzer 2013) ([ ]는 필자 주).

왈쩌에게 있어서 정치적·참여적 글쓰기와 학술적 글쓰기는 결코 멀리 있지 않았으며, 오히려 그의 현실참여 차원에서의 정치평론과 학술적 차원에서의 정치이론연구는 상호발전적인 관계로 성장해나갔음을 알 수 있다. 이는 《디센트》지가 현실문제에 대한 예리한 비평능력과 동시에 엄밀하고 이론적인 논리전개의 측면에서도 결코 전문적인 학술지 못지않은 수준을 유지하고 있었음을 보여준다.

《디센트》지의 내부적인 구성 및 운영방식에 대해서도 살펴볼 필요가 있을 것 같다. 《디센트》의 인적구성은 2명의 공동편집장을 중심으로 하여 6명의 분과별 편집장, 2명의 조교와 1명의 사무직원, 3명의 인턴을 포함하여 총 14명의 스텝으로 이루어지고 있다.[6] 공동편집장은 최근까지 왈쩌(프린스턴 고등연구소 사회과학부 교수)와 카진(Michael Kazin, 조지타운대 역사학과 교수)이 맡았다가 2013년 봄을 끝으로 왈쩌가 은퇴하였고 후임자는 아직 정해지지 않았다. 3개월마다 저널을 출간하며, 저널의 가장 첫 페이지에 실리는 편집자의 말(editor's note)은 그동안 왈쩌와 카진이 번갈아 작성해왔다.

소규모의 편집진으로 구성이 되었고, 재정적으로도 빠듯하다보니[7] 편집장 개인의 역량과 헌신에 의해 정치평론 저널의 수준이 유지되는 측면이 크다. 그리고 편집장 개인도 전업으로 저널 업무에 종사하는 것이 아니라 대학에 소속된 학자로서의 지위를 겸하고 있다. 다행스럽게 왈쩌가 소속하고 있는 프린스턴대학 고등연구소는 강의부담이 없이 오로지 연구에만 몰두할 수 있는 환경으로서 그가 정치평론 저널의 편집장으로서 보다 많은 시간을 할애할 수 있는 여건이라고 하겠다.

1983년부터 2000년까지 《디센트》에서 직원으로 근무했던 모톤

---

6 디센트 홈페이지 참조 (http://www.dissentmagazine.org) (검색일 : 2013.8.1).

7 디센트의 재정적 상태는 그리 풍족하지 못한 것 같다. 디센트는 현재 재정적 문제 때문에 펜실베니아대 출판부에서 출판되고 있다. 그래도 다행인 것은, 펜실베니아대 출판부에서 디센트의 온라인 아카이브를 활용한 추가적인 수입원을 창출하였고, 최근 온라인 홈페이지를 개편하면서 보다 시의적절한 정치평론을 게시할 수 있게 되었다는 점이다. 자세한 내용은 David Wescott, 2013, "Michael Walzer Looks Back on His Decades at 'Dissent'." http://chronicle.com (검색일 : 2013.8.1).

(Morton 2013)에 따르면 《디센트》는 분기마다 저널을 발간하기 이전에 편집위원 회의를 개최한다. 그리고 공동편집장으로서 왈쩌가 《디센트》에서 보냈던 시간을 묘사하는 부분이 있는데 "그는 일주일에 한 번씩 프린스턴에서 《디센트》 사무실로 출근하여서 하루 종일 시간을 보내었다. 그리고 그 이외의 시간에는 프린스턴 고등연구소에서 저널의 편집과 관련된 일을 처리하였다."라고 한다. 왈쩌가 편집장으로서 수행하였던 역할은 적절한 필자와 원고 탐색부터 기고된 글들을 꼼꼼하고 탁월하게 교정하는 업무까지 포괄하는 것이었다.

　　편집위원은 총 27명으로 구성되었고, 이들은 분기별로 개최되는 편집위원 회의에 참석하여 글의 선정이나 다루어야 할 이슈들, 진행되고 있는 주요 논쟁들에 관해 토의를 나누는 것으로 추측할 수 있다.

　　이밖에도 다양한 형식의 소통과 교류가 이루어지고 있을 것이라고 추측해볼 수 있겠다. 대표적으로 글의 서두에서 소개하였던 《디센트》 후원회 모임 등이 있을 것이고, 이러한 다양한 형태의 수평적 소통과 교류들이 《디센트》를 좋은 정치평론 저널로서 지난 60년 동안 단 한 번의 누락이나 지연 없이 발간해 올 수 있었던 숨은 힘이었을 것이라고 생각된다.

2) 정치평론 저널의 전형적 사례 : 《뉴리퍼블릭》

　　다음으로 소개할 정치평론 저널은 《뉴리퍼블릭》이다. 《뉴리퍼블릭》은 1914년에 미국에서 창간된 저널로 정치와 예술분야에 대한 수준 높은 평론과 기사를 제공하고 있으며 저널의 정치적 입장은 주로 자유주의를 옹호하는 방향이라 할 수 있다.

1914년 창간 이래로 《뉴리퍼블릭》은 거의 100년이 가까운 기간 동안에 매주 1회 저널을 발간해왔으며 2000년에는 구독자 수가 10만 명이 넘었으나 차츰 구독자가 줄어들어 2011년에는 5만 명까지 감소하였고, 이에 따라 주1회 발간 원칙을 변경하여 1년에 20호(평균 2.5주에 1회씩 출판)의 저널을 발간하고 있다.

그리고 최근에 저널의 경영과 관련해 중요한 변화가 있었는데, 2012년 3월에 크리스 휴스(Chris Hughes, 페이스북 공동설립자, 2008년 오바마 캠프 디지털 선거운동전략가)가 《뉴리퍼블릭》을 인수하여 최고 편집장이자 발행인으로 취임한 것이다. 소셜 네트워크와 디지털 커뮤니케이션의 최고 전문가인 휴스가 《뉴리퍼블릭》을 인수한 이후에 《뉴리퍼블릭》은 온라인 홈페이지를 블로그형 홈페이지로 대대적으로 개편하여 여러 가지 형태의 스마트 모바일 기기를 통한 접근성을 높이고, 시의성 있는 다양한 기사를 온라인으로 제공하는 등 디지털 미디어 환경에서 생존하기 위한 새로운 시도들을 하고 있다.[8]

《디센트》의 전반적인 어조나 느낌과 비교해보았을 때 《뉴리퍼블릭》은 상당히 직설적이고 그때그때의 이슈들에 대한 논쟁을 빠르게 접할 수 있다는 차별성이 있다. 《디센트》가 차분하면서도 합리적인 논증의 과정을 통해 주장을 펼쳐나가는 반면, 《뉴리퍼블릭》은 우리가

---

8 《뉴리퍼블릭》의 기본적인 정보와 역사에 관해서는 위키피디아(http://en.wikipedia.org)와 《뉴리퍼블릭》 온라인 홈페이지(http://www.newrepublic.com)에 소개된 내용을 주로 참조.

현실정치에서 흔히 보게 되는 격렬한 감정을 그다지 정제되지 않은 형태로 표현하고 있다는 인상을 받게 된다. 그래서 《뉴리퍼블릭》을 읽으면 좀 더 긴장되면서도 현실정치의 생생함이 잘 느껴진다. 발간되는 주기의 차이 —《디센트》는 3개월마다, 《뉴리퍼블릭》은 2.5주마다 —에서 기인하는 두 저널의 다른 지향점과 장단점이라고도 볼 수 있을 것 같다.

필자가 《뉴리퍼블릭》을 구독한 기간은 불과 3년여 정도밖에 되지 않고, 매번 흥미로운 일부 기사를 읽고 그치는 정도라 깊이 있는 평가를 내리기는 힘들 것 같기는 하지만 그동안 《뉴리퍼블릭》을 읽으면서 깊은 감동을 느끼고 좋은 정치평론이란 무엇인가에 대해 다시금 생각하는 계기가 된 순간들이 있었다. 그것은 바로 "상대방을 높이 칭찬해주기"를 발견하는 순간들이었다. 그것의 한 사례를 짧게 인용해보겠다.

> "매케인 상원의원은 우리도 익히 알고 있듯이 자유주의자가 아니다. 그러나 시리아 문제에 있어서 그는 누구보다 억압받는 이들의 자유를 수호하고 그들에게 공감하는 입장에 서있다. 대량학살이 벌어지고 있을 때 우리는 그것을 저지하기 위해서 우리가 할 수 있는 행동을 해야만 한다는 의무에 관해서 말이다. 반면에, 오바마 대통령은 그러한 모습을 지금까지 보여주고 있지 못하다."
> (*The New Republic* 2012.2.23)
>
> -The Editors, "시리아 국민들을 위해 행동해야 할 때"

《뉴리퍼블릭》이 미국 정치에서 자유주의적 입장을 분명하고도 강력하게 옹호하고 있으며 공화당에 대해서는 비판적이고 민주당을 지지하는 성향의 정치평론 저널임에도 불구하고, 종종 이와 같이 상대진영에 있는 정치인을 높이 칭찬해주는 사설 내용을 발견하게 된다. 이러한 정치평론은 '차이'를 강화시키는 것이 아니라 '함께 함, 그리고 공공선'을 불러일으킨다. 또한, 이러한 정치평론은 '좌절, 회의주의'에서 끝나는 것이 아니라 '새로운 가능성, 절망적인 상황 속에서도 숨겨진 작은 희망'을 우리에게 보여준다. 이러한 좋은 방식 가운데 하나가 '상대방을 멋지게 칭찬해주기' 아닌가 하는 생각을 하게 된다.

미국 정치의 양극된 정치적 스펙트럼 속에서도 진영을 넘어서서 진보와 보수 양쪽 모두의 오피니언 리더들 사이에서 '꼭 읽어야 할 정치평론지'로 《뉴리퍼블릭》이 자리매김 할 수 있었던 이유는 이 저널의 분석과 해석이 가지는 '독창성'과 '예측불가능성'이라는 두 가지 중요한 특징 때문이다.[9] 다른 저널에서는 얘기하지 못하는 참신한 시각을 《뉴리퍼블릭》에서 발견할 수 있었고, 특정한 정치세력을 편향적으로 옹호하는 것이 아니라 이슈와 상황에 따라서 정치적 지지와 비판의 대상을 적절히 선정함으로써 편협한 진영논리에 갇히지 않는 지혜를 발휘했던 것이다. 그렇기에 《뉴리퍼블릭》은 진보적 성향의 정치평론지로 간주되면서도 보수성향의 오피니언 리더들도 즐겨 읽어 왔고, 보수성향의 레이건 대통령 임기동안 백악관에서도 매주 20부씩 정기구

---

9   "Kinsley and Hertzberg editorships." http://en.wikipedia.org/wiki/The_new_republic(검색일 : 2013.8.1). (4/14 Bar).

독을 하는 등 영향력을 유지할 수 있었다.

3) 고급 시사평론 저널 : 《이코노미스트》

1843년에 창간되어 170년이 넘는 기간 동안 그 명맥이 유지되고 있으며, 2013년 현재 전 세계에서 매주 140만부가 넘게 유통되고 있고 그 독자들 가운데 상당수는 사회 지도층에 해당되는 시사평론 저널이 있다. 그 저널은 영국에서 발간되는 고급 시사평론 저널 《이코노미스트》이다.

만약에 나에게 오직 하나의 저널만을 읽을 수 있는 제약이 있다면 주저 없이 《이코노미스트》를 선택할 것 같다. 매주 금요일에 발간되는 이 저널은 세계 각 지역별로 한 주간 중요한 정치·경제·사회·문화적 이슈들을 심층적으로 다루고 있으며, 〈경영〉, 〈금융〉, 〈과학기술〉, 〈문학과 예술〉 섹션을 통해서 다양한 이슈들을 전하기도 한다. 그리고 〈리더스〉(Leaders) 섹션은 저널의 가장 앞 부분에 위치하며, 매주 다섯 개 정도의 핵심적인 주제들 선정하여 각각1~2페이지 분량으로 정리된 분석 기사를 제공한다. 섹션의 이름 그대로 리더들이 짧은 시간동안에 중요한 이슈들을 파악할 수 있는 내용을 제공하는 부분으로서 《이코노미스트》의 가장 핵심적인 부분이기도 하다.

1986년부터 1993년까지 《이코노미스트》의 편집장으로 재직했던 루펄트 페난트-레아(Rupert Pennant-Rea)는 이 저널에 대해 다음과 같이 묘사하였다. "《이코노미스트》는 매주 금요일마다 발간되는 의견중심의 정보지(viewspaper)로서, 저널의 독자들은 주로 평균 이상의 소득과 지적 수준을 갖추고 있으며 반면에 여유시간은 넉넉하지 않은 특성을 갖추고 있다. 우리 독자들은 그들 스스로의 의견들을 《이코노미스트》의 의견과 비교하여 평가할 수 있다."[10]

이와 같은 페낸트-레아의 설명은 《이코노미스트》의 특성에 관하여 중요한 부분을 함축하고 있다. 《이코노미스트》 홈페이지의 소개에 따르면 이 저널은 기본적으로 "정치적이고 문예적이며 보편적인 신문(newspaper)"을 지향한다고 명시되어 있다. 일반적으로 신문은 의견 보다는 사실 중심의 정보전달을 지향하며, 《이코노미스트》도 기본적으로는 사실이 중심이 된 분석에 기사의 많은 부분을 할애한다. 그러나 또한 각 기사의 마지막 한 두 문단에서는 《이코노미스트》만의 주관적인 평론을 덧붙이는 방식으로 기사를 맺는다.

어쩌면 독자들이 가장 흥미로워하고 기다리는 부분도 바로 이 부분이 아닐까 생각된다. 페낸트-레아는 《이코노미스트》 독자들이 "그들 스스로의 의견들을 《이코노미스트》의 의견과 비교하여 평가할 수 있다"고 설명하였는데, 나를 포함하여 많은 독자들이 매주 금요일마다 《이코노미스트》 최신호를 기다리는 이유도 바로 《이코노미스트》만의 독자적이고 신선한 분석과 견해를 듣고 싶어서 일 것이다. 이것은 저널과 독자 사이에 이루어지는 정기적인 대화라고도 일컬을 수 있다. 《이코노미스트》의 견해는 항상 우리가 생각하지 못했던 부분을 밝혀주거나 공감할 수 있는 이야기들로 채워져 있으며, 세계 다른 곳의 다

---

10 The Economist 홈페이지 "About Us" 참조. http://www.economist.com(검색일 : 2013.8.1).

양한 사회적 현상에 대한 상세한 역사적 배경 설명을 덧붙이기 때문에 폭넓은 시야를 갖추는데 많은 도움이 된다.

한국 관련 기사는 주로 〈아시아〉 섹션에서 실리고 있으며, 사실 한국 관련 기사보다는 북한 관련 기사가 좀 더 자주 실리는 편이다. 한국과 관련된 기사들이 나오면 보다 꼼꼼하게 챙겨 읽는 편인데, 최근 2~3년간 나온 기사 중에서 흥미로웠던 기사는 (1) 한국 경제의 성장동력 관련 기사(*The Economist* 2011.11.12)[11], (2) 한국의 과점적 맥주시장 관련 기사(*The Economist* 2012.11.24)[12], (3) 한국의 경쟁적인 교육환경 관련 기사(*The Economist* 2011.12.17)[13], (4) 한국의 경제민주화와 재벌개혁 관련 기사(*The Economist* 2012.10.13)[14] 등이 있었다. 《이코노미스트》는 자유무역과 자유 시장경제, 정부의 불필요한 규제완화를 지향하는 견해를 가지고 있는 만큼, 정부의 불필요한 시장 간섭에 대해서 비판하는 동시에 시장의 공정한 경쟁 질서를 교란하는 독과점 구조나 제왕적 행위자들(예를 들어 한국은 재벌들)에 대해서도 거침없는 비판을 가한다.

《이코노미스트》는 자유무역과 자유 시장 경제 질서를 지향하지만 유럽식 사회복지국가모델 자체에 무조건적인 거부반응을 보이지는 않는다. 얼마 전에는 북유럽의 노르딕 모델에 대해서도 상당히 긍정적

---

11 "South Korea's Economy: What do you do when you reach the top?"

12 "Brewing in South Korea: Fiery food, boring beer"

13 "Exams in South Korea: The one-shot society"

14 "Presidential politics in South Korea: Bashing the big guys"

인 평가를 하는 특집기사(*The Economist* 2013.2.2)[15]를 실었으며, 투명하고 유능한 국가기관에 의한 효율적인 사회정책이 때로는 시장에 의한 혁신과 성장을 능가할 수 있다는 점도 충분히 인정하고 있다.

시사평론 저널로서 《이코노미스트》의 가장 특징적인 면은 이 저널이 다루고 있는 전 세계적인 범위와 동시에 전 세계 각지에서 양질의 독자층을 갖추고 있다는 사실이다. 원래 영국의 국내지로 출발했던 이 저널은 1920년에만 해도 발간부수가 6,000부에 그쳤다. 그러던 것이 2차 세계대전 시기를 거치면서 〈미국〉 섹션을 추가하였고 발간부수는 18,000부까지 증가하였다. 이후에 점차 《이코노미스트》가 관여하는 지역의 범위가 늘어나기 시작하였고, 그에 따라서 독자의 범위도 전 세계로 넓어지게 된다. 현재 《이코노미스트》의 지역 섹션은 총 7개로 구성이 되며—〈아시아〉, 〈중국〉, 〈미국〉, 〈미주〉, 〈중동과 아프리카〉, 〈유럽〉, 〈영국〉—이 가운데 가장 최근에 추가된 섹션은 2012년 1월에 추가된 〈중국〉 섹션(*The Economist* 2012.1.28)[16]으로, 원래 중국과 관련된 기사는 〈아시아〉 섹션에 포함이 되었으나 국제사회에서 중국이 차지하는 중요성이 점차 증대하면서 별도 섹션으로 분리되어 편성되었다.

《이코노미스트》가 전 세계에 독자층을 가지게 됨으로써—전체 독자의 절반은 미국에 거주하고 있다—갖는 장점은 특정 국가의 국내정치적 요인에 영향을 받지 않고 자유롭게 비평하고 분석할 수 있으며, 다양한 지역에서 일어나는 현상들을 비교해 볼 수 있다는 점이

---

15 "The Nordic countries : The next supermodel"

16 "China : The paradox of prosperity"

다.《이코노미스트》의 각 지역에 대한 분석 기사들은 상당히 심층적인데, 충분히 훈련된 저널리스트들을 지역 특파원으로 파견하여 해당 국가의 국내정치상황을 잘 이해하고 기사를 작성토록 한다. 외국 전문가에 의한 국내정치 분석은 때때로 국내의 전문가들보다도 예리하고 정확할 때가 많은데, 그들은 보다 객관적인 시각을 통해 현상을 바라볼 수 있기 때문이다. 따라서 국내정치를 잘 이해하기 위해서는 외국의 분석가들이 내놓은 다양한 시각의 분석들도 항상 관심을 가지고 귀 기울이는 자세가 중요하다. 매주 다양한 지역소식과 이슈들을 전하는《이코노미스트》는 이러한 분석들을 압축적이면서 폭넓게 전해주는 굉장히 소중한 저널에 해당한다.

4) 온라인 정치평론 아카이브 :《프로젝트 신디케이트》[17]

《프로젝트 신디케이트》는 꽤나 흥미로운 형태의 정치평론 아카이브이다. 처음 이 아카이브를 접하였을 때 느꼈던 놀라움은 우리에게도 익히 잘 알려진 세계적인 석학이나 오피니언 리더들 가운데 상당수가 이 프로젝트에 참여하고 있다는 사실 때문이었다.

필자가 주로 흥미롭게 보는 주제인 '동아시아 국제정치' 이슈와 '국제정치경제' 이슈를 중심으로 주요 필진을 소개해보면 크리스토퍼 힐(Christopher R. Hill, 前 미국 국무부 동아시아담당 차관보), 유리코 코이케

---

17 《프로젝트 신디케이트》 웹사이트 : http://www.project-syndicate.org.

(Yuriko Koike, 前 일본 방위상), 조지프 나이(Joseph S. Nye, 前 미국 국방부 국제 안보담당 차관보), 대니 로드릭(Dani Rodrik, 프린스턴대 고등연구소 사회과학부 교수), 케네스 로고프(Kenneth Rogoff, 하버드대 경제학 및 공공정책학 교수), 제프리 삭스(Jeffery D. Sachs, 컬럼비아대 경제학 교수) 등이 매달 칼럼을 기고하고 있다.

비영리단체이자 인터넷 기반 개별 정치평론 아카이브라기에는 너무도 화려한 필진을 보유하고 있고, 홈페이지를 통해 무료로 칼럼들을 읽을 수 있어서 다양한 분야와 이슈에 대한 수준 높은 의견을 접할 수 있는 매우 유용한 아카이브라고 할 수 있겠다.

온라인 정치평론 아카이브로서 《프로젝트 신디케이트》는 세계적 석학의 칼럼을 독자들에게 제공하는 것에 그치지 않고, 주요 이슈들에 대한 적극적으로 논쟁을 생산하고 소통하는 기능도 수행하고 있다. 흥미롭게 느껴졌던 두 가지 점 중 하나는 논쟁의 중심(focal point) 별로 글을 배열하는 방식이었고, 다른 하나는 글의 단락별로 댓글을 작성하도록 하는 방식이었다.

먼저, 논쟁의 중심(focal point)별로 이슈를 정리하여 관련된 글을 정리해주는 기능의 활용에 대해 좀 더 알아보자. 《프로젝트 신디케이트》에는 매달 세 건 내외의 논쟁의 중심이 형성된다. 최근에 생성된 이슈 가운데 하나는 "이제 국제무역을 위해 할 일은 무엇인가?"(What now for global trade)로 이 이슈와 관련된 12개의 글이 링크되어 있다. 《프로젝트 신디케이트》는 이러한 기능을 통해 다양한 이슈들에 대해 축적되는 칼럼들이 그때그때의 이슈별로 새롭게 재배열되어 연속적인 논쟁으로 이어질 수 있게 하고 있다.

다음으로 단락별 댓글 방식을 살펴보자.《프로젝트 신디케이트》는 홈페이지의 원고제출요령(submission guidelines)을 통하여 제출되는 글의 분량은 800~900단어 내외를 권장하며 길어도 1000단어 이상을 넘지 않도록 밝히고 있다. 이 정도 분량의 글이라면 대개 10~15단락으로 구성이 된다.《프로젝트 신디케이트》는 각 단락별로 독자들이 댓글을 달 수 있도록 해서, 글에서 전개되고 있는 논점에 대해 독자들의 구체적인 토론의 진행이 가능하도록 하고 있다.

《프로젝트 신디케이트》의 수익구조는 필진들이 기고하는 칼럼을 전세계 주요 일간지에 유료로 판매하여 거두어들이는 방식으로 이루어진다.《프로젝트 신디케이트》홈페이지 소개자료에 따르면,《프로젝트 신디케이트》의 칼럼들은 59개 언어로 번역되어 전 세계 154개국 489개 주요 일간지에 판매되고 있다. 우리나라에서도 조선일보, 중앙일보, 동아일보 등 주요 일간지를 비롯하여 매일경제, 코리아 헤럴드 등에서《프로젝트 신디케이트》와 계약을 맺고 "해외석학칼럼" 등의 이름으로 칼럼을 게재하고 있다. '신디케이트'(syndicate)라는 용어 자체가 '기사나 사진 등을 신문사에 팔다'라는 뜻을 지니고 있으니《프로젝트 신디케이트》라는 이름 자체가 이 온라인 정치평론 아카이브의 기본적 활동방식과 근본적으로 일치하면서 기획된 것으로 생각할 수 있다.

이렇게 벌어들인 수익금은 좋은 필자를 섭외하고, 기고된 글에 대한 적절한 비용을 지불하며, 아카이브를 운영하는 자금으로도 활용함으로써 온라인에 직접 접근하는 독자들에게는 무료로 기사를 제공하는 서비스를 지속할 수 있도록 하고 있다. 온라인 기사 무료제공이라는 서비스는 한편으로는 '아카이브의 공공성'이라는 명분에 충실하면서 또한 더 많은 사람들에게 영향력을 미치는 매체로서의 지속을 통해 전 세계 주요 일간지들이 지속적으로 《프로젝트 신디케이트》와 유료계약을 맺고 칼럼을 구매하도록 하는 실리의 측면과도 부합하는 효과적인 전략으로 평가된다.

3. 정치평론 저널과 공론장

앞서 소개된 네 가지 정치평론 저널들에서 공통적으로 발견되는 기본정신이라고 한다면, 공론의 건전한 형성을 위해서 다양한 형태의 공론장이 필요하며 이것을 계속해서 지켜나가야 한다는 사명감이라고 할 수 있을 것 같다.

오늘날 신문이나 방송 등의 많은 매체들이 공공성을 주장하지만 그 가운데 대다수가 상업적 이해관계로부터 결코 자유롭지 못하다는 사실을 우리는 잘 알고 있다. 언론은 대중의 관심을 지속적으로 붙잡는데 성공하는 것으로 스스로의 존립 근거를 확인하게 되고, 대중의 관심을 끌 수 있는 뉴스를 지속적으로 생산하는 것은 많은 비용이 드는 일이다. 이 비용을 충당하기 위한 상업적 행위들이 공론장으로서의 언론의 공공성을 유지하는 역할과 주로 갈등을 일으킨다.

정치평론 저널들은 상대적으로 이러한 내적갈등의 문제에서 부담이 가볍다. 매일 뉴스 컨텐츠를 생산하고 배포해야 하는 신문이나 방송과는 달리, 정치평론 저널들은 자신들이 가능한 주기를 설정하여 제한된 범위에 배포하게 된다. 이러한 저널들의 주된 수입원은 독자들이 지불하는 구독료, 그리고 저널의 발행취지를 지지하는 사람들이 결성한 후원회로부터 나온다. 그리고 광범위한 독자를 상정하여 다양한 관심사를 만족시킬 컨텐츠를 생산하는 신문 방송과는 다르게, 정치평론 저널들은 특정한 지향점과 관심사를 공유하는 독자들을 상정하기 때문에 보다 심층적이고 전문화된 담론이 전개되는 공간으로 기능하게 된다. 따라서 가장 기본적으로 좋은 정치평론 저널은 상업언론과 대비되어 공론 형성의 과정에서 공공성을 확보한다. 상업언론은 스스로가 확보하고 있는 공적인 영향력이 끊임없이 상업적 동기에 의해 침투되는 매체의 특성을 가지고 있는 반면에, 공공성을 지닌 정치평론 저널은 의식적인 노력과 자발적인 후원자들의 조직화를 통하여 정치적 공론장으로서의 위치와 역할을 지켜내려고 노력한다. 공론장을 지켜내려는 이러한 의식적인 노력이 정치평론 저널의 차별화된 모습이라고 할 수 있다.

하버마스가 『공론장의 구조변동』(Habermas)에서 보여준 근대 초기 부르주아 공론장의 형성과 발전에 관한 흥미로운 사례 두 가지를 살펴보면, 공론장은 의식적 노력의 산물이라기보다는 특정한 공간에서 공개성이 확산됨으로써 자발적으로 참여하게 된 개인들이 공론장을 구성하였음을 관찰할 수 있다.

먼저 신문의 발전에 관한 역사적 사례를 살펴보자. 하버마스의 연구에 따르면, 신문이라는 매체는 정치적 목적에 의해 탄생한 것이 아니라 상업적 목적을 위해 탄생한 것이었다. 여러 도시를 오가며 물건을 사고파는 상인들이 그들의 이윤추구에 필요한 상업적 정보들을 편지로 주고받기 시작했고, 그 정보를 전문적으로 취합해서 상인들에게 판매하는 상품으로서의 초기 형태의 신문이 제작되기 시작하였으며, 소수의 상인들만이 구매해서 읽던 초기 형태의 신문이 보다 넓은 범위의 대중들에게도 판매되기 시작하면서 신문은 일종의 공공적 성격을 가지게 되었다는 것이다. 신문이 공공적 성격을 갖게 되고 공동체에 영향력을 가지는 매체로 자리 잡은 다음부터 신문은 정치적으로도 중요한 의미를 가지게 된다.

다음으로 커피하우스를 중심으로 형성되었던 부르주아 공론장에 관한 역사적 사례도 상당히 흥미롭다. 사람들은 정치적 이야기를 나누러 커피하우스에 모이기 시작했던 것이 아니었다. 당시에 대중적 기호품으로 유행하기 시작한 커피를 마시러 많은 사람들이 단골 커피하우스를 방문하였고, 그렇게 모인 사람들이 공통의 화젯거리에 대해 이야기를 나누다보니 자연스럽게 정치적인 이슈들도 토의되기 시작했던 것이다.

이렇게 본다면 정치적 공론장의 형성은 결코 의도되지 않았으며, 그럼에도 불구하고 근대적 정치체제의 형성에 상당한 기여를 하게 되었다는 점에서 비(非)의식적인 우연의 결과라고도 볼 수 있다. 개인들이 사적인 목적으로 모여서 때로는 일상적 잡담을 나누고, 보다 수준 높게는 문화예술비평을 나누던(문예적 공론장) 공간이 어느 순간부터 기존 정치체제의 모순점을 비판하고 새로운 정치체제의 지향점을 논쟁하는 정치적이고 공공적 성격의 공간으로 우연히 변해갔던 것이다.

비록 '근대 부르주아 공론장'의 생성과 구조변동, 소멸이라는 한

가지 사건에는 우연적이고 비의도적인 측면이 많았다고 할지라도, 이 사례를 통해 정치적 공론장에 관한 중요한 시사점을 발견할 수 있다.

첫째, 공론장은 참여자의 자발성에 기초한다. 커피하우스에 모여들었던 사람들이나 신문, 저널을 구독하기 시작했던 사람들은 모두 스스로의 주체성을 가지고 자발적으로 공적인 영역에 참여한 것이었다. 이들은 결코 권력에 의해 동원된 객체이거나 당위적인 이유에서 의무적으로 참석한 소극적 주체가 아니었다. 공론장에서 이루어졌던 열정적인 대화와 토론은 어떠한 멋진 예술 공연 못지않게 이들에게 감동을 주었을 것이다. 공론장이 지속되기 위해서는 참여자의 열정을 지속시켜줄 수 있는 방법에 대한 고민이 필요하다.

둘째, 사적인 모임들은 **공개성의 원칙**을 통하여 공론장으로 발전한다. 공론장은 다수의 사람들이 관심을 가지기 시작하는 순간부터 존재하기 시작한다. 특히, 인쇄술의 발달과 개인 뉴스제작자의 이윤극대화 추구성향으로 인해 신문의 광범위한 출판이 시작됨(신문의 공개성)으로써 개인들은 손쉽게 신문을 구독할 수 있게 되었고 이로써 신문은 공론장의 한 축을 담당하게 되었다.

셋째, 공론장 안에서 수평적 평등성이 존재하였다. 그 당시 사회에는 여전히 신분적 계급과 사회적 계층이 있었지만 공론장 내에서는 모든 사람이 수평적 평등성을 인정받았다. 그럼으로써 공론장에 참여한 모든 사람들은 공통의 수평적 동료의식을 공유하게 되며 하나의 공동체를 상상하기 시작한다.[18]

넷째, 공론장은 쉽게 변화하고 소멸한다. 따라서 공론장을 건전하게 수호하려는 의식적인 노력이 필요하다. 공론장을 구성하였던 뜨거운 열정이 지속적으로 유지되기는 결코 쉽지 않다. 광장에 모였던 사람들은 저녁이면 다시 자신의 방으로 되돌아가야 한다. 개인적인 삶을 유지하기위한 일들로 바쁜 일상으로 인해, 한때 공론장을 구성했던 주체적인 개인들은 단지 대중문화를 소비하는 수동적 입장으로 물러서게 된다.

또한 공론장의 성격도 쉽게 변질된다. 한때 공공성의 가치를 지녔던 공론장은 그 영향력을 사적인 이익을 위해 활용하고자 하는 세력들에 의해 공공성을 상실하게 된다. 공론장이 지닌 영향력을 활용해 상업적 광고나 정치적 선전의 수단으로 활용하고픈 욕구는 항상 존재한다. 그리고 공론장이 이러한 사적인 이익에 전유되기 시작하는 순간부터 공론장은 소멸하기 시작한다. 정치평론 저널의 등장은 이 지점에 서있다. 사적인 이익에 전유되지 않으려는 의식적인 노력, 공론장을 지켜야 한다는 책임감이 여기에 함께 한다.

4. 온라인을 통한 정치평론 아카이브의 활용

온라인을 통한 정보공유와 소통기술이 발달함에 따라서 뉴스와 평론이 유통되는 환경도 큰 변화를 겪고 있다. 이제 많은 사람들은 종

---

18 공동의 상상을 통한 수평적 동료의식과 공동체의 형성에 관련해서는 베네딕트 엔더슨, 『상상의 공동체』에서의 논의 참조.

이로 인쇄된 형태의 텍스트를 읽기보다는 데스크톱이나 노트북, 태블릿 PC, 스마트폰 등을 통해 온라인에 접속하여 자신이 원하고 필요로 하는 정보들을 검색하고 읽는다.

게다가 상당히 수준 높은 뉴스와 평론들 가운데서도 무료로 접근할 수 있는 컨텐츠들이 상당히 많다. 예를 들어서 뉴욕타임즈 홈페이지에 올라오는 기사 같은 경우에도 한 달에 10건까지는 무료로 읽을 수 있으며 뉴스레터를 통한 접근이나 외부링크를 통한 접근경로를 활용한다면 거의 제한 없이 열람이 가능하다.

대부분의 온라인 저널의 경우 **뉴스레터 서비스**를 제공하고 있다. 자신이 자주 이용하는 저널의 경우 홈페이지를 방문해 자신의 이메일 주소를 등록하고 주요 관심분야를 지정하면 그와 관련된 기사들을 등록된 이메일 계정으로 정기적으로 발송해준다. 온라인 저널의 뉴스레터 서비스를 잘 활용한다면 개인에게 최적화된 방식으로 기사나 칼럼들을 수집하고 선별할 수 있다. 뉴스레터 서비스를 통해 기사를 받아보는 방식의 장점을 꼽아보면 (1) 정기적으로 해당 저널의 홈페이지를 방문하지 않아도 된다는 점과 (2) 뉴스레터를 나만의 아카이브로 구성할 수 있다는 점이다.

첫 번째 장점을 조금 더 부연하면, 개인마다 편차는 있겠지만 관심을 가지고 꾸준히 관찰하고 싶은 저널이 점차 늘어날수록 직접 해당 홈페이지를 방문해 필요한 정보를 일일이 탐색하는데 소모되는 시간의 부담이 커진다. 게다가 저널의 홈페이지는 나의 관심사를 중심으로 구성되어 있는 것이 아니기 때문에, 나의 관심사에 해당되지 않는 정보들을 걸러내는데도 불필요한 시간이 소비되고 만다. 반면에, 뉴스레터 서비스는 개인이 지정한 항목에 맞추어 필요한 정보를 보내주기 때문에 직접 홈페이지에 방문하지 않고서도 이메일 계정을 간단히 확인하는 과정을 통해서 관심항목에 있어서 어떤 기사나 칼럼들이 작성되고 있는지를 편리하게 확인할 수 있다.

두 번째 장점으로서 뉴스레터를 아카이브로 구성하는 것도 상당히 유용하다. 웹상의 많은 정보는 흐르는 물처럼 빠르게 지나쳐가기 때문에 적절한 간격으로 그 흐름을 주시하면서 필요한 자료를 나만의 저수지에 저장해두는 과정이 필요하다. 이메일 계정은 개인적인 자료들을 집적할 수 있는 전통적이면서도 흔히 활용되는 장소이다. 특히 최근에는 많은 이메일 계정들이 수신되는 메일들을 다양한 카테고리로 분류하고 중요한 메시지들은 별도로 지정할 수 있도록 하는 등의 서비스를 제공하고 있으므로 개인별로 익숙한 방식에 따라서 효율적으로 활용할 수 있다.

5. 맺음말 : 한국 정치평론의 지향점

앞서 살펴보았듯이 정치평론 저널의 궁극적인 지향점은 정치적 공론장의 형성과 지속에 있다. 그리고 특정한 공동체 속에서 건전한 공론형성의 기능이 존재 여부는 그 공동체의 민주주의의 질적인 수준을 결정짓는 핵심적인 요소이다. 원래 민주주의의 절차적 측면은 이러한 공론형성이 투명하고 합리적으로 유지되도록 하는 목적에서 제도화 된 것이기 때문에, 공론장은 사라지고 절차적 민주주의만 남은 사회는 진정한 의미의 민주적 정치공동체라고 말할 수 없다.

이 글에서는 해외의 참고할 만한 좋은 정치평론 저널들의 사례를 중심적으로 살펴보았다. 하지만 우리 스스로의 경험 속에서 이러한 유형의 좋은 사례를 찾을 수 없는 것은 결코 아니다. 구한말 시기에 근대사회로 나아가고자 열망했던 우리 선조들은 우리민족 최초의 민간신문이었던 《독립신문》을 창간하고, 그것을 통해서 근대적 공론장을 훌륭하게 구성한 바 있다. 비록 《독립신문》이 체계적이고 전국적인 유통망을 구축하지는 못했다고 해도, 《독립신문》이 한부 나올 때마다 시장 한 가운데서 그것을 소리 내어 읽어주는 이가 있었고 그것을 듣기 위해 먼 길을 마다않고 찾아오는 이들도 있었으며, 시골의 아무개가 신문사에 쓴 편지라고 할지라도 그것이 좋은 의견을 담고 있다면 사설란에 그대로 실려서 나오는 등의 뛰어난 소통의 자세가 있었다(전인권 2004). 이것은 우리가 지향하는 공론장의 전형적인 모습과 몹시 닮아있다.

오늘날 한국사회에 많은 언론매체들이 있지만 어떠한 매체가 이러한 공론장의 기능을 담당하고 있는지, 그리고 많은 이들이 스스로를 '정치평론가'로 칭하면서 논객으로 활동하고 있지만 그들 가운데 건전한 공론형성에 기여하는 이가 얼마나 되는지를 되짚어보지 않을 수 없다.

대표적인 사례로 각 방송사마다 관례적으로 진행하는 토론프로그램을 상기해보자. 매주 특정한 주제가 선정되고, 그와 관련된 분야의 소위 전문가라고 여겨지는 토론자가 섭외된다. 토론자의 숫자는 예외 없이 짝수로 섭외가 되는데, 예컨대 진보진영의 토론자가 두 명이라면 보수진영의 토론자가 두 명 섭외되는 것이다. 토론의 사회자는 기계적 중립성의 입장에 맞추어서 각 이슈별로 발언의 시간과 기회를 조정하며, 충분한 논의가 진행되지 않더라도 일정 시간이 지나면 다음 이슈로 화제를 전환한다. 이러한 토론을 지켜보다보면 답답한 마음과 더불어 짜증이 나지 않을 수 없다. 이것은 진정한 의미의 토론이 아니고, 둘로 갈라진 이데올로기 진영을 대표해서 나온 논객들이 벌이는 일방향의 선전(宣傳)과 소모적 논전(論戰)일 뿐이다. 여기에 참여한 토론자들은 검객(劍客)에 비유된 용어인 논객(論客)으로 묘사된다.

진정한 의미의 정치평론가는 특정한 이데올로기에 봉사하는 존재가 아니라 그가 속해있는 공동체 자체를 사랑하고 공동체 전체의 개선을 위해 일반시민들과 소통하는 존재라고 할 수 있다. 아울러 훌륭한 정치평론가는 정치현상을 오랫동안 관찰하고 참여함으로써 정치 세계에 대한 깊은 이해가 있어야 한다. 공동체에 대한 헌신의 자세와 더불어 좋은 의견을 내는 이들이 공적인 공간에서 직접 만나서 자유롭고 활발하게 의견을 나누고, 그렇게 형성된 좋은 의견들이 공개성의 원칙에 따라서 대다수의 공동체 구성원들에게 알려질 수 있어야 한다. 이것은 그저 규범적이고 이상적인 차원의 이야기가 아니다. 앞서 살펴보았던 여러 종류의 정치평론 저널들이 각각 이러한 공적 기능을 수행하고 있었다.

미국의 전설적인 저널리스트 월터 리프만(Walter Lippmann)은 그의 저서 『공론』(Public Opinion)에서 언론과 공론의 바람직한 관계에 대한 자신의 견해를 다음과 같이 밝힌 바 있다.

"나의 결론은 공론이 건전해지기 위해서는 그것이 언론을 위해서 조성되어야지, 오늘날과 같이 언론에 의해서 조성되어서는 안 된다는 것이다."(Lippmann, 48-49).

한평생을 저널리즘의 영역에서 분투했던 리프만이었지만, 언론이 공론을 조성하려고 해서는 안 된다는 사실을 그는 분명히 알고 있었다. 언론은 그의 묘사처럼 "쉴 새 없이 움직이는 탐조등의 빛줄기와 마찬가지로, 암흑 속에 파묻혀 있는 사건들을 하나씩 밖으로 비추는" 역할에 충실해야 하며, 공론의 형성은 시민들의 자발적이고 공개적인 참여를 통한 공론장 속에서 조성되어야 그 건전성을 유지할 수 있는 것이다. 만약 언론이 그 영향력을 이용하여 공론 조성에 관여하려고 하면 여론조작이 발생하거나 공론장의 영역을 부당하게 잠식하는 현상이 발생하게 된다.

상업적 이익을 추구하지 않으며, 특정한 부류의 독자층—독서공중(the reading public)—을 대상으로 정기적이고 지속적인 공적 토의의 포럼을 이어나가고자 했던 서구의 교양인들은 다양한 형태의 정치평론 저널을 창간해 그들의 이상을 실천에 옮겼다. 이러한 정치평론 저널의 발간은 일종의 '계몽'이라는 목적을 일정부분 공유하는데, 이때 말하는 '계몽'은 이미 자각한 선각자가 무지한 이들에 대해 시혜적으로 지식을 전수하는 의미가 아니며, 이성의 공적 이용(the public use of reason)을 통한 개인 스스로의 생각과 판단의 힘을 키우는 과정에 가깝다고 할 수 있다(이준웅 2011, 74).

우리가 살고 있는 근대사회는 수많은 사회적 상상(social imagi-naries)의 결과로서 구성되어 있다(Taylor). 그 유명한 베네딕트 엔더슨(Benedict Anderson)의 『상상으로 구성된 공동체들』(Imagined Communities)에서는 공동의 경험을 공유하고 공동의 의식과 상징을 공유함으로써 민족의 구성원들이 서로를 소중한 동료로 인식하고 넓게는 하나의 공동체로 상상하는 힘을 발휘하게 되는 과정을 흥미롭게 묘사하고 있다(Anderson). 다수의 사람들이 공유하는 상상이란 현실에서 실제의 힘을 발휘하게 된다.

공동체 역시 건강하게 유지되려면 구성원들이 끊임없이 공동체의 바람직한 방향에 대해 고민하고 토의하고 상상해야 한다. 근대의 민주주의 이념은 모든 구성원의 의견을 종합한 형태의 '공론'(public opinion)의 존재를 상정하였으며, 공론을 도출하고 정당화하기 위한 과정으로서 대의 민주주의의 제도와 절차를 발전시켜 왔다. 하지만 그러한 절차와 과정을 통해 도출된 결과가 현실을 살아가는 대다수 사람들의 삶을 반영하지 못하는 방향으로 나아가는 것은 민주주의의 질적인 타락을 의미하며, 다시금 민주주의의 본연의 이상으로 돌아오기 위해서는 실질적이고 적극적인 기능을 하는 공론장의 존재를 끊임없이 요청하게 된다.

그러므로 좋은 정치평론 저널을 지속적으로 유지할 수 있는 것은 지금 우리 공동체에 요청되는 중요한 과제이다. 하버마스의 연구에서도 알 수 있듯이, 공론장은 우연히 생성될 수는 있지만 그것이 변질되지 않고 소멸되지 않도록 하는 것은 공론장을 지키고자 하는 이들의 의식적인 노력에 의해서만 가능하다. 이 글에서는 해외 정치평론 저널들 가운데 참조할만한 몇 개의 사례들에 대한 대략적인 검토를 시도하였다. 이를 바탕으로 우리 스스로가 공론장 기능을 할 수 있는 좋은 정치평론의 환경을 만드는 것이 앞으로 실천해야 할 중요한 과제라고 할 수 있을 것이다.

참고문헌

이준웅. 2011. 『말과 권력 : 레토릭에서 의사소통 민주주의로』. 파주 : 한길사.

전인권. 2004. "〈독립신문〉의 재해석과 한국의 사회과학." 서울대 정치학과 독립신문 강독회. 『독립신문, 다시읽기』. 서울 : 푸른역사.

Anderson, Benedict 저·윤형숙 역. 『상상의 공동체』. 파주 : 나남.

Habermas, Jürgen 저·한승완 역. 『공론장의 구조변동』. 파주 : 나남.

Howe, Irving. 1958. "A Few Words About Dissent." *Voices of Dissent : a collection of articles from Dissent magazine*, London : Evergreen Books.

Lippmann, Walter 저·이충훈 역. 『여론』. 서울 : 아카넷.

Morton, Brian. 2013. "The Man Who Knows Himself." *Dissent* Spring.

Taylor, Charles 저·이상길 역. 『근대의 사회적 상상』. 서울 : 이음.

Walzer, Michael. "The Political Theory License." *Annual Review of Political Science* Vol. 16, May.

Wescott, David. 2013. "Michael Walzer Looks Back on His Decades at 'Dissent.'" *Chronicle online* (http://chronicle.com)

Dissent http://www.dissentmagazine.org

Project Syndicate http://project-syndicate.org

The Economist http://www.economist.com

The New Republic http://www.newrepublic.com

저자 소개

김대영

서울대학교 정치학과를 졸업하고, 동 대학원에서 박사학위를 취득했다. 국회의원 보좌관, 국회의장 정무수석비서관을 역임했으며, 상지대학교 연구교수, 성공회대학교 연구교수, 동북아역사재단 홍보교육실장을 거쳐 현재 경희대학교 공공대학원 겸임교수로 재직 중이다. 주요 저서로는 『공론화와 정치평론』, 『미디어와 공론정치』, 『한국정치와 비제도적 운동정치』 등이 있다. 정치평론과 공론 및 미디어에 대한 관심을 갖고 이 분야를 연구 중이다.

한규선

경희대학교 정치외교학과를 졸업하고, 서울대 대학원에서 석사학위를 받은 후, 영국 뉴캐슬대학교에서 정치학 박사학위를 취득했다. 영국 뉴캐슬대학교 동아시아센터 연구원, 통일정책연구소 연구위원, 국제문제조사연구소 남북관계센터장을 거쳐 현재 국가안보전략연구소 책임연구위원으로 재직 중이다. 주요 저서로는 편저인 『한국정치사상의 비교연구』, 『한국의 권력구조논쟁 I』, 『한국의 권력구조논쟁 II』, 『현대유럽정치』, 『East Asia and the United States : An Encyclopedia of Relations Since 1784』 등이 있고, 존 스튜어트 밀, 시티즌십, 북한정치에 관한 논문이 있다. 주요 관심분야는 현대정치사상, 한국정치사상, 시티즌십 이론, 정치평론, 북한연구 등이다.

이진로

서울대학교 언론정보학과(구 신문학과)를 졸업하고, 동 대학원에서 석사학위를 받은 후, 경희대 대학원 신문방송학과에서 박사학위를 취득했다. 한국소통학회장, 전국대학신문주간교수협의회장, 매체자본연구회장, 지역방송연구회장, 부산울산경남 언론학회장, 한국방송학회와 한국언론정보학회 기획이사, KBS와 부산MBC 그리고 KNN의 시청자위원과 부산일보와 울산신문의 독자위원, 중앙선거방송토론위원회 전문위원 등을 역임했다. 주요 저서로는 『정보사회의 이데올로기』, 『커뮤니케이션 구조의 정치경제학』, 『정보사회 입문』, 『방송학개론』(공저) 등이 있다. 주요 관심분야는 미디어산업, 정치커뮤니케이션, 소통철학, 정보사회 등이다.

채진원

2009년 경희대학교 일반대학원에서 "민주노동당의 변화와 정당모델의 적실성"이란 논문으로 정치학 박사학위를 받았다. 현재 경희대 후마니타스 칼리지의 교수로 '시민교육', 'NGO와 정부관계론' 등을 강의하고 있다. 전공분야는 비교정치과정(의회, 선거, 정당, NGO)이다. 주요 논문으로 "원내정당모델의 명료화 : 대안적 정당모델과의 비교논의"(2010), "대화형 정치모델의 이론적 탐색 : 아렌트의 '공공화법'과 바흐친의 '다성악적 대화법',"(2010), "민주주의의 사회적 기반 : 자원봉사활동의 의미와 정치적 상관성을 중심으로", "세계화시대의 시민성과 대학교육"(2011), 대표저서로는 『지구화시대의 정당정치』(서울 : 한다D&P, 2011)와 『한국 민주주의 어디까지 왔나』(2012) 등이 있다.

김만흠

서울대 정치학과를 졸업하고 같은 대학원에서 정치학 석사와 박사 학위를 취득했다. 서울대 사회과학연구원 특별연구원, 가톨릭대 정치학 교수로 연구와 강의를 해왔으며, 국가인권위원회 인권위원을 역임했다. 현재는 (사단법인)한국정치아카데미의 원장을 맡고 있으며, CBS 객원해설위원, 『KBS1라디오 주간 정치토크』의 패널 등으로 정치해설과 평론활동도 하고 있다. 『정당정치 : 안철수 현상과 정당 재편』, 『민주화 이후의 한국정치와 노무현 정권』, 『새로운 리더십 : 분열에서 소통으로』, 『전환시대의 국가체제와 정치개혁』, 『한국정치의 재인식』 등의 단독 저서와 『새 정치 난상토론』, 『한국의 언론정치와 지식권력』 등 20여권의 공저를 출간했다.

강찬호

서울대학교 정치학과를 졸업하고, 미 조지타운 외교대학원에서 석사학위를 받았다. 중앙일보 정치부와 국제부, 문화부 기자 등을 거쳐 중앙일보 워싱턴 특파원과 정치부 차장, jtbc 정치부 차장을 역임한 뒤 현재 중앙일보 일요판 신문인 《중앙선데이》 정치에디터로 재직 중이다. 주요 관심분야는 한국 정당정치와 북한 핵문제 및 한미동맹 등이다.

윤범기

서울대 정치학과를 졸업하고 동 대학원에서 석사학위를 받았다. 2002년 『민주화 이후 한국 정당의 조직 개혁에 관한 연구 – 원내정당과 대중정당 모델을 중심으로』라는 주제로 석사학위 논문을 썼고, 공군사관학교 국제관계학과에서 교수요원으로 군 복무를 하며 정치학을 강의했다. 2006년 제대 후 다음 해 MBN(매일방송)에 기자로 입사했다. 정치부, 사회부, 경제부 등의 부서를 거쳤고 18대 대선이 한창이던 2012년 말 MBN 12시뉴스 앵커를 역임했다. 공저로 『결혼불능세대』, 『안철수의 생각을 생각한다』 등이 있다.

김학노

서울대학교 정치학과를 졸업하고 미국 위스콘신대학교에서 정치학 박사학위를 받았으며 현재 영남대학교 정치외교학과 교수로 재직 중이다. 주요 논문으로 「정치, 아(我)와 비아(非我)의 헤게모니 투쟁」(2010) 등이 있다.

김민혁

서울대학교 정치학과를 졸업하고, 동 대학원에서 『마이클 왈쩌의 민주적 정치철학 연구 : 정치평론의 이론적 논의와 사례들』이라는 논문으로 석사학위를 받았다. 정치철학자이자 정치평론저널의 편집장, 사회참여적 지식인으로서의 전형적 삶을 살아온 왈쩌 교수의 모습에 깊이 매료되었다. 주요 관심분야는 정치평론을 통한 공론형성의 기능과 방법, 현대 한국사회와 민주주의 정치과정 등이다.

18대 대선과 정치평론

발행일 1쇄 2013년 12월 2일
지은이 (사) 한국정치평론학회 편
펴낸이 여국동

펴낸곳 도서출판 인간사랑
출판등록 1983. 1. 26. 제일 – 3호
주소 경기도 고양시 일산동구 백석동 1178 – 1번지 2층
전화 031)901 – 8144(대표) | 977 – 3073(영업부) | 031)907 – 2003(편집부)
팩스 031)905 – 5815
전자우편 igsr@naver.com
페이스북 http://www.facebook.com/igsrpub
블로그 http://blog.naver.com/igsr
인쇄 인성인쇄 **출력** 현대미디어 **종이** 세원지업사

ISBN 978 – 89 – 7418 – 322 – 6 93340

이 도서의 국립중앙도서관 출판시도서목록(CIP)은 서지정보유통지원시스템 홈페이지(http://seoji.nl.go.kr)와
국가자료공동목록시스템(http://www.nl.go.kr/kolisnet)에서 이용하실 수 있습니다.(CIP제어번호: CIP2013022920)